19세기 허스토리

19세기 허스토리

생존자의 노래, 개척자의 지도

노서경 · 최재인 외

Herstory

마농지

차례

일러두기

1~3장, 5~7장은 아래의 글들을 수정, 보완했으며 4장은 이 책을 위해 새로 집필했다.

1장·권윤경, 〈유색인 여성들과 아이티혁명기 자유의 여정―이사벨 아옌데의 소설 《바다 밑의 섬》을 통해서〉, 《호모 미그란스―이주, 식민주의, 인종주의》 15(2016), 24-50쪽.

2장·최재인, 〈여공은 무엇으로 사는가: 로웰 여공 일세대의 정체성 모색〉, 《미국사연구》 49(2019), 37-74쪽.

3장·양희영, 〈폴린 롤랑, 19세기 사회주의자 페미니스트의 삶〉, 《여성과 역사》 27(2017), 219-247쪽.

5장·최재인, 〈엘리자베스 캐디 스탠튼(1815-1902)의 혁명성과 모순성〉, 《여성과 역사》 31(2019), 169-218쪽.

6장·문수현, 〈독일 여성운동의 시원, 루이제 오토〉, 《서양사연구》 59(2018), 45-81쪽.

7장·황혜진, 〈새라 코울리지: 빅토리아 시대 여성이 작가가 되는 방법〉, 《영국 연구》 42(2019), 279-316쪽.

'인간과 시민'으로 살아남기 위한 분투:
어느 19세기 서구 여성의 역사

19세기 서구는 여전히 노예제로 연결되어 있었다. 아프리카에서는 해마다 수십만 명의 젊은이가 포로로 잡혀 대서양을 건넜다. 아메리카에서는 노예제에 기초한 플랜테이션이 번창했다. 유럽과 미국의 사업가들은 노예무역과 노예들이 생산한 면화, 사탕수수, 담배 따위를 통해 자본을 축적했다. 규모로 보면 19세기는 노예제가 인류 역사상 가장 번성한 시대였지만, 노예제가 마침내 폐지된 시대이기도 했다. 군건해 보이던 노예제의 근간이 흔들리기 시작한 것은 1791년에 프랑스 식민지 생도맹그에서 일어난 노예반란에서였다. 이 반란은 혁명으로 발전했으며, 1804년 드디어 노예제에서 해방된 이들이 국민의 주축이 된 독립국가 아이티가 세워졌다.

이 책은 아이티혁명기를 살았던 아프리카계 여성들 이야기로 시작한다. 흔히 여성사의 주인공은 체제에 맞서 싸운 투사들이라고 생각하곤 하지만, 이런 관점으로는 생존 자체를 위해 분투했던 수많은 여성 대중을 역사 속에 포괄할 수 없다. 기록에 남지도 기록을 남기지도 못한, 대서양 세계의 위계에서 가장 낮은 자리에 놓였던 여성 노예를 희생자가 아닌 역사의 주체로 복원할 수 있을까?

1장의 필자 권윤경은 소설과 사료를 오가며 이 여성들의 고민과 삶의 여정을 재구성해 보여준다. 권윤경에 따르면, 노예제 시대 아프리카계 여성에게 자유는 "한 번의 선언으로 얻어지는 것이 아니라 자신과 가족을 위해 끝없이 자신과 주변의 네트워크를 재창조하는 지난한 과정"이었다. 이 여성들에게 자유는 자유민이라는 각종 증명서를 얻어내는 일이기도 했지만, "자기 의향대로 파트너를 고르고 아이들을 빼앗길 염려 없이 키울 수 있는 능력"이기도 했다. 이들에게 가족은 "법적 결혼에 의한 가부장적 가족"을 뜻하지 않았다. 이들에게 가족은 주어진 것이 아니라 "선택하고 변화하는 것"이었다.

이 글에 등장하는 유색인 여성들은 생존을 위해, 자신과 후손의 더 나은 삶을 위해 아이티에서 쿠바로, 쿠바에서 미국 루이지애나로 과감하게 바다를 건너 이주를 결행하며 새 삶을 모색한다. 그러나 노예제 플랜테이션 체제는 이들이 가는 곳마다 악귀처럼 따라붙는다. 착취와 불평등 구조가 온존하는 조건에서 이들의 걸음은 가파른 언덕을 오르는 것처럼 힘들었고 미끄러지기를 거듭하는 과정이기도 했다. 이들은 서로를 챙기고 또 서로에게 의존하며 인간으로 생존할 수 있었다. 그리고 더 나아가 자유인의 지위를 확보하고, 자유인으로 삶을 누릴 수 있는 토대를 마련해갔다. 이 글에서 우리는 "가부장제, 인종차별주의, 계급적 착취"에 시달리면서도 자신과 가족의 자유를 확보하면서 "가족과 시대와 문화를 이어온" 아프리카계 여성들을 만날 수 있다.

19세기에는 백인 여성보다 유색인 여성이 더 열심히 시장경제로 진출했다. 이들이 더 절박한 상황에 놓여 있었기 때문이다. 아메리카에서 원주민 여성들은 바구니를 만들어 도심 거리에서 판매하거나 여러 농장을 전전하며 계절노동자로 일하기도 했다. 아프리카계 여성들 역시 노예가 아닌 경우에는 세탁부로, 가사노동자로, 농장노동자로 일했다. 백인 여성 임노동자가 주로 10대와 20대 초반에 집중되었던 반면, 유색인 여성의 경우 다수가 거의 평생을 임노동자로 일했다. 백인 주류 사회는 여성이 임노동자로 일하는 모습을 야만적 생활방식으로 보았고, 임노동자 여성에게 극빈자라는 딱지를 붙이기까지 했다. 그러나 이 여성들은 자신의 노동으로 자기와 가족의 생존과 복지를 책임진 공동체의 기둥이었다.

서구의 19세기는 산업혁명의 시기이기도 했다. 서구에서 처음 대규모 공단이 세워졌을 때, 공장노동자의 다수는 여성이었다. 19세기 초 여공들은 여성이 경제적 독립을 누릴 수 있고 또 경제적 자립과 성취를 갈망하는 존재임을 가장 먼저 보여준 집단이었다. 2장에서 최재인은 미국 첫 세대 공장노동자였던 로웰 여공들이 발표한 여러 글을 통해 이들의 생각과 삶을 들여다본다. 로웰 여공들이 가장 먼저 내놓은 요구는 시민으로서 품위를 유지할 수 있을 만한 임금을 보장하라는 것이었다. 이들은 자기들이 공동체의 한 구성원, 즉 시민이라고 주장했다. 여공들은 야학과 소모임을 조직하여 공부를 하고 글을 썼다. 이들은 세계 엘리트들의 주목을 받을 만한 진솔하고 수준 높은 글이 실린 문집을 발간하기도 했다.

19세기는 상당수 여성이 글을 쓰기 시작하고 제인 오스틴, 브론테 자매, 루이자 메이 올컷을 비롯한 여러 여성 작가가 현대의 고전이 된 걸작을 써낸 시기였다. 버지니아 울프는 18세기 말부터 일군의 여성들이 글을 써서 돈을 벌기 시작한 사건을 역사에서 십자군전쟁이나 장미전쟁보다 더 비중 있게 다루어야 한다고 말한 바 있다.[1] 그런데 이렇게 글을 읽고 쓰는 여성 집단의 등장은 교육받은 중산층에 한정된 현상이 아니었다. 세계를 놀라게 한 로웰 여공들의 문집은 19세기를 거치며 크게 발전한 출판문화의 선두에 여성 노동자가 있었음을 증명해준다.

로웰 여공들은 미국에서, 아니 세계에서 처음으로 '10시간 노동제' 운동을 체계적이고 장기적으로 조직해내기도 했다. 이들은 중산층 지식인 여성들보다 몇 년 앞서 자신들의 매체를 만들어 존재를 알리고, 조직을 만들고, 여성의 권리를 주장했다. 그러나 기업과 언론 등 기득권층은 이들을 진지하게 상대하지 않았다. 산업화 초기, 공장에서 안정적인 노동력을 확보하는 것이 고민이었던 사업가들은 이 여공들을 기업의 자랑이자 미국의 자랑이라고 내세우곤 했다. 그러나 기업가들은 여공들의 문제제기를 회피했고, 이들을 대등한 존재로 상대하려고 하지 않았다. 1세대 여공들은 도움받기보다 "도움을 줄 수 있는 숙녀"가 되고자 했지만, 시간이 갈수록 임금은 더 낮아졌고 노동조건은 열악해졌다.

공장에서도 성별에 따라 작업이 나뉠 때가 많았고, 여성이 속한 부서의 임금은 낮게 책정되곤 했다. 여공의 임금은 남성의 절반에 불과한 경우가 허다했다. 작업현장에 아무리 여성이 많아도 일의 중심 주체는 남성이고 여성은 보조자라는 남성중심적·가부장적 사고방식과 이를 이용해 노동력을 값싸게 부리려는 자본의 욕망이 결합하여 여성에게 저임금을 주는 관례가 산업화 사회에서 형성되고 확산되었다.

---

[1] 버지니아 울프, 이미애 옮김, 《자기만의 방》, 민음사, 2016, 100-101쪽.

여기에는 남성 위주의 노동조합도 한몫을 했다. 남성 노동자들은 남성의 월급이 가족을 부양할 만큼 충분해야 아내가 집에 머물며 자녀와 가정을 돌볼 수 있다는 가족임금 주장을 내세워 임금인상투쟁을 정당화했다. 노동자는 남성으로 대표되었으며, 이 남성 노동자는 '노동하지 않는' 가정주부를 동반하고 있다는 생각이 저변에 자리했던 것이다. 이런 관점에서 보면 여성 임노동자는 비정상적이고 불쌍한 존재였다. 그러나 다수 노동자에게 가족임금은 실현된 적이 없는 관념일 뿐이었다. 19세기 내내 노동계급에 속한 여성들은 공장일뿐 아니라 가내 하청이나 하숙 등 다양한 방식으로 어떻게든 돈을 벌어야 했다.

19세기에는 여성이 교사, 간호사 등 전문직으로 진출하기도 했지만 이들은 형편없이 낮은 임금을 감수해야 했다. 이들 직업은 전문직으로 인정받기보다는 여성이 가정에서 해오던 일의 연장선 정도로 여겨졌다. 19세기 말에는 극소수 여성이 대표적인 전문직이라 할 수 있는 의사와 법률가, 성직자로 진출하긴 했지만, 대부분의 법과대학과 의과대학은 아직 정식으로 여학생을 받지 않았다. 19세기 내내 여성은 가정을 벗어나 활동영역을 확장했지만, "여성의 영역은 가정"이라는 담론이 모습을 바꿔가며 여전히 여성의 삶과 직업을 규제했다.

19세기 여성이 새로운 영역으로 진출할 때마다 여성을 가로막은 논리는 첫째, 여성은 남성과 다르다는 것이었다. 둘째는 여성은 무엇보다 가정과 어머니 역할에 충실해야 한다는 것이었다. 이에 맞선 여성들의 주장은 첫째, 여성도 남성과 대등한 인간이라는 점이었다. 그리고 둘째는 가정을 잘 돌보기 위해서라도 여성이 가정을 넘어 더 큰 사회로 진출해야 한다는 주장이었다. 예컨대 여성을 위한 고등교육기관을 새로 더 설립해야 한다는 주장의 근거는 크게 두 가지였다. 하나는 여성도 남성과 마찬가지로 고등교육을 받을 지적 능력을 갖추고 있다는 점이다. 다른 하나는 여성이 가정에서 좋은 어머니 역할을 제대로 하려면 수준 높은 교육을 받을 필요가 있다는 것이다. 여성참정권 주장도 마찬가지였다. 첫째는 여성도 남성과 동등한 자격을 갖춘 사회 구성원이고 또 그렇게 되어야 하므로, 여성에게 참정권이 필요하다는 주장이다. 둘째는 도덕적으로 우월한 여성이 참정권을 갖고 정치와 사회에 관심을 기울여야 사회가 좀 더 도덕적으로 발전할 수 있다는 주장이나. 이런 주장들은 때로 모순되기도 했다.

근대사회가 추구하는 보편적 인권과 근대사회가 여성에게 부여한 특수한 역할 사이의 모순을 진지하게 고민하면서 나름의 처방을 내놓은 이들로 프랑스의 생시몽주의자들을 꼽을 수 있다. 19세기 전반 프랑스는 대혁명의 여진 속에 있었다. 부르봉 왕조의 복고왕정을 청산한 1830년 7월혁명, 7월혁명으로 수립된 입헌군주정을 끝내고 공화국을 선포한 1848년 2월혁명은 프랑스대혁명의 사이클을 반세기로 확장하여 반복하는 듯이 보였다. 그러나 거듭되는 정치적 격변 속에서 많은 이들은 혁명과 체제 변화가 진정 인간의 삶을 바꿀 수 있는지 회의했으며, 일하는 이들의 자발적 공동체, 심성의 변화와 교육을 통한 착취의 종식과 노동해방이야말로 대혁명의 유산인 자유·평등·형제애를 완성한다고 믿었다. 생시몽주의를 포함한 '유토피아 사회주의'는 바로 그런 신념을 대표했다. 이 되풀이되는 혁명과 유토피아 사회주의의 시대를 여성은 어떻게 살아냈을까? 이 질문에 온 삶으로 답하는 이가 바로 3장에서 양희영이 소개하는 폴린 롤랑Pauline Roland이다.

롤랑에게 생시몽주의는 무엇보다 여성해방의 사상이었다. 그것은 18세기의 대혁명이 도달하지 못한 바였다. 보편적 인권을 선포한 대혁명이 여성의 정치적 권리를 유보하고 여성을 가정 안에 가두고자 했다면 생시몽주의는 남성과 여성의 본질적 차이, 여성에게 상정된 감정과 충동이라는 전통적 속성을 강조하면서 오히려 그것을 토대로 남성과 여성의 동등한 공적 역할을 강조했다. 생시몽주의에 대한 폴린 롤랑의 헌신은 초기에는 대담한 '육체의 복권'을 통한 새로운 성性도덕의 실천으로, 장기적으로는 1848년 혁명기 노동자 공동생산조합 운동으로 귀결되었다. 겉보기에 전혀 다른 두 가지 실천이 이 둘 모두와 도무지 어울릴 것 같지 않았던 19세기 여성 지식노동자에게서 결합했다. 폴린 롤랑의 삶은 그가 도달하고자 열망한 여성해방과 노동해방이 얼마나 지난한 투쟁을 필요로 했는지 보여줄 뿐 아니라 노동해방과 여성해방으로 가는 여정에서 여성의 경험이 남성과 결코 같을 수 없었다는 사실 또한 보여준다.

서구의 19세기는 18세기 말에 일어난 미국혁명(1776)과 프랑스대혁명(1789) 등의 시민혁명이 남긴 과제를 부여안고 진행된 역사라고도 할 수 있다. 이 혁명들에 상당수 여성이 여러 방식으로 참여했다. 특히 프랑스대혁명 과정에서 여성은 거리의 군중으로, 다양한 정치클럽의 구성원으로 활발하게 참여했다. 1791년 프랑스의 올랭프 드 구주는 〈여성과 여성시민의 권리선언〉을 발표했다. 그는 "여성의 권리에 대한 무지, 무시 또는 멸시가 국민의 불행과 정부의 부패를 야기한 유일한 원인"이라고 하면서, 여성에게 신성한 권리가 있음을 분명히 밝힌다고 했다. 이는 이보다 2년 앞서 프랑스대혁명 때 나온 〈인간과 시민의 권리선언〉을 패러디한 것이다. 〈인간과 시민의 권리선언〉에서 '인간homme/man'이 실제로는 '남성'을 뜻한다는 사실이 갈수록 분명해지자, 드 구주는 여성도 인간이자 시민으로서의 권리를 보장받아야 한다고 선언한 것이다.

여성이 이런 주장을 하자 남성 혁명가는 여성의 공공 활동을 금지하는 법령을 제정했다. 1793년 10월, 당시 프랑스에서 가장 혁명적이었던 자코뱅 정부는 여성의 집회와 정치 클럽을 불법화하면서 이렇게 말했다.

> 여성이 정치적 결사를 도모해서는 안 된다. 여성은 다른 이들을 돌보는 중요한 역할을 하도록 타고났다. 여성에게는 자신을 희생할 의무가 있다. (……) 여성에게는 사적이고 가정적인 기능을 수행할 의무가 있다. 이는 남녀의 차이에서 유래한 사회적 질서가 요구하는 의무이다.

공화국의 성차별적이고 억압적인 조치에 여성들은 분명하게 대처하지 못했다. 혁명 과정에 여성의 참여가 두드러지긴 했지만, 여성은 여성의 권리를 미처 전면에 내세우지 못했다. 혁명에 앞장선 여성 다수는 여성의 입장과 권리를 고민하기보다는, 혁명파 또는 반혁명파, 지롱드 또는 자코뱅 등 당파의 일원으로 참여한 경우가 많았다.

그러나 여성의 정치활동을 금지하는 법이 나온 것은 여성의 정치활동이 그만큼 활발했다는 사실을 반영하는 것이기도 했다. 프랑스대혁명을 이끈 남성 혁명가들은 여성을 동료 시민으로, 사회의 주체로 여기지 않았지만, 그래도 시민혁명이 제기한 신분제 철폐와 자유와 평등, 형제애의 정신은 많은 여성에게 지적·정서적으로 큰 자극이 되었다.

또한 그 혁명으로 여성이 법적 혜택을 누리게 된 측면도 없지 않았다. 1791년 상속법 개혁으로 장자상속제가 폐지되면서 딸과 아들이 부모의 유산을 공평하게 상속받게 되었다. 1792년에는 이혼법에 따라 부부가 같은 근거에서 이혼을 신청할 수 있게 되었다(이는 나폴레옹이 집권한 뒤 여성에게 불리하게 바뀌었다). 또한 1791년 헌법에 따라 성별 구분 없이 모든 어린이에게 초등교육을 의무화했나(교육 내용은 성별에 따라 차이가 있었다고 한다).

4장에서 노서경은 루이즈 미셸Louise Michel을 통해 프랑스대혁명이 프랑스 사회에 가져온 성과와 한계를 동시에 보여준다. 미셸은 1871년 파리 코뮌을 이끈 과감하고 충직한 여성 지도자였다. 노서경에 따르면 파리 코뮌 정부는 허례허식을 버린 정부였고, 사람이 사람을 지위와 소유를 준거로 대하지 않는 사회였다. 그 속에서 여성들은 방위부터 의료에 이르기까지 다양한 역할을 했다. 그 결과 코뮌 활동으로 군사재판에 기소된 여성은 1051명에 달했다. 미셸도 그중 한 명이었다.

미셸은 19세기 말에 쓴 회고록에서 "나는 어떤 남자에게도 밥 차려주는 여자가 되기를 거부했다"고 했다. 가부장제가 부여한 역할에 충실하면서 남녀평등을 외치는 삶을 살지는 않았다는 말이다. 여성의 역사에서, 아니 인류사에서 이렇게 당당하게 말할 수 있는 인물을 만나기는 쉽지 않다. 같은 책에서 미셸은 "지금 세상에서 프롤레타리아는 노예이며, 그 프롤레타리아의 아내는 그보다 더 아래에 놓인 노예"라고 하면서도, "이 비통한 시대를 넘어 여성과 남성이 선한 동반자로 인생을 살아가는 날이 오리라"고 했다.

그러나 이 글이 나온 지 100년이 훨씬 넘었는데도 미셸이 그리던 미래는 아직 오지 않았다. 그래서 우리는 계속 미셸을 부르는지도 모르 겠다. 21세기에도 그는 영화, 소설, 역사서에서 꾸준히 재현되고 있다. 여성이라면 순종해야 한다고 믿는 시대는 부정해야 한다는 것을, 노동 자를 하찮게 보는 서열 사회는 거부한다는 것을, 나아가 그런 운동에 쏟 아지는 모든 비판과 항의에 내가 책임진다는 것을 일깨웠기 때문이다.

대서양 건너 미국에서도 혁명은 여성의 삶을 흔들어놓았다. 미국 혁명의 경우 프랑스대혁명 때처럼 여성이 대거 혁명 정치에 참여하지 는 못했다. 그러나 차茶 불매운동과 모금 등 지원운동에 적극 참여했으 며, 또 그런 과정을 거치면서 정치의식이 발전하기도 했다. 미국혁명 시기에 나온 가장 유명한 여성의 글은 2대 퍼스트레이디가 되는 애비게 일 애덤스Abigail Adams가 남편 존 애덤스John Adams에게 보낸 다음과 같 은 편지글이다.

숙녀들을 기억해주세요. (……) 무한한 권력을 남편들 손에 쥐어주면 안 됩니다. 모든 남성은 가능하면 독재자가 되려고 한다는 점을 기억하세 요. 숙녀들에게 특별한 배려와 관심을 두지 않는다면 우리는 반란을 도 모할 것입니다. 우리는 어떤 법에도 의견을 내지 않았고 대표를 보내지 않았으니, 그런 법으로 우리를 막을 수도 없을 겁니다.

공화국은 자유와 평등의 원리에 기초해 건설하면서, 가정에서는 가부장이 여전히 왕처럼 군림하는 관례를 그대로 두는 것은 부당하다 는 주장이다. 또한 이는 혁명이 여성을 배제하는 것이라고 지적한다. 그러면서 미국 혁명가들이 영국 법을 거부한 것처럼, 여성도 새 공화국의 권위를 인정할 수 없다고 엄포를 놓았다. 이 편지는 애비게일 애덤스 같은 여성들이 그 무렵 전개되고 있던 혁명의 내용을 정확히 이해하고 있었음을 보여준다. 또한 새 공화국에는 여성의 자리도 마련해야 한다는 주장이기도 하다. 그러나 이 편지의 수신자 존 애덤스는 진지하게 답하지 않았으며, 편지에 드러난 애비게일의 의식이 개인 차원을 넘어 집단 차원에서 공유되고 조직되지도 못했다.

그러나 혁명이 가져온 진보적인 분위기가 여성의 권리 실현으로까지 이어진 사례가 아주 없지는 않았다. 1783년 뉴저지주는 재산 자격을 갖춘 여성에게 선거권을 부여했다. 영국 식민권력에 맞서 자유와 평등을 외쳤던 미국혁명의 여운이 남아 있었기에 가능했던 일이다. 그러나 1807년에 여성을 비롯한 "바람직하지 않은undesirable" 집단의 참정권을 금지하는 법이 새로 제정되면서 여성은 결국 참정권을 박탈당했다. 그런데 여기서 놀라운 사실은 참정권을 박탈당했다는 점보다는, 이 시기 여성이 재산 소유자에 한해서이긴 하지만 무려 20여 년 동안 참정권을 행사할 수 있었다는 점이다. 이는 19세기가 시작될 때만 해도 여성의 사회정치적 지위가 19세기 중후반보다 좀 더 유동적이었음을 보여준다.

당시 영국 여왕의 이름에서 따와 빅토리아 시대라고도 하는 19세기 중후반은 특히 여성을 규제함으로써 젠더 차이를 분명히 하려는 시도가 두드러진 시대였다. 일찍이 바버라 웰터Barbara Welter가 언론과 출판물을 분석해 보여준 것처럼, 이 시기는 종교적 독실함, 순결, 복종, 가정에 대한 헌신성을 갖춘 여성이 "진정한 여성"이라고 강조하면서, 이런 여성성을 "숭배cult"하는 수사가 범람한 시기였다.[2] 그러나 이런 찬사는 곧 여성의 태도와 행위, 가치관과 영역을 제한하고 억압하는 수단이었다. 젠더 규범은 거의 강박처럼 여러 미디어를 통해 반복되었다.

성역할 차이에 대한 강조는 산업화가 진행되면서 더욱 힘을 받았다. 산업화로 도시와 제조업 중심지에서 가정이 작업장과 분리되고, 가족은 생산공동체에서 소비공동체로 변화했다. 이와 함께 사회와 가정, 남성과 여성 사이의 차이도 강조되었다. 이 시기에 가장 큰 변화를 경험한 것은 아마도 중간계급 여성일 것이다. 18세기까지 귀족 여성이나 상류층 여성을 지칭하던 '레이디lady(귀부인, 마님 또는 숙녀)'라는 칭호가 1830년대 이래 중간계급 여성에게도 사용되었다.[3] 이들이 더는 작업장이나 상점에서 일하지 않고 산업현장과 분리된 가정에 머물게 되면서 나타난 변화였다. 이제 가정에서 가사는 노동이라기보다 활동에 불과한 것으로 여겨졌으며, 경제적 가치를 점점 인정받지 못했다. 그럴수록 각종 출판물에서 숙녀와 가정을 기리는 수사는 더 화려해졌다.

그러나 가정과 가족에 충실해야 한다는 여성성의 덕목은 어떻게든 돈을 벌어야 하는 노동계급 여성에게는 애초부터 가능한 일이 아니었다. 또한 중상층 여성에게도 사실상 불가능한 과제였다. 그 모순과 딜레마는 '진정한 여성성'을 주장하고 추구한 인물들을 통해서도 볼 수 있다. 《레이디스 매거진Ladies Magazine》《레이디스 북Lady's Book》 등의 여성잡지와 여성을 대상으로 한 여러 소책자의 저자로 유명했던 세라 헤일Sarah Hale(1788-1879)은 여성의 영역은 가정이라고 여성을 향해

---

2 Barbara Welter, "The Cult of True Womanhood: 1820-1860", *American Quraterly*, 18(2), 1966.

3 Gerda Lerner, *The Majority Finds Its Past: Placing Women in History*, Chapel Hill: University of North Carolina Press, 1979, p. 18.

강조한 여성 문필가이다. 그러나 그 자신은 가정에만 머물지 않고 필자로, 편집자로 자기 이름을 내걸고 사회경제적 활동을 해나갔다. 홀어미였던 그가 자신과 가족을 부양하기 위해서는 꼭 해야 하는 일이기도 했다. 헤일은 여성의 영역, 즉 가정적이고 종교적인 영역이 돈을 추구하는 상업세계보다 "더 고상하고 더 순수하고 더 우월하다"고 했지만, 그 자신은 갈수록 더 상업적인 길을 걸었다. 치열한 출판시장에서 잡지사를 유지하기 위해 그는 처음에는 꺼리던 컬러판과 패션 면을 도입하지 않을 수 없었다. 이렇게 상업성과 타협해가면서 헤일의 명성과 소득은 높아졌지만, 그가 강조한 가정에 충실하고 종교적 영성을 추구하는 여성의 길과는 더 멀어지는 상황이 되었다. 세라 헤일의 삶은 근대사회에서 사회경제적으로 생존해야 했던 여성에게 19세기의 '진정한 여성성' 담론이 얼마나 모순적이었는지를 보여준다.[4]

미국 여성 교육의 선구자 캐서린 비처Catharine Beecher(1800-1878)도 여성의 역할은 가정을 잘 운영하고 가족을 돌보는 일이라고 보았으며, 여성 교육은 그런 능력을 갖추게 하려는 것이라고 주장했다. 그러나 비처도 헤일처럼 가정에만 머무르지 않았다. 또한 그가 세운 여성 교육기관에서 교육을 받은 여성 가운데 일부는 가정에만 머물러 살기를 원하지 않았다. 그들은 제도교육에 힘입어 선교사, 교사, 사회복지사 등의 직업을 얻고 다방면으로 진출했다. 비처가 주장한 '여성의 영역'은 그가 매진한 여성 교육이 발전하고 그 혜택을 받은 이들의 활동영역이 넓어

---

4 Nancy Woloch, *Women and the American Experience*, New York: McGrow-Hill Higher Education, 1994, chapter 5.

지면서 결국은 도전에 직면할 수밖에 없었다.

19세기 후반 미국 사회에서 '여성의 영역은 가정'이라는 젠더 규범에 도전한 대표적인 인물로 엘리자베스 캐디 스탠턴Elizabeth Cady Stanton을 꼽을 수 있다. 5장에서 최재인은 미국에서 여성참정권을 처음 주장한 여성운동가 엘리자베스 캐디 스탠턴을 소개한다. 흔히 19세기 후반부터 치열하게 진행되어온 여성참정권운동이 제1차 세계대전을 거친 뒤 여성참정권이 법적으로 보장되면서 잦아든 것을 두고, 당시 여성운동가들이 참정권이라는 전술적 목표에 매몰되어 있었기 때문이라고 평하기도 한다. 그러나 1세대 여성운동가들의 고민과 전망은 근원적 문제를 피해 간 적이 없었다. 캐디 스탠턴의 삶이 그 일단을 보여준다.

캐디 스탠턴은 여성참정권이 실현되는 것을 보지 못하고 눈을 감았지만, 그는 그것이 곧 실현되리라고 믿어 의심치 않았다. 자신의 활동을 통해 여성참정권이 미국 여론에서 주요 과제로 각인되었다는 사실을 잘 알았기 때문이다. 정작 그가 염려한 것은 법과 제도의 개혁만으로 여성이 시민이 되는 것은 아니라는 점이었다. 그래서 캐디 스탠턴은 가족법, 성경 등 사회의 근간을 떠받치는 이데올로기들에 대해 근본적 차원에서 문제를 제기했다. 캐디 스탠턴은 여성이 자유롭고 평등한 시민으로 삶을 꾸려나갈 수 있으려면 법뿐만 아니라 가족, 교회 등 사회 전반에서 여성을 대하는 인식과 시선이 달라져야 하고, 자원을 배분하는 관행도 바뀌어야 한다고 주장했다.

6장에서는 문수현이 독일 여성운동의 선구자 루이제 오토Louise Otto를 소개한다. 미국의 캐디 스탠턴과 달리 오토는 여성참정권을 전면에 내세우기보다는 교육과 고용기회 부문의 남녀평등을 더 긴급한 과제로 삼았다. 그리고 이를 위해 수십 년 동안 활동하고 가시적인 성과를 내기도 했다. 의과대학 등에서 여성의 입학을 허용하는 등 여성이 전문직으로 진출할 수 있는 길을 열어낸 것이다. 오토가 여성의 교육과 취업을 중시한 이유는 여성이 경제적으로 독립해야 부부나 연인 같은 가장 기본적인 인간관계에서 자유롭고 평등해질 수 있다고 믿었기 때문이다.

베스트셀러 작가이기도 했던 오토는 여론을 설득할 수 있는 논리를 중시했다. 그런 까닭에 그의 주장은 평등한 기회를 보장하라는 자유주의의 자장을 넘지 않았다. 여성이 어머니와 아내의 역할을 제대로 해내기 위해서라도 고등교육과 경제력이 필요하다고 여론을 설득했다. 그러나 여성이 자유주의를 말하게 되면, 이는 가부장제에 기초한 가족제도의 토대를 허무는 급진성을 장착하게 된다. 우리는 오토를 통해 19세기 여성운동 선구자들이 지녔던 조심성과 문제의 근본을 짚어내는 뚝심을 동시에 볼 수 있다.

19세기에는 서구 여러 나라에서 처음으로 여성 고등교육기관이 세워지기도 했다. 대학은 중세 때부터 있었지만 일부 남성에게나 열려 있었다. 서양에 대학이 세워진 지 500여 년이 지난 19세기에 이르러서야 소수나마 여성도 고등교육을 받게 된 것이다.[5] 이런 변화를 이끌어

---

5 미국의 경우 19세기에 세워진 대표적인 여성 고등교육기관은 다음과 같다. 트로이 여성신학교Troy Female Seminary(1821, 에마 윌러드 스쿨의 전신), 마운트홀리오크 여성신학교Mount Holyoke Female Seminary(1837, 마운트홀리오크 칼리지의 전신), 오벌린 칼리지Obelin College(1837, 최초의 흑백 남녀공학), 래드클리프 칼리지Radcliffe College(1874), 스미스 칼리지Smith College(1871), 웰즐리 칼리지Wellesley College(1875), 브린모어 칼리지Bryn Mawr College(1885), 바너드 칼리지Barnard College(1889).

내기 위해, 또는 변화하는 사회에서 운신의 폭을 넓히기 위해 여성 주체들이 펼친 논리와 실천은 다양했다.

19세기 미국에서 여학교를 세우고 많은 여성이 교사로 나설 수 있는 명분과 제도를 기획, 구현한 캐서린 비처는 여성의 소명이 가정을 지키고 어머니로서의 역할을 잘 수행하는 것이라고 했다. 그래서 여성 참정권에 반대한다는 견해를 분명히 하기도 했다. 이런 보수적 신념을 내걸었기 때문에 비처는 여론이 여성 교육에 긍정적이게끔 설득하고 기금을 조성할 수 있었다. 여성참정권 운동을 수도한 엘리자베스 캐디 스탠턴은 여성이 남성과 평등한 권리를 누릴 수 있어야 한다고 강조했지만, 때와 장소에 따라서는 여성이 도덕적·지적으로 우월하다고 말하곤 했다. 여성참정권이 여성에게 평등한 권리를 부여하고 여성의 활동 영역을 확장할 뿐 아니라 사회적 차원에서도 발전을 가져온다고 여론을 설득하기 위해서였다.

19세기 서구가 전 세계로 세력을 확장해가면서 그 속에서 개인이나 집단이 삶의 반경을 넓힐 수 있는 기회도 더 많아졌지만, 누구나 그런 기회에 공평하게 접근할 수 있는 것은 아니었다. 여성들은 사회에서 자기 목소리를 내고 자기 자리를 마련하기 위해 먼저 자기 자신과 주변 여론을 설득해야 했다.

7장에서 황혜진이 소개한 세라 콜리지Sara Coleridge는 빅토리아 시대를 살았던 여성의 또 다른 생존법을 보여준다. 세라 콜리지는 자기가 잘하는 일, 하고 싶은 일을 어떻게든 해내고 성취했으며, 이를 위해 빅토리아 시대의 가부장제와 당대의 젠더 관념을 영리하게 이용하는 모습을 보였다. 즉 남성은 강하고 여성은 약하다는 이분법적 젠더 관념이

횡행하던 시대에 콜리지는 그에 맞서기보다는 자기가 신체적으로 약하다는 점을 인정하고, 필요에 따라서는 기꺼이 환자 역할을 떠맡았다. 가장 "여성스러운" 방식으로 가장 "여성스러운" 임무인 잡다한 가사노동에서 벗어났던 것이다. 또한 여성에게 허락되지 않는 영역에 진입하기 위해 뛰어난 작가였던 아버지의 권위를 활용했다. 그는 금녀의 구역이었던 비평과 평론 분야에 진입하기 위해서 아버지 새뮤얼 콜리지의 편집자 역할을 자임했고, 아버지가 사망한 뒤 편집자이자 평론가로서 본격적으로 재능을 펼칠 수 있었다. 한편, 세라가 출판계와 문학계에서 활동할 수 있었던 것은 부분적으로 남편 헨리가 "든든한 후원자"가 되어주었기 때문이다. 그러나 세라는 남편이 사망한 뒤에 "더 활동적이고 적극적인 삶을 영위했다"고 한다.

권위와 명망과 품위를 갖추어야 하는 지식권력 세계에서 여성이 활동하려면 문학적 천재성뿐만 아니라 아버지 또는 남편의 권위와 조력이 필요했다. 그런데 그 아버지와 남편이 훗날 세라가 이용할 수 있는 업적과 평판과 자산을 남기고 사망했을 때 비로소 세라는 자유롭고 당당하게 문학가의 길을 걸을 수 있었다. 천재 여성도 재능을 제대로 발휘하려면 가부장의 휘하에서 벗어나야 했던 것일까? 또는 가부장제 규범을 전복하지 않는 선에서만 재능을 발휘하도록 허락되었던 것일까? 아무튼 세라는 당대의 젠더 규범과 때로는 타협하고 때로는 기피하거나 활용하면서 자신의 소명을 찾아냈다. 그리고 늘 성공하지는 않았지만 일정한 성취를 이루었다. 세라 콜리지의 삶은 19세기 젠더 규범과 가부장제가 여성의 삶에 어떻게 작용했는지를 잘 보여준다.[6]

19세기 서구는 제국주의, 산업화, 혁명 등을 겪으며 지구를 뒤흔들었다. 그 속에서 지배적인 젠더 담론은 남성에게 자원을 몰아주는 방향으로 작동했다. 남녀의 차이를 강조하고 여성의 영역을 가정에 한정하는 이데올로기는 여성에게 세계사적인 큰 흐름에, 정치·경제·국제 문제에 참여하지 말라는 것이기도 했다. 그러나 여성은 어느 분야에서든 불가피한 당사자였고, 주체로서 상황에 다양하게 대응했고, 때로는 변화를 주도했다. 그동안 역사에서 여성의 그런 모습을 볼 수 없었다면, 그 역시 하나의 관점이 새겨진 역사서술이다. 여성들이 겪어온 역사적 경험을 들여다보는 것은 또 다른 역사의 시작이 될 수 있다.

2022년 1월 필자들의 생각과 글을 모아

최재인 쓰다

---

6 Elaine Showalter, *The Female Malady: Women, Madness, and English Culture, 1830-1980*, London: Virago, 1985; Hilary Marland, *Dangerous Motherhood: Insanity and Childbirth in Victorian Britain*, Basingstoke: Palgrave Macmillan, 2004; 산드라 길버트·수전 구바, 박오복 옮김, 《다락방의 미친 여자》, 이후, 2009.

1장

아이티혁명기 유색인 여성들

대서양 세계를 가로지른 자유의 여정

권윤경

권윤경__

서울대학교 서양사학과를 졸업하고 같은 학교 대학원에서 석사학위를 받은 뒤 미국 시카고대학교에서 역사학 박사학위를 받았다. 현재 서울대학교 서양사학과 조교수로 재직 중이다. 근대 프랑스사 전공으로 주로 프랑스 식민주의, 대서양 노예제와 노예제 폐지 운동, 프랑스혁명과 아이티혁명, 근대 인종주의, 기억의 정치, 탈식민주의 등을 연구한다. 《France's Lost Empires프랑스의 잃어버린 제국》(2011), 《Abolitionist Places 노예제 폐지의 장소들》(2013), 《세계 각국의 역사 논쟁》(2014), 《전쟁과 프랑스 사회의 변동》(2017), 《세계 디지털 인문학의 현황과 전망》(2019), 《정치사상사 속의 제국》(2019) 등의 책에 공저자로 참여했다. 《세계사 I, II》(2015)를 우리말로 옮겼으며(공역), 〈제국의 동양학과 문화적 식민주의: 프랑스령 인도차이나의 극동연구원과 식민지 통치성, 1900-1939〉(2020), 〈해방의 신화가 저물 때: 프랑스령 서인도제도의 노예제 기념물과 새로운 기억의 지형도〉(2021) 등의 논문을 발표했다.

......

부끄러운 역사의 오두막으로부터

나는 일어서리

고통의 뿌리인 과거로부터

나는 일어서리

나는 검은 바다, 뛰어오르고 퍼지고,

파도 속에 솟구치고 부풀어 오른다.

테러와 공포의 밤들을 뒤에 남겨두고

나는 일어서리

경이롭게 쾌청한 새벽녘으로

나는 일어서리

나의 선조들이 내게 준 선물들을 안고서,

나는 노예들의 희망이며 꿈이니.

나는 일어서리

나는 일어서리

나는 일어서리.

—마야 안젤루, 〈그래도 나는 일어서리〉[1]

대서양 세계와 여성 노예의 삶

근대 유럽의 자유는 노예제와 함께 태어났다. 유럽이 아메리카를
식민화한 뒤 대서양 연안의 유럽, 아프리카, 아메리카 세 대륙은 여러
제국과 무역으로 엮인 글로벌 자본주의의 대연쇄 속으로 들어갔다. 이
렇게 형성된 '대서양 세계Atlantic World'에서 유럽의 부와 그 부가 만들어
낸 새로운 계급과 체제가 발전했다. 그러나 날로 번영하는 대서양 세계
를 지탱한 것은 아프리카에서 흑인들을 실어 와 아메리카에서 강제노
동을 시킨 대서양 노예무역과 노예제였다. 이 때문에 16세기에서 19세
기 전반까지 1200만 명이 넘는 아프리카인들이 고향을 떠나야 했다.[2]

그러나 자유와 예속이라는 대척점 사이에는 넓은 회색지대가 존
재했다. 노예의 지위나 인종에 대한 법적 정의와 사회적 관습은 제국
마다, 지역마다 다양했다. 대서양 세계처럼 바다를 통한 이동이 활발하
고 국가 간 경계가 불확실한 곳은 부자유민들에게 기회의 공간을 제공

---

1 Maya Angelou, "Still I Rise", *And Still I Rise: A Book of Poems*, New York: Random House,
1978. 다음에 실린 최영미 시인의 번역에서 일부 누락된 행을 되살려 차용. https://www.seoul.
co.kr/news/newsView.php?id=20161208029012.

2 이에 관해서는 대중에게 공개된 디지털문서고 slavevoyages.org 참고.

프랑수아 보쿠르François Beaucourt, 〈아이티 여성의 초상〉, 1786.
생도맹그 여성 노예의 초상화로 추정된다.

했다. 도망친 노예들은 산속에 숨거나 배를 얻어 타고 다른 섬으로 이동했다. 그런데 대서양 노예제는 고대 노예제와 달리 특정 피부색을 띤 집단을 겨냥한 '인종적 노예제racial slavery'였으며, 아프리카계 주민들의 피부색은 예속을 상징하는 떨칠 수 없는 낙인이었다. 따라서 해방노예나 자유 유색인[3]이라도 다른 곳으로 이주하면 불법적이긴 하지만 다시 노예로 팔릴 수도 있었다. 이에 따라 많은 노예와 유색인들은 자유를 얻거나 지키기 위해 평생 여기저기 옮겨 다녔으며, 어디에 가든 피부색에 따른 낙인 탓에 다시 노예로 전락할 위험과 끊임없이 씨워야 했다.

프랑스혁명으로 시작된 혁명의 시대는 자유의 가능성과 불확실성 모두를 극적으로 증폭했다. 1789년 프랑스혁명이 일어나면서 본국이 요동치자 혁명의 물결은 프랑스령 서인도제도 식민지의 핵심인 생도맹그Saint-Domingue(독립 후 아이티Haïti로 개칭)로 옮아왔다. 노예를 부리는 대농장 체제로 설탕을 대량 생산하는 서인도제도의 '설탕섬'들 중에서도 으뜸이었던 생도맹그에는 혁명 전야 50만 명이 넘는 흑인 노예가 살고 있었다. 이는 그 무렵 미국 남부에 있던 노예를 전부 합친 수에 육박했다.

1791년, 이 섬 북부에서 노예들이 큰 반란을 일으키면서 대서양 노예제 사회는 역사적 격변의 소용돌이에 빠졌다. 투생 루베르튀르Toussaint Louverture를 비롯한 흑인 무장 세력이 부상하는 가운데, 생도맹그에 와 있던 혁명정부의 대리인들은 반혁명 세력의 위협에 맞서 이들의

---

3 '유색인homme de couleur; man of color'이나 '물라토mulatto'처럼 비백인 집단을 지칭하는 용어에는 대부분 비하하는 의미가 담겨 있어 꺼려지지만, 대체할 만한 한국어 표현이 아직 없고 이 용어들 자체가 당대인의 집단인식을 보여주므로 이 글에서는 그대로 쓰기로 한다.

지원이 필수불가결하다고 판단하고 1793년 생도맹그에서 노예해방을 선포했다. 당시 프랑스의 혁명정부였던 국민공회는 1794년 이를 받아 프랑스의 모든 식민지에 보편적 노예해방령을 포고했다. 그러나 1799년 나폴레옹 보나파르트가 쿠데타로 프랑스혁명을 끝내고 프랑스의 일인자가 된 후 생도맹그의 자유는 위태로워졌다.

1802년에 나폴레옹은 노예제를 복구하려는 속셈으로 식민지에 원정군을 보냈지만, 생도맹그의 민중은 결사 항전 끝에 나폴레옹군을 물리치고 1804년 아이티라는 국명으로 독립을 선포했다. '아이티혁명 Haitian Revolution'이라 불리는 이 사건은 역사상 유일하게 성공한 노예반란이자 대서양 사회 최초로 노예제 없는 흑인 독립국을 탄생시킴으로써 대서양 세계에 엄청난 충격을 안겼다.[4]

그러나 포고된 원칙으로서의 자유는 실제 식민지 사회에 적용되면서 많은 굴절과 왜곡을 거쳤다. 또한 혁명 프랑스가 선포하고 나중에 아이티가 독립전쟁을 통해 지켜낸 노예해방은 바깥세상에서는 인정받지 못했다. 혁명의 시대가 촉발한 대량 이주로 혼란은 더욱 심해졌다. 1791년 이후 시작된 혁명의 물결은 정치적 망명객, 침략과 내전을 피해 달아난 난민, 혼란을 틈타 달아난 도망노예, 전쟁의 판도를 따라 이동하는 군인들의 행렬을 만들어냈다. 아이티혁명 동안 섬을 떠난 난민만 해도 4만 5천 명이 넘었다. 혁명의 시대 대서양 세계는 마치 오늘날처

4　아이티혁명을 다룬 한글 자료로는 다음이 있다. C. L. R. 제임스, 우태정 옮김, 《블랙 자코뱅》, 필맥, 2007; 로런트 듀보이스, 박윤덕 옮김, 《아이티혁명사》, 삼천리, 2014; 권윤경, 〈부르주아-민주주의 혁명과 식민지: 프랑스 혁명, 아이티 혁명, 다시 생각하는 "혁명의 시대"〉, 《서양사론》 113호 (2012), 263-300쪽; 권윤경, 〈노예제의 폭력, 노예혁명의 폭력: 아이티 혁명기 폭력의 성격에 대한 고찰, 1791-1804〉, 《서양사론》 122호(2014), 31-58쪽.

럼 난민 문제로 씨름하고 있었다.

이들 중 절반은 당연히 여성이었고, 그중 대부분은 유색인 자유민과 노예였다. 그러나 아이티혁명의 이야기 대부분은 이들의 경험을 담지 못했다. 아이티혁명의 영웅 서사는 투생 루베르튀르를 비롯한 유색인 남성들의 무장투쟁을 집중 조명했고, 그 맞은편의 반혁명 서사는 폭도 때문에 고통받는 결백한 백인들의 모습—특히 백인 여성들의 수난—을 강조했다. 그러나 유색인 여성, 특히 여성 노예에 집중할 때 우리는 혁명기에 일어난 자유를 위한 투쟁을 어떻게 다른 시각으로 볼 수 있을까? 젠더는 혁명기에 계속 요동치던 자유의 개념과 실천을 구성하는 데 어떤 역할을 했을까? 대서양 세계의 경계선을 가로지르며 이들이 추구하고 경험한 자유는 어떤 것이었을까?[5]

여기서 역사가는 어떻게 하면 유색인 여성이나 여성 노예를 일방적 희생자가 아닌 역사적 주체로 복원할 것인가 하는 도전에 직면하게

---

5 이 주제에 관한 선구적 연구들은 1980년대 말부터 출현했다. Hilary Beckles, *Natural Rebels: A Social History of Enslaved Black Women in Barbados*, London: Zed Books, 1989; Barbara Bush, *Slave Women in Caribbean Society 1650-1838*, Bloomington: Indiana University Press, 1990; Marrietta Morrissey, *Slave Women in the New World: Gender Stratification in the Caribbean*, Lawrence: University Press of Kansas, 1989. 연구사에 관해서는 Bridget Brereton, "Searching for the Invisible Woman", *Slavery and Abolition*, Vol. 13, No. 2(1992), pp. 86-96 참고. 프랑스령 서인도제도 유색인 여성(특히 여성 노예)을 다룬 기본적인 연구로는 다음이 있다. Arlette Gautier, *Les Sœurs de Solitude: La condition féminine dans l'esclavage aux Antilles du XVIIe au XIX siècle*, Paris: Editions caribeennes, 1985; Sue Peabody, "Négresse, Mulâtrese, Citoyenne: Gender and Emancipation in the French Caribbean, 1650-1848", Pamela Scully & Diana Paton, eds., *Gender and Emancipation in the Atlantic World*, Durham: Duke University Press, 2005, pp. 56-78; David P. Geggus, "Slave and Free Colored Women in Saint Domingue", David Barry Gaspar & Darlene Clark Hine, *More Than Chattel: Black Women and Slavery in the Americas*, Bloomington: Indiana University Press, 1996; Bernard Moitt, *Women and Slavery in the French Antilles, 1635-1848*, Bloomington: Indiana University Press, 2001.

1802년에 벌어진 생도맹그 민중과 프랑스군의 전투를 묘사한 그림.

된다. 일찍이 이 주제를 개척한 바버라 부시Barbara Bush의 말처럼 유색인 여성들은 가부장제, 인종차별주의, 계급적 착취라는 "삼중의 억압"에 시달렸다.[6] 심지어 프랑스혁명조차 무기를 든 남성 노예에게만 시민권을 획득할 수 있는 특권을 제공했다. 그런데 과연 무기를 들고 체제에 직접 저항한 노예들만이 역사의 주체로 거론될 자격이 있을까? 극단적인 제약 속에서도 여성 노예들은 때로는 체제와 싸우고, 때로는 체제를 교묘하게 이용하며 자유의 공간을 최대한 확보하려 했다. 전쟁, 혁명, 이주로 남성들이 사실상 부재한 가운데 여성들을 통해 가족과 세대와 문화가 이어진 것이야말로 이들의 생존 능력과 유연성을 입증한다.

---

6 Bush, *Slave Women in Caribbean Society*, p. 8.

문제는 이들의 경험 세계를 직접 보여주는 문서 증거가 몹시 드물다는 점이다. 노예와 관련한 사료도 극히 적지만, 여성 노예에 관한 사료는 더욱 그렇다. 남은 것은 주로 농장주들의 기록과 편지, 재판이나 범죄 기록, 노예 양도나 판매 증명서 속에 여기저기 흩어진 간접 증거뿐이다. 예를 들어 《자유의 문서》라는 연구서는 1770년 서아프리카에서 생도맹그로 끌려온 로잘리Rosalie라는 여성 노예부터 20세기에 이르기까지 몇 세대에 걸친 한 유색인 가족의 자유를 향한 기나긴 여정을 그린다.[7] 그러나 그중 로잘리에 관한 자료는 매우 적기 때문에 저자들은 동시대의 비슷한 사례를 병치함으로써 사료 증거를 간접적으로 채우고 상황을 추정하는 전략을 취한다.

사료 부족 때문에 등장한 재현의 전략이 바로 픽션을 활용하는 것이다. 여성 노예에 관한 자료는 대부분 파편화해 있어서 사료만으로 어떤 이의 일생을 재구성하기는 어렵다. 픽션은 이러한 한계를 우회하여 여성 노예의 삶을 일대기적으로 복원할 수 있는 상상의 통로를 마련해준다. 그러나 아이티혁명을 다룬 소설이나 영화 중에도 여성을 주인공으로 한 경우는 거의 없으며, 섬을 벗어난 혁명기 이주의 역사를 그린 책 또한 드물다.[8] 그중 2009년에 출간된 이사벨 아옌데Isabel Allende의 소설 《바다 밑의 섬》[9]이 드물게 혁명기 여성 노예와 유색인 여성들의

---

7 Rebecca J. Scott & Jean M. Hébrard, *Freedom Papers: An Atlantic Odyssey in the Age of Emancipation*, Cambridge: Harvard University Press, 2012.

8 드물게 여성 노예를 주인공으로 한 소설로는 André Schwarz-Bart, *La Mulâtresse Solitude*, Paris: Seuil, 1972와 Évelyne Trouillot, *Rosalie l'infâme*, Paris: Éditions Dapper, 2003이 있지만 내용이 이 글의 목적과 맞지 않아서 선택하지 않았다. 후자에 관해서는 이 장 끝부분의 사료 2를 참고하라.

자유의 여정을 다루는 터라 이 글의 주제로 삼았다.

아옌데는 칠레 출신의 작가로, 친척인 살바도르 아옌데 대통령이 쿠데타로 살해당하자 망명한 뒤 미국에서 활동해왔다. 남아메리카의 마술적 리얼리즘 문학을 대표하는 동시에 현대사의 역경을 뚫고 살아남는 강인한 여성들을 주인공으로 한 페미니즘적 작품들로 명성이 높다. 《바다 밑의 섬》도 아옌데의 전작들처럼 격동의 역사를 배경으로 여성의 주체적 삶을 그리는데, 아이티혁명을 배경으로 한다는 점이 이례적이다. 인터뷰에 따르면 아옌데는 본래 2005년 허리케인 카트리나 사태 이후 뉴올리언스를 배경으로 한 작품을 준비하고 있었는데, 자료 조사 중 뉴올리언스 역사의 결정적 전환점은 아이티혁명 뒤에 몰려온 만여 명의 아이티 난민이었다는 사실을 접하고 작품의 방향을 바꾸었다고 한다.[10] 말하자면 이 소설은 미국의 역사, 특히 '남부'의 탄생이 어떻게 아이티혁명과 엮였는지를 탐구한 작품이기도 하다.

아래에서는 아옌데의 소설을 안내서 삼아 이 작품의 주인공인 여성 노예 자리테Zarité(통칭 테테)와 그 주변의 유색인 여성들이 따라간 자유의 여정을 순차적으로 살펴보겠다. 사실 아옌데의 소설은 문학적으로 아주 뛰어난 완성도를 보여주지는 않는다. 정형화한 인물은 평면적이고, 전개는 멜로드라마 같으며, 역사적 설명의 개입이 지나치게 많다. 소설과 함께 관련된 역사 연구를 되짚으며 이러한 인물상과 플롯이

---

9 Isabel Allende, *La Isla Bajo el Mar*, New York: Harper Collins, 2009; *Island Beneath the Sea*, New York: Harper Collins, 2010.

10 Alexandra Alter, "Isabel Allende on Superstition and Memory", *Wall Street Journal*, April 23, 2010.

서인도 제도에서 미국 남부에 이르는 《바다 밑의 섬》 주인공의 이동 경로.
📍르카프 📍아바나 📍뉴올리언스.

도출된 역사적 맥락을 짚어보는 한편, 소설이 놓친 점도 고찰해보자.
궁극적으로는 역사 연구와 픽션 사이의 대화를 통해 위에서 말한 사료
의 한계를 보충하고, 유색인 여성의 삶에 입체적으로 접근하는 것이 이
글의 목표이다.

혁명 전야 생도맹그: 노예제와 유색인 여성들의 삶

1770년에서 1793년까지 생도맹그를 다루는 1부는 1770년 프랑스

귀족 남성 툴루즈 발모랭이 아버지가 죽은 뒤 사업을 물려받기 위해 섬에 도착하는 장면으로 시작한다. 이 시기는 생도맹그의 설탕 경제가 절정에 이른 때였다. 당시 생도맹그 지배층인 '대大백인grand blancs'의 상당수는 작위가 있는 부재지주였다. 루소를 탐독하는 스무 살의 계몽주의자 발모랭은 처음에는 노예제의 잔혹성에 질겁하지만, 점차 이것이 가문을 부양하는 현실을 인정하고 스스로를 '자비로운 주인'으로 정당화한다. 여기서 주인 대신 노예제의 공포를 체현하는 인물은 감독관 캉브레다. 농장에서는 왕이나 마찬가지인 그는 내키는 대로 강간하고, 도망친 노예들을 잡아 팔다리를 자르고, 날마다 채찍질을 일삼는다. 발모랭은 캉브레를 혐오하면서도 대농장을 운영하기 위해 '더러운 일'을 도맡는 그에게 점점 의존한다.

　여기서 묘사되는 식민지 사회는 발모랭의 세련된 우아함과 캉브레의 사디즘적 잔인성 사이를 물 흐르듯 오간다. 한쪽에는 품격 높은 대화가 오가는 살롱, 제복 입은 노예들이 정중하게 절하는 대저택, '서인도제도의 파리'라고 불리던 생도맹그의 중심 도시 르카프Le Cap(카프프랑세Cap-Français의 별칭)의 풍요로움이 있다. 그러나 살롱의 우아한 귀부인들조차 도망노예들을 서서히 처형하는 잔혹한 의식을 부채질하며 참관한다. 중간항해Middle Passage, 대농장의 혹독한 노동조건, 노예사냥에 관한 묘사는 연관된 모든 이들을 야수로 만드는 노예제의 지옥도를 보여준다.[11]

---

[11] '중간항해'란 유럽-아프리카-아메리카를 잇는 삼각무역에서 아프리카에서 아메리카로 노예들을 태워 오는 두 번째 항로를 일컫는다. 불량한 위생 상태, 전염병, 굶주림, 선원들의 잔혹 행위 때문에 노예 중 상당수가 배에서 사망했다.

그러나 역사서를 축약 설명하는 듯한 아옌데의 묘사 방식이 생도 맹그 노예제의 잔혹한 현실을 잘 재현했는지는 의문이다. 반대로 영미권에서 아이티혁명 소설의 대표작으로 손꼽히는 매디슨 스마트 벨Madison Smartt Bell의 《모든 이들의 반란》처럼 이를 치밀하게 묘사한 작품들은 지나친 선정주의라는 비판에 맞닥뜨렸다.[12] 특히 여성 노예에게 가해진 가혹한 폭력을 묘사할 경우 의도와 상관없이 외설적인 선정성과 맞물리는 경우가 많다. 홀로코스트처럼 노예제라는 극단적 폭력을 재현히는 방식에 대한 성찰이 필요한 대목이다.

1부에서는 인종, 계급, 지위에 따른 식민지의 네 가지 여성 유형이 등장한다. 주인공인 물라토 노예 테테, 쿼드룬quadroon 자유민이자 코르티잔courtesan(고급 성매매 여성)인 비올레트, 발모랭과 결혼하는 에스파냐 귀족 백인 여성 유지니아 데 솔라르 그리고 아프리카 출신 흑인 노예 치료사인 통칭 '로제 이모'다.[13]

이 중에서 가장 생명력이 넘치는 인물은 비올레트다. 비올레트는 물라토 코르티잔이었던 어머니에게서 태어나 10대부터 어머니의 업을 물려받아 일하다가 발모랭과 고객으로 인연을 맺는다. 정열적이고 성적 매력이 풍부한 비올레트는 혼혈 유색인 여성에 대한 백인 남성들의 성적 환상을 종합해놓은 모양새다. 프랑스 식민지의 경우 극단적인 성비 불균형 탓에 백인 남성과 유색인 여성의 결합이 드물지 않았다. 그

---

12 Madison Smartt Bell, *All Souls' Rising*, New York: Pantheon, 1995.

13 물라토는 백인과 흑인의 혼혈, 보통 백인 아버지와 흑인 어머니 사이의 혼혈을 말하고, 쿼드룬은 백인 남자와 물라토 여자 사이에서 태어난 4분의 1 아프리카 혼혈을 말한다. 이러한 구분은 인종 계서제와 혼혈을 '과학적'으로 분류하려는 시도였지만 현실과 잘 들어맞지는 않았다.

러나 17세기 말부터 식민지 체제가 안정되면서 다른 인종 간의 결합은 법적 규제와 사회적 멸시의 대상이 되었다. 그런데도 백인 남자가 축첩한 유색인 여성에게서 낳은 혼혈 인구는 꾸준히 늘어났다. 그 틈새에서 물라토 여성에 대한 사회적 환상이 생겨났다. 이들은 혼혈의 결과 선천적으로 성적 욕망이 강하고 도덕적 자제력이 약한 '유혹녀'로 태어난다고 여겨졌다. 백인 남성들에게 이들은 욕망의 대상인 동시에 결혼 제도와 사회 질서를 어지럽히는 위협적인 존재였다.[14] 노예제를 비판하는 이들마저 식민지 사회의 타락을 두고 백인 남성이 아니라 혼혈 여성들의 성적 방종을 탓했다.

이렇게 정형화한 이미지를 구현하면서도 비올레트라는 캐릭터가 생기를 잃지 않은 이유는 온갖 편견을 자기 생존에 유리하게 이용하는 그녀의 냉정한 사업가 기질 때문이다. 어머니처럼 자신을 돌봐주는 흑인 여성 노예 룰라와 유사 가족을 이룬 그녀는 자신의 미모와 성적 매력을 현세에서 자유를 보장해줄 유일한 기반, 즉 자산을 축적하는 수단으로 이용한다. 연인인 프랑스 주둔군 장교 클레의 청혼에도 그녀는 자신의 '사업'을 10여 년 넘게 이어간다. 백인 남성의 애정은 결코 안정된 삶의 토대가 될 수 없다는 사실을 알기 때문이다.

유색인 여성에 대한 성적 착취는 식민지 사회체제의 일부였다. 여성들에게 노예제란 무엇보다 자신의 육체와 재생산 능력에 대한 통제권 일체를 상실한다는 것, 그것조차 상품화한다는 것을 의미했다. 여성

---

14 Yvonne Fabella, "'An Empire Founded on Libertinage': the Mulâtresse and Colonial Anxiety in Saint Domingue", Nora Jaffary, ed., *Gender, Race, and Religion in the Colonization of the Americas*, Routledge, 2007, pp. 109-124; 로런트 뒤보이스, 《아이티혁명사》, 116-118쪽.

노예들에 대한 일상적인 성추행과 강간은 물론이고, 이들의 주된 '쓰임 새' 중 하나가 성매매였다. 대농장에서는 농한기가 오면 여성 노예를 도시 매음굴에 '임대'하여 수익을 올렸다. 많은 여성 노예들이 생존을 위한 부수입을 얻기 위해 항구나 도시에서 몸을 팔았다.[15]

성적 착취는 주인공 테테의 삶과도 떼어놓을 수 없다. 발모랭은 사업차 쿠바에 갔다가 에스파냐 귀족 여성 유지니아에게 반해 그녀와 결혼한다. 유지니아의 몸종으로 데려온 노예가 아홉 살 난 테테다. 테테는 세네갈 출신 여성 노예가 중간항해 도중 백인 선원에게 강간당해서 낳은 물라토 노예다. 테테의 어머니는 출산 후 발광하여 갓난아기를 죽이려다 실패하고 자살한다. 갓 태어난 테테는 영락한 프랑스 부인에게 선물로 주어졌다가 발모랭 집안에 오게 되었다. 식민지 노예제 내부의 계서제에서 물라토에 크레올creole인 테테는 그나마 위쪽에 속했다. 피부색이 연한 크레올 여성은 가내노예로 선호되었다.[16]

테테를 지켜보던 발모랭은 그녀가 열한 살 때부터 강간한다. 주인이나 감독관에 의한 성적 착취는 노예제의 일상이었다. 유명한 예로 자메이카의 농장주 시슬우드Thomas Thistlewood의 일기는 그야말로 '강간 일지'나 다름없다.[17] 생도맹그의 어느 설탕 대농장에서 500명 노예 위에 군림하던 한 감독관은 60명 넘는 아이들을 잉태시켰다.[18] 테테는 주인

---

15 이에 관련된 한국 논문으로는 김인선, 〈미국 노예제 시기 흑인여성노예에 대한 성적 착취: 흑인 여성의 섹슈얼리티, 저항, 생존 전략을 중심으로〉, 《미국사연구》 41집(2015. 5), 1-35쪽 참고.

16 크레올은 보통 서인도제도나 중남미에 이주한 유럽인의 자손 또는 유럽인과 현지인 사이에서 태어난 혼혈을 뜻하지만, 생도맹그에서는 식민지에서 태어난 모든 이들을 가리킨다.

17 Trevor Burnard, *Mastery, Tyranny, and Desire: Thomas Thistlewood and His Slaves in the Anglo-Jamaican World*, University of North Carolina Press, 2004.

의 강간을 또 하나의 '집안일'로 생각하며 견딘다. 발모랭에게 테테와의
잠자리는 음주나 독서와 같은 습관이다.

> 발모랭은 이렇게 잠자리를 할 때마다 테테가 무슨 생각을 할지 결코 궁
> 금해하지 않았다. 말을 탈 때 말에게 기분이 어떤지 물을 생각조차 않는
> 것과 같은 이치였다. (……) 때때로 그는 젊은 노예를 취하기도 했지만
> 이는 잠깐의 강간 이상으로 가지는 않았고, 그나마 지금 손에 든 책의
> 한 페이지를 읽는 것처럼 즐겁지도 않았다.[19]

테테에게 가장 견디기 어려운 것은 주인과의 사이에서 태어난 아
이들의 불확실한 운명이다. 첫아이인 아들 장마르탱은 태어나자마자
주인이 테테 몰래 비올레트에게 입양 보내버렸고, 둘째인 딸 로제트는
발모랭의 적자 모리스의 놀이 친구로 같이 키울 것을 허락받는다. 주인
의 변덕에 따라 언제라도 딸과 헤어질 수 있다는 불안 속에 하루하루를
살아가며 테테는 깨닫는다. 얼굴도 본 적 없는 자기 어머니는 아이를
낳을 때마다 이런 운명을 반복하는 것을 견딜 수 없어 미리 생을 끝내
버렸음을.

서인도제도의 노예제 지역 대부분이 노예 인구의 재생산에 실패
했지만 생도맹그의 낮은 출산율은 특히 악명이 높았다. 출생률은 대
략 3퍼센트 미만이었고, 절반 이상의 여성 노예들은 출산 경험이 없었

---

18 Moitt, *Women and Slavery in the French Antilles*, pp. 99-100.

19 Allende, *Island Beneath the Sea*, p. 105.

다.[20] 또한 근육강직성 경련 같은 특유의 질병에 따른 유아사망률이 매우 높았다. 이는 섬의 기후와 전염병, 모체의 영양부족과 불결한 위생 상태, 극단적인 노동착취 때문이었지만 백인들의 생각은 달랐다.

7년전쟁 이후 노예무역을 통한 노예 공급이 자주 교란되자 비로소 노예들의 출산율을 높이는 데 관심을 기울인 식민지 당국과 농장주들은 산모와 산파에게 의심의 눈길을 돌렸다. 여성 노예들은 선천적으로 열등하고 모성이 부족하며, 주인에게 반항하려고 일부러 낙태하거나 아이들을 병들게 한다는 것이다. 실제로 절망한 끝에 태어난 아이를 살해하는 어머니도 간혹 있었는데, 이 경우 산모는 극형에 처해졌다. 특히 백인을 단체로 독살하려던 1758년 마캉달Mackandal의 음모 사건 이후 독에 대한 경계심이 높아져 의사와 약사를 겸하던 산파는 늘 감시와 의심의 대상이었다.[21]

이런 상황에서도 테테에게 삶의 의미를 불어넣어 주는 사람들이 있다. 가족을 만들고 유지할 능력을 박탈당한 상황에서 노예들은 끊임없이 유사 가족을 만들어 서로를 지탱했다. 어릴 때 같이 살던 집의 늙은 흑인 노예 오노레는 테테의 유사 대부가 되어 아프리카 전통을 이야기해준다. 테테의 몸속에 요동치는 아프리카 춤과 음악을 향한 사랑을

---

20 Moitt, *Women and Slavery in the French Antilles*, pp. 80-100; Geggus, "Slave and Free Colored Women in Saint Domingue".

21 Karol Weaver, "'She Crushed the Child's Fragile Skull': Disease, Infanticide, and Enslaved Women in Eighteenth-Century Saint-Domingue", *French Colonial History*, 5(2004), pp. 93-109. 자식 살해를 다룬 한국 논문으로는 김인선, 〈흑인노예의 자식 살해와 모성: 1856년 마가렛 가너 사건을 중심으로〉, 《미국사연구》 39집(2014. 5), 1-38쪽. 이에 관련된 사료와 소설은 이 장 본문 뒤에 수록된 사료 2 참고.

심어주고 그녀의 수호신인 부두교 사랑의 신 에르줄리의 목상을 깎아준 사람도 오노레다. 부두교는 노예들이 가져온 아프리카 신앙이 생도 맹그에서 여러 믿음 체계와 뒤섞여 토착화한 종교다. 발모랭의 집으로 간 뒤에 그녀의 대모 격이 된 사람은 나이 든 흑인 여성 노예 로제 이모다. 당시 대농장에서는 일반적으로 여성 노예 한 명이 건강 관련 업무를 총괄했는데, 이들은 로제 이모처럼 아프리카 전승 지식을 아는 치료사이자 약초사인 경우가 많았다.

동시에 로제 이모는 부두교의 비밀 사제mambo로서 칼렌다kalenda(또는 칼린다kalinda)라고 일컬어지는 노예들의 집회를 주관했다. 아메리카 전역에서 노예들이 있는 곳이라면 어디서든 아프리카식 춤, 노래, 종교적 도취가 어우러진 집회가 열렸으며, 이를 위한 갖가지 조직이 꾸려졌다. 칼렌다는 테테에게는 아프리카 정체성과 자유를 향한 열망을 일깨웠고, 도망노예들에게는 탈주를 위한 비밀 네트워크를 제공했다. 아프리카음악은 아프리카 문화를 전승할 뿐만 아니라 대서양 세계를 횡단하며 온갖 문화적 변용을 거듭한 혼종적 문화의 결정체였다. 가사에 담긴 대안적 세계관과 특유의 선율을 통해 노예들은 현실에서 거부당한 자유를 경험할 수 있었다. 테테는 이렇게 말한다.

음악은 세월, 기억 그리고 내 안에 웅크린 그 짐승—두려움—을 날려버리는 바람이다. (……) 세계가 요동친다. 리듬은 바다 밑의 섬에서 태어났다. 그것은 지축을 흔들고 나를 번개처럼 관통하며 내 슬픔을 가져간다. 파파 봉디Papa Bondye(부두교의 창조신)가 그 슬픔을 씹어 삼켜서 나를 정결하고 행복하게 만들어줄 수 있도록. 북은 두려움을 정복한다. 북은

프랑수아 에메 루이 뒤물랭François Aimé Louis Dumoulin, 〈칼린다, 아메리카 흑인의 춤〉, 1783.

내 어머니의 유산이며 내 핏속에 있는 기니아Guinea(아프리카 노예무역 근거지 중 하나로 많은 노예들이 고향으로 여겼다)의 힘이다. 내가 북과 함께 있으면 아무도 나에게 해를 입힐 수 없으니, 나는 사랑의 여신인 에르줄리처럼 강력하고 채찍보다 더 빨라진다. (……) 북은 성스러우니 신들이 이를 통해 말씀하신다.[22]

그러나 노예들의 북소리는 발모랭의 아내 유지니아의 광증에 일조한다. 사람들은 그녀의 가족력이라든가 계속된 임신과 유산을 탓하

---

[22] Allende, *Island Beneath the Sea*, pp. 1-2.

지만, 사실 유지니아를 미치게 한 것은 생도맹그에서의 삶이다. 흑인을 향한 그녀의 미신적 두려움은 절대다수의 노예들에게 포위된 가운데 이들을 폭력과 공포로 누르며 살아가는 백인들의 불안을 상징한다. 이 섬에서 죽음은 끝이 아니다. 발모랭과 유지니아에게 식민지는 "산 자와 죽은 자가 손잡고 거니는 야만적이고 폭력적인 세상"이지만,[23] 테테를 비롯한 노예들에게 죽은 자들의 영혼이나 부두교의 신들은 산 자처럼 친밀한 존재다. 아프리카 전승이 말하는 '바다 밑의 섬'에서는 죽은 자들이 기다리고 있으며, 봉기의 날이 오면 죽은 자들도 산 자의 군세에 합류할 것이다. 아옌데가 마술적 리얼리즘으로 그리는 주술과 영혼의 세계는 노예제 사회 곳곳에서 찾아볼 수 있다.[24]

유지니아의 광증이 심해지자 역설적으로 발모랭 일가는 테테에게 점점 더 의존하게 된다. 사회적으로 고립되어 테테 말고는 별다른 대화 상대도 없는 발모랭, 테테 없이는 생활이 불가능한 유지니아, 테테를 엄마로 여기는 발모랭의 아들 모리스, 테테의 보살핌 속에서만 돌아가는 집안일. 사실상 테테가 맡은 직분인 가정부 자체가 노예제의 역설을 입증한다. 백인들은 노예, 그것도 여성 노예의 지성을 믿지 않았지만, 이들에게 가사 전반의 관리를 맡겼다. 대농장에서 일하는 여자들은 육체노동의 위계에서도 최하층에 속했지만, 테테 같은 가내노예들은 상대적으로 처지가 나았다.

테테와 비슷한 여성 노예들에게는 제한된 자유로 이어지는 통로가

---

23 Allende, *Island Beneath the Sea*, p. 8.

24 예를 들어 Vincent Brown, *The Reaper's Garden: Death and Power in the World of Atlantic Slavery*, Cambridge: Harvard University Press, 2008.

존재했다. 혁명 전 자유를 얻는 통로는 개별적 해방manumission이었는데, 해방되는 노예들의 60-70퍼센트는 여자와 어린아이들이었다. 즉 노예 첩과의 사이에서 아이를 얻은 주인이 여자와 아이들을 해방한 경우였다.

프랑스 왕정의 '흑인법전Code Noir'은 본래 노예 첩과의 사이에서 아이가 태어났을 때 노예와 자녀들까지 해방할 것을 규정했다. 그러나 식민지의 법과 세부 규정은 이러한 해방을 어렵게 만드는 방향으로 계속 수정되었다. 혁명 전 생도맹그에서는 노예 첩 가운데 3-4퍼센트(많아도 10퍼센트 미만)가 이러한 방식으로 해방되었으리라 추정된다.[25] 그러나 어미와 자식 모두 해방하는 경우는 드물었고, 남자아이만 해방할 때가 많았다. 게다가 법적 절차에 따르는 비용을 피하느라 '사실상 해방'인 상태로 두는 경우가 많았다. 이 경우 소유주가 죽거나 파산하면 자유가 위태로워졌다. 유언장을 통해 해방된 경우에도 상속인들이 이의를 제기하면 마찬가지였다.

망명의 길: 혁명 이후의 격변과 이주

프랑스혁명이 일어나면서 발모랭의 대농장에도 불안한 기운이 감돈다. 도망노예들과의 연락책이었던 로제 이모를 비롯하여 노예들이 하나둘 모습을 감추고, 곧 아이티혁명의 시작을 알리는 1791년의 대반란이 일어난다. 테테의 비밀 애인이었던 아프리카 출신 노예 감보는 발

---

25 Peabody, "Négresse, Mulâtrese, Citoyenne", p. 77.

48

모랭의 대농장에 대한 공격이 시작되기 직전 몰래 테테를 찾아와 도망 노예 집단에 합류하자고 제안한다. 그러나 테테는 친아들처럼 키운 모리스를 버릴 수 없을 뿐만 아니라 도망노예들이 물라토인 로제트를 해코지할까 두려워 감보의 요청을 거절한다. 아프리카 전사계급 출신으로 명예를 목숨보다 중시하는 감보 또한 가부장적 사고의 소유자로 등장한다. 테테가 낳은 아이가 자기 아들인 줄 알았던 감보는 로제트가 발모랭의 자식이라는 사실보다 딸이라는 점에 더 절망한다. 결국 아이들을 책임지는 일은 테테의 몫이다.

그날 밤 테테는 발모랭과 모리스를 탈출시켜주는 조건으로 자기와 딸의 해방문서를 얻어낸다. 그녀는 그날부터 해방문서를 한시도 몸에서 떼놓지 않는다. 많은 역사가가 지적하다시피 자유를 위한 노예들의 투쟁에서 문서 작성은 매우 중요했다. 테테처럼 문맹인 노예도 식민지 체제 내에서 문서의 중요성을 잘 알고 있었다. 해방노예는 말할 나위도 없고, 자유 유색인들조차 피부색 때문에 자신의 사회적 지위가 불안정하다는 점을 항상 의식하고 있었다. 이들은 출생증명서, 결혼증명서, 시민권 증명서, 자녀들의 세례 증명서, 부권 인정 증서, 양도 매매 증서, 소유주의 각서 등등 최대한 많은 문서를 만들어서 공증해놓는 습관이 있었다. 다른 지역으로 이주하는 경우, 상속이나 재산 이전으로 새 소유주가 이들의 자유민 신분을 문제 삼는 경우 이 문서들은 자유민 신분을 입증하는 유일한 방책이었다.

앞서 언급한 《자유의 문서》의 로잘리도 마찬가지였다. 흑인 자유민들에게 팔려간 그녀는 나이 든 하층계급 프랑스 이민자 남성인 뱅상과 여러 해 동거하며 사실혼 관계를 유지했다. 혁명정부의 해방령에 따

라 자유의 몸이 된 후 그녀는 자신과 아이의 자유민 신분을 보증받고
자 여러 방책을 강구한다. 혁명의 혼란과 영국군의 침공으로 해방문서
가 공증이 되지 않자 파트너인 뱅상을 통해 해방문서를 급조하기도 하
고, 뱅상을 부친으로 한 아이의 세례 문서를 만들기도 한다. 노예제 폐
지 여부가 불분명한 가운데 최대한 안전망을 만들어놓으려고 노력한
것이다.[26]

　테테 덕분에 가까스로 반란 노예들을 피해 생도맹그의 중심 도시
르카프에 도착한 발모랭 일가는 백인들의 음모, 노예해방령 선포, 투생
루베르튀르의 등장 등 아이티혁명의 여러 주요 사건에 휘말린다. 그 뒤
농장주들이 세상의 종말로 기억하는 1793년 6월, 르카프가 불타고 백
인들이 학살당할 때 테테는 절망한 발모랭을 억지로 일으켜 아이들과
함께 탈출한다. 감보는 루베르튀르의 측근이 되어 혁명의 주역이 되었
지만, 두 아이의 안전을 우선시하는 테테는 혁명에 가담할 생각을 하지
못한다. 발모랭의 보호를 받는 것이 안전을 도모할 수 있는 최선의 길
이라고 판단한 테테는 그와 함께 쿠바로 탈출한다. 이들처럼 수많은 백
인이 노예와 함께 탈출했고, 그 뒤로 농장주의 선전물은 이 노예들의
'충성'을 폭도들의 '배은망덕함'과 대비시켰다. 그러나 주인과 동행하기
를 선택한 노예들에게는 테테처럼 다양한 동기가 있었다.

　아옌데의 소설은 감보와 테테의 선택을 양극화하여 보여주지만,
혁명기 유색인 여성들의 선택은 훨씬 다양했다. 도망노예 집단에서도
많은 여성을 발견할 수 있으며, 로제 이모처럼 종교 지도자로 나선 인

---

26 Scott & Hébrard, *Freedom Papers*, 2-3장 참고.

물도 있다. 오늘날 과들루프에 우뚝 서 있는 여성 노예 솔리튀드Solitude
의 동상은 혁명이 열어놓은 급진적 권리 투쟁과 군사적 반란의 길에 직
접 참여한 여성들의 모습을 대변한다.[27] 아이티 독립전쟁에 관한 기록
에도 포탄 속을 뚫고 무기를 나르거나 백인들을 비웃으며 의연히 죽음
을 맞는 여성 투사들의 모습이 나타난다. 또한 아이를 둘러업고 나와
혁명정부의 대리인들에게 해방을 호소하거나, 여성을 차별하는 프랑스
공화국의 임금 정책에 반대하여 투쟁한 해방노예 여성들도 있었다. 버
려진 토지나 부동산에 대한 소유권을 선취하거나 텃밭을 늘려 수익을
올리는 여성 사업가들도 있었다.

혼란의 생도맹그를 뒤로하고 발모랭 일가가 선택한 망명지는 쿠
바였다. 생도맹그에서 쿠바의 산티아고까지는 거리가 가깝고, 쿠바 당
국은 망명자들의 운명에 동정적이었다. 많은 대백인과 마찬가지로 발
모랭도 초국가적인 사업과 투자 네트워크가 있어서 섬을 떠난 뒤에도
남은 재산이 있었다. 봉기 때 살해당한 이웃 농장주의 비밀 계좌까지
사취한 발모랭은 처남인 산초 데 솔라르의 도움을 받아 루이지애나에
서 다시 한번 설탕 대농장을 일으킬 결심을 한다. 루이지애나는 본래
프랑스의 식민지였던 터라 프랑스어권인 데다 노예제 지역이어서 생도
맹그 농장주들이 가장 선호한 망명지였다.

---

27 솔리튀드는 역사, 구전, 픽션이 혼합된 인물이다. 사료 속의 짧은 기록과 구전에 의거하여 폴란
드계 유대인 프랑스 작가 슈바르츠-바르트Andre Schwarz-Bart가 쓴 소설《물라토 여성 솔리튀드
La Mulâtresse Solitude》(1972)로 유명해졌다. 이 소설에 따르면, 프랑스령 서인도제도 과들루프
섬에 살던 물라토 여성 노예 솔리튀드는 1802년 나폴레옹군이 노예제를 복구하기 위해 침략해 왔을
때 임신한 몸으로 무장투쟁을 계속했다. 끝내 프랑스군에게 체포된 그녀는 출산 직후 처형당했다.
오늘날 프랑스령 서인도제도에서 솔리튀드는 노예제에 대항한 여성의 투쟁을 상징한다.

솔리튀드의 동상.

로잘리도 이후 아이티 독립전쟁의 혼란을 피해 쿠바로 피신했다. 여기에서 자유민 신분 문서를 공증받았지만, 그녀의 자유는 여전히 불안정하다. 많은 농장주가 동행한 노예의 노예 신분을 되살리는 판국이었다. 설상가상으로 대백인의 뒤를 이어 하층계급 망명객이 줄을 잇고 1808년 프랑스와 전쟁이 벌어지면서 경계심이 높아진 쿠바 당국은 프랑스 난민에게 추방령을 내린다. 문제는 1807년 미국의 노예무역 금지 법령이 노예 이송을 금지했기 때문에 불확실한 신분으로는 대서양을 건널 수 없다는 점이었다. 결국 로잘리는 열 살 난 딸 엘리자베스를 자유민인 대모에게 맡겨 루이지애나로 보내고, 자신은 아이티로 돌아간다. 그 뒤 로잘리의 행적은 알 길이 없다.[28]

뉴올리언스: 미국에서의 새로운 삶

소설의 2부는 1793년부터 1810년까지 루이지애나주 뉴올리언스

---

[28] Scott & Hebrard, *Freedom Papers*, 3장.

에서 이어지는 이야기를 그린다. 본래 프랑스인들의 정착 식민지였던 루이지애나는 7년전쟁에서 프랑스가 패배한 뒤 에스파냐로 넘어갔다가 1800년 나폴레옹에 의해 수복되었다. 그러나 생도맹그를 상실해 아메리카 제국 팽창의 꿈을 접은 나폴레옹은 1803년 이 땅을 헐값에 미국에 양도했고('루이지애나 매입'), 덕분에 미국은 국토를 두 배로 확장할 수 있었다. 루이지애나의 백인 사회에 성공적으로 편입한 발모랭은 거대한 그리스식 저택과 설탕 대농장을 개장한다. 발모랭처럼 미국 남부에 정착한 생도맹그 난민들이 노예제도, 남부의 문화, 인종 관계에 어떤 영향을 끼쳤는지 많은 연구가 나오고 있다.

뉴올리언스에서도 테테는 예전처럼 가정부 노예 역할을 계속한다. 일단 위기를 벗어나자 테테가 문서로 보장받은 자유는 그야말로 "종이짝이나 마찬가지"[29]라는 사실이 분명해진다. 발모랭은 루이지애나주 법을 들먹이며 테테의 해방을 거부하고, 법에 어두운 그녀는 주인의 말에 반박할 방법이 없다. 게다가 발모랭이 뉴올리언스 유력 가문의 딸인 오르탕스 드 기조와 결혼하면서 테테의 삶은 또다시 위험에 빠진다. 결국 오르탕스의 질투 때문에 로제트는 수녀원으로, 테테는 농장으로 보내진다. 가내노예들이 농장 노예로 강등되면 보통은 엄청난 충격을 받지만, 테테는 대농장에서 노예들끼리의 유사 가족 관계에 편입됨으로써 오히려 공동체를 발견한다. 테테와 친해진 감독관의 아내 머피 부인은 그녀에게 자기도 '백인 노예', 즉 아일랜드 출신 계약노동자였다

---

29 아이티 디아스포라 공동체가 경험한 재노예화의 위험을 연구한 스콧의 표현. Rebecca J. Scott, "Paper Thin: Freedom and Re-enslavement in the Diaspora of the Haitian Revolution", *Law and History Review*, Vol. 29(2011), pp.1061-1087.

고 털어놓는다.

1804년 아이티 독립이 선포되고 쿠바에서 생도맹그 난민 추방령
이 내려지면서 테테가 알고 지내던 사람들이 속속 뉴올리언스에 도착
한다. 생도맹그 출신 백인들의 압력에 굴복한 연방정부가 1809년부터
노예무역 금지 법령의 적용을 면제해줌에 따라 수천 명의 흑인 노예와
자유 유색인들이 유입되었다. 거리에는 프랑스어가 넘쳐나고 그와 함
께 생도맹그 문화가 이식된다. 아프리카 출신 노예들이 춤추던 콩고 광
장은 곧 부두교 집회 장소가 된다. 뉴올리언스 부두교 역사의 전설적
인물인 여사제 사니테 데데Sanité Dédé도 생도맹그에서 온 것으로 묘사
된다. 뉴올리언스 특유의 혼종적 종교 문화는 에스파냐 출신 수도사인
앙투안 신부에게서 잘 나타난다. 성인으로 불리는 앙투안 신부는, 자기
는 에르줄리의 딸이라 그의 도움을 받을 수 없다는 테테에게 이렇게 말
한다.

"나의 신은 너의 파파 봉디와 그저 이름만 다를 뿐 똑같단다. 너의 신들
은 내 성자聖者들과도 같아. 인간의 마음에는 온갖 신성을 위한 자리가
있지. (……) 내 딸아, 여기서는 추문이 되지 않는 한 아무도 신경 쓰지
않으니 네 마음대로 부두교를 믿어도 좋다. 주일은 신의 날이니 아침에
는 미사를 드리고, 오후에는 콩고 광장에 가서 너의 신들과 춤추렴. 뭐
가 문제겠니?"[30]

---

30 Allende, *Island Beneath the Sea*, p. 277.

54

뉴올리언스 루이 암스트롱 공원 내 콩고 광장에 있는 조각. 일요일마다 여기서 춤추고 노래하던 노예들과 그들이 만들어낸 뉴올리언스 특유의 음악 전통을 기리는 작품이다.

나중에 테테는 생도맹그 출신 흑인 해방노예 재커리와 사랑에 빠져 아들 오노레를 낳는데, 이 아이는 사니테 데데와 앙투안 신부 양쪽에게 영세를 받는다. 이렇게 프랑스인, 에스파냐인, 아메리카 원주민 그리고 아프리카 출신 노예들이 가져온 여러 문화가 섞여서 오늘날까지도 뉴올리언스를 특징짓는 이국적이고 혼종적인 문화를 만들었다.

새로 도착한 난민 가운데 최고의 생존 능력을 뽐내는 것은 역시 비올레트다. 아이티혁명 중 클레와 사별한 비올레트는 뉴올리언스의 여인들을 대상으로 화장품과 옷을 파는 일종의 미용 사업을 시작했다가 나중에는 '플라사주plaçage'를 주선하는 쪽으로 사업을 확장한다. 플라사주란 백인 남자(때로는 유색인 자유민)와 유색인 여자 사이의 사실혼 관습을 말하는데, 프랑스어권과 에스파냐어권 식민지에 널리 퍼져 있었다. 뉴올리언스의 유서 깊은 프랑스 구역에는 유색인 첩들을 위한 주택이 즐비했다. 비올레트는 유색인 어머니들과 힘을 합쳐 플라사주를 위한 대규모 무도회를 개최한다. 초대받은 부유한 백인 남자들은 여자를 고르고 그 어머니와 교섭하여 플라사주를 시작했다. 비올레트는 테테를 비롯한 생도맹그 난민 여성 여럿을 끌어들여 일종의 사업 공동체를 형성한다.

비올레트는 이렇게 모은 돈을 부동산에 투자하여 아들(사실 테테가 낳은 아들) 장마르탱을 위한 유리한 결혼을 꿈꾼다. "그녀의 경험으로 볼 때 옅은 색 피부와 돈은 대체로 뭐든지 쉽게 만들어줄 수 있었다. 그녀는 자기 손자들이 혜택받고 세상에 나가기를 원했다."[31] 이것이야말로 그녀가 꿈꾸는 신분세탁이며 자유를 향한 점진적 여정이다. 인종적 편견이 지배하는 사회에서 태어난 비올레트는 아들이 흑인이나 더 짙은 피부의 유색인과 결혼하는 것은 생각도 하지 못한다. 실제로 1750년대 이후 인종차별적 조치를 강화하기 이전 생도맹그에서는 이런 식으로 몇 세대에 걸쳐 '피부색을 씻어내고' 백인이 되는 경우가 많았다. 비올레트의 모습은 생도맹그 출신 혼혈 여성들이 루이지애나에 퍼뜨린 유색인 여성에 대한 성적 스테레오타입('뉴올리언스의 쿼드룬 미녀들')을 보여주는 동시에, 당시 루이지애나 사회에서 유색인 자유민들이 내뿜던 사회적 활력을 재현한다.[32]

한편 서른 살이 되던 해에 테테는 그녀의 해방문서를 본 앙투안 신부의 개입 덕택에 드디어 자유로워진다. 자유의 몸이 되던 날 관청 앞뜰에 앉아 그녀는 환희와 공포라는 두 감정에 몸을 떤다.

---

31 Allende, *Island Beneath the Sea*, p. 360.

32 Emily Clark, *The Strange History of the American Quadroon: Free Women of Color in the Revolutionary Atlantic World*, Chapel Hill: University of North Carolina Press, 2013.

자유란 내가 기대할 수 있는 아무 도움도, 보호도, 안전도 없음을 뜻한다는 셀레스틴의 경고와 발모랭의 위협이 내 머릿속에 울렸다. 일거리를 찾지 못하거나 병이 들면 나는 우르술라회 수녀들이 밥을 주는 거지들의 행렬에 서게 될 것이다.[33]

실제로 이런 이유 때문에 완전한 해방 대신 반쯤 독립한 노예로 남은 사람도 많았다. 그러나 테테의 경우는 운이 좋은 편이었다. 루이지애나로 온 유색인 난민들은 문서 증거로써 자유민 지위를 증명하지 못하면 도망노예로 취급당했다. 이를 악용하여 흑인 자유민들까지 노예로 만드는 일이 속출했다. 한 사례로, 생도맹그 난민인 아델라이드 메타예Adélaïde Métayer라는 해방노예 여성은 생도맹그에서 자신과 아이들의 자유를 이중으로 보장받았다. 국민공회의 법으로 해방되었고, 나중에 옛 주인에게도 돈을 지불하고 해방문서를 받아낸 것이다. 그러나 전 주인의 사업 파트너가 이들을 발견하고는 전 주인의 빚을 갚으라며 아델라이드와 아이들을 노예 경매에 부친다. 뉴올리언스 법정은 아델라이드의 해방문서에 어린 아들의 이름이 없다는 이유로 결국 아들에 대한 경매를 진행하게 한다. 그 뒤에도 이 채권자는 계속 비슷한 수법으로 아델라이드 가족에 대한 소유권을 주장했는데, 일곱 차례에 걸친 소송 끝에야 그녀는 자유로워질 수 있었다.[34]

그러나 자유를 얻은 테테에게 또 한 번의 비극이 닥친다. 어릴 때

---

33 Allende, *Island Beneath the Sea*, p. 341.
34 Scott, "Paper Thin", pp. 1072-1087.

부터 같이 자라 이제 성장한 모리스와 로제트가 신분과 인종의 벽을 넘어서, 무엇보다 근친상간이라는 금기를 넘어서 결혼하겠다고 선언한 것이다. 이 또한 일종의 클리셰인데, 근친상간이라는 주제는 노예제 사회를 다룬 소설에 자주 등장하기 때문이다. 백인 남성에게 노예에 대한 무제한의 성적 방종을 허용하는 사회에서 근친상간은 상존하는 위험이었다. 백인 남성들이 근친상간에 대해 품었던 금기와 매혹이라는 양가감정은 인종 간 결합métissage에 대한 양가감정과도 얽혀 있었다. 해결할 수 없는 사회적 모순을 상징하듯 소실의 주인공 여성들은 대부분 비극적인 운명을 맞는다. 테테는 근친상간의 두려움을 이렇게 고백한다.

로제트가 팔릴까 봐, 아니면 그 애의 아버지가 내게 그랬듯 그 애를 강간할까 두려워 그 애를 내게서 떼어놓기 전까지만 해도 우리는 한 몸, 한 영혼이나 마찬가지였다. 남자들이 소녀들이 다 커서 무르익었는지 보려고 더듬는 식으로 주인님이 그 애를 만지는 모습을 몇 번이나 보았던가.[35]

보스턴의 기숙학교에 간 뒤 확고한 노예제 폐지론자가 된 모리스는 로제트와의 결혼을 반대하는 아버지 발모랭에게 경멸로 맞서면서 노예제와 근친상간 사이의 인과관계를 꼬집는다.

"근친상간은 아주 심각한 거다, 모리스."

---

35 Allende, *Island Beneath the Sea*, p. 322.

"더 심각한 건 노예제죠."

"그게 그거랑 무슨 상관이란 말이냐!"

"큰 상관이 있죠, 나리. 아버지가 노예를 추행할 수 있게 해준 노예제가 없었더라면 로제트는 내 누이가 아니었을 테니까요."[36]

결국 아무도 그들의 결혼을 허용하지 않자 테테는 도망노예를 숨겨주는 선장의 도움을 받아 그의 직권으로 배 위에서 둘의 결혼식을 올려준다. 그러나 임신한 로제트가 아들을 낳아 상속권을 위협할까 걱정한 오르탕스는 길거리에서 시비를 걸어 로제트가 투옥되게끔 한다. 로제트는 뒤늦게 아내의 공작을 알아챈 발모랭의 개입 덕분에 풀려나지만, 옥중생활로 건강을 해친 터라 아들 저스틴을 낳자마자 곧 세상을 떠나고 만다.

소설의 마지막은 그 모든 고통과 상실 속에서도 테테가 낳고 키운 후손들—장마르탱, 모리스, 저스틴, 재커리와의 사이에서 낳은 두 아이—로 이루어진 가족의 계보를 상기하며 끝난다. 남자들은 모두 죽거나 떠나버렸지만, 여자들은 남아서 가족을 지키고 기억을 전승한다.

바로 어제도 나는 광장에서 사니테 데데가 울리는 마법의 북소리에 맞춰 춤을 췄다. 춤추고 또 췄다. 때때로 모성과 사랑의 여신 에르줄리가 와서 내게 씌었다. 그러면 우리는 함께 뛰어 바다 밑의 섬에 있는 내 죽은 이들을 만나러 간다. 이것이 내 이야기다.[37]

---

36 Allende, *Island Beneath the Sea*, p. 413.

테테의 이야기는 이렇게 1810년 뉴올리언스에서 가까스로 평화를 찾은 채로 끝난다. 그러나 이 시기 루이지애나에서 해방노예 유색인 여성에게 해피엔딩의 전망은 그리 크지 않았다. 미국은 평등의 나라이니 자유 유색인들의 처지가 더 나아지지 않을까 꿈꾸는 비올레트에게 산초는 말한다. "착각은 금물이야. 그들은 영국인, 프랑스인, 에스파냐인들을 모두 합친 것보다 더 편견이 심하다고."[38] 실제로 19세기 이후 루이지애나에서 인종차별적 체제가 강화되면서 노예와 유색인 자유민들은 점차 증대하는 억압과 차별을 경험했다. 《자유의 문서》에서 어릴 때 대모와 함께 루이지애나에 도착한 로잘리의 딸 엘리자베스도 마찬가지였다. 1830년 프랑스에서 7월혁명과 식민지 개혁의 소식이 들리자 엘리자베스는 가족을 이끌고 프랑스로 향한다. 그 뒤로도 이 집안은 인종차별을 피해 사회적 상승을 이루고자 프랑스, 벨기에, 멕시코, 미국 사이를 종횡무진 오갔다.[39]

자유, 존엄한 삶을 향한 다양한 길

평론가나 독자들은 이전 아옌데의 주인공들에 견주어 테테가 너무 수동적이라고 지적하곤 한다. 그렇지만 노예제 사회에서 저항이나 주체성agency을 어떻게 이해할지 생각해봐야 한다. 프랑스혁명과 아이

---

37 Allende, *Island Beneath the Sea*, p. 460.
38 Allende, *Island Beneath the Sea*, p. 359.
39 Scott & Hebrard, *Freedom Papers*.

티혁명 이후 노예제에 대항한 자유나 저항은 으레 보편적인 선언문과 노예해방 법령, 직접 저항이나 무장투쟁을 통한 급진적 권리 획득, 더 나아가 흑인독립국가의 수립black nationalism과 결부되었다. 그러나 이러한 정의는 직접 무기를 들고 투쟁하지 못한 대부분의 노예들, 특히 여성 노예를 저항과 자유의 이야기에서 배제한다. 사실 노예제 사회 속에서 살던 이들에게, 특히 유색인 여성들에게 자유란 한 번의 선언으로 얻어지는 것이 아니라 자신과 가족을 위해 끝없이 네트워크를 재창조하는 지난한 과정이었다. 이 속에서 테테, 비올레트, 로잘리 같은 여성들은 역사가 급변하는 와중에 최대한 자기가 아는 자유로운 삶에 다가가기 위해 애썼으며, 더 나은 기회를 찾아 또는 재노예화의 위협을 피해 대서양 세계를 떠돌아다녔다.

유색인 여성들의 역사적 경험은 자유에 관한 기존의 법리적 관념을 재고하고 여기에 더 인류학적으로 접근할 것을 요청한다. 가부장제는 노예제 사회의 유색인 여성들을 이중으로 억압했다. 게다가 이들의 지위는 남성 파트너나 보호자에게 예속된 경우가 많아서 늘 불안정했다. 테테와 같은 이들에게는 법뿐만 아니라 결혼, 동거, 후원과 피보호 관계 그리고 각종 유사 친족 관계fictive kinship 같은 사적인 연결망이 자유를 얻기 위한 주요 자원이었다. 또한 직접 저항뿐 아니라 문서 작성, 교섭, 타협, 교묘한 조종manipulation 역시 자유를 획득하는 수단이었다. 선입견과 달리 유색인 여성들은 문서에 입각한 서구 법 체제를 이용하는 데 놀라울 정도로 기민했다. 이러한 모습은 아이티혁명 뒤에도 마찬가지였다. 자유를 얻으려는 여성 해방노예들의 투쟁은 많은 경우 추상적 대의가 아니라 특정 인물(농장주, 관리인, 공화국 관료, 군사 지휘관)이나 특정 상황(임금이나 휴일 정책, 소유주의 변화, 정치적 혼란)과 연관된 일상적·점진적 노력으로 이루어졌다.[40]

유색인 여성들이 자유를 일구는 데 무엇보다 중요한 요소는 가족이었다. 여성의 권리가 가족이나 모성의 문제와 어떻게 연결되는지는 각 사회의 맥락 속에서 구체적으로 살펴봐야 한다. 노예제가 재생산 능력 자체를 상품화하고 노예에게서 가족을 비롯한 의미 있는 사회관계를 박탈했기에, 노예제에 예속된 이들은 가족과 친족 관계를 열망했다. 그들에게는 가족을 만들고 유지하는 능력이 자유의 핵심이었다. 대대의 삶에서 보듯이 이들에게 자유란 자기 의향대로 파트너를 고르고 아이들을 빼앗길 염려 없이 키울 수 있는 능력이었다.

그런데 동시에 가족 제도와 형태는 정부와 권력자의 최우선적 관심사이기도 했다. 구체제 프랑스 정부나 독립 후 아이티 지배자들이나 모든 기득권층은 교회와 국가에 의해 승인받는 결혼을 장려했다. 법적 결혼에 따른 가부장적 가족은 임금노동 체제와 새로운 사회질서의 등뼈로 칭송받았다. 그러나 이는 해방노예 여성들의 자유 개념과 동떨어졌을 뿐만 아니라 이후 아이티의 실제 사회 조건과도 맞지 않았다.[41]

이들에게 가족은 주어진 것이 아니라 선택하고 변화하는 것이었다. 당국이 아프리카적이고 부도덕하다고 비난한 가족이나 성적 결합의 여러 형태, 예컨대 혼전 성교, 미혼모와 사생아, 일부다처제, 여성 가

---

40 Judith Kafka, "Action, Reaction and Interaction: Slave Women and Resistance in the South of Saint Domingue, 1793-94", *Slavery and Abolition*, Vol. 18(1997), pp. 48-72.

41 Elizabeth Colwill, "Freedwomen's Familial Politics: Marriage, War and Rites of Registry in Post-Emancipation Saint-Domingue", K. Hagemann, G. Mettele & J. Rendall, eds., *Gender, War and Politics: Transatlantic Perspectives, 1775-1830*, London: Palgrave, 2010.

장, 대부모 관계, 플라사주 같은 사실혼, 후원과 피보호 등이 이들에게
는 자유를 위한 현실적이고도 구체적인 수단이었다. 테테도 해방 후에
재커리와 사실혼 관계로 아이들을 낳지만 법적 결혼은 하지 않는다. 그
녀에게 가족은 아이들과 유사 대부모 그리고 이웃으로 이루어지는 공
동체였다. 생도맹그 노예들은 늦은 나이(평균 40대 중후반)에야 사실혼
파트너와 결혼하는 경우가 많았다. 법적 결혼은 가족의 최종 형태를 확
정할 뿐이지 가족관계의 핵심은 아니었다.[42]

동시에 젠더 이념은 노예제 사회를 유지하는 핵심 요소였다. 인종
주의적 노예제가 지배하는 생도맹그는 성性과 관련해서는 "정신분열적
사회"였다.[43] 법은 유럽계와 아프리카계 주민들을 갈라놓고 인종을 엄
밀하게 구분하려 했지만, 정작 발모랭 같은 백인들은 노예를 강간하고
유색인 첩을 들여 계속 혼혈 인구를 늘림으로써 체제를 갉아먹었다. 생
도맹그는 아메리카 식민지 가운데 자유 유색인의 비중이 가장 높은 사
회였다.

이러한 모순 때문에 동원된 것이 성과 젠더 담론이었다. 비올레트
같은 유색인 여성은 백인 남성을 타락시키는 성적 방종의 화신으로 묘
사되었으며, 백인들은 이렇게 성애화한 이미지에 유색인의 열등성을
투사했다. 반면 백인 여성은 순결과 정절의 상징으로, 백인 피의 순수
성을 담보하는 매개체가 되었다. 노예제가 무너진 뒤에도 가부장제와
억압적 젠더 이념은 새로운 방식으로 살아남았다. 아이티에서는 노예

---

42 Moitt, *Women and Slavery in the French Antilles*, p. 86.

43 로런트 듀보이스, 《아이티혁명사》, 116쪽.

해방이 전쟁과 맞물려 진행되었고, 그 유산으로 사회가 군사화하여 젠더 관계에 악영향을 미쳤다.

젠더에 입각한 권력관계는 사료 형성을 결정지었다. 아이티혁명의 역사는 혁명 전 여성 노예들을 둔감하고 동물 같은 존재로 묘사한 사료 일반에 의문을 제기한다. 솔리튀드 같은 여성 투사, 비올레트 같은 여성 사업가, 로잘리처럼 기민한 어머니들이 갑자기 어디에서 튀어나왔단 말인가?

바버라 부시는 여성 노예의 삶이 아직 '진지한' 역사학의 주제가 아니었던 시절 자기 경험을 토로한다. 그는 지도교수였던 마이클 크레이턴Michael Craton이 노예 노동자를 다룬 선구적 저작 《보이지 않는 사람Man을 찾아서》[44]를 모델로 삼아 "보이지 않는 여성 노예들"을 찾아 나섰다. 일단 찾기 시작하자 여성 노예들의 흔적은 보이지 않기는커녕 온 사방에 흩어져 있었다. 그러나 이 사료들에 재현된 여성 노예는 거의 전적으로 기록자인 백인 남성들의 욕망, 환상, 두려움을 쏟아 넣은 당대 젠더 이념의 산물이었다. 이들은 자기 이해관계와 관련된 사안에만 관심을 쏟았고, 반대로 노예들은 자기 속마음이나 내밀한 사생활을 주인에게 감추었다. 주인들은 일상에서 벌어지는 갖가지 저항 행위나 자율성의 증거를 제대로 감지하지 못했다.[45]

그렇다면 우리는 테테 같은 여성 노예의 삶과 관련해 도대체 무엇

---

44 Michael Craton, *Searching for the Invisible Man: Slaves and Plantation Life in Jamaica*, Cambridge: Harvard University Press, 1978.

45 Barbara Bush, "Searching for the 'Invisible Woman': Working with (and subverting) the Archives", https://womenshistorynetwork.org/searching-for-the-invisible-woman-working-with-and-subverting-the-archives/#more-2325.

을 알 수 있을까? 부시는 이 사료들의 형성에 개입한 식민주의 이념을 내파하고, '상상적 공감능력imaginative empathy'을 동원하여 지워진 이들의 삶을 재구성했다. 부시를 비롯한 1세대 연구자들이 경험했듯이 주류 역사가들의 사료 실증주의는 이러한 여성사가들의 작업을 '진짜' 역사의 하위에 두거나, 그들이 참고한 사료들을 '가치 없는' 또는 '신빙성 없는' 자료들로 폄훼했다. 그러나 여성 노예에 관한 연구들이야말로 지난 30여 년에 걸쳐 침묵당한 이들의 삶과 경험을 복원하고, 이를 바탕으로 노예제에 관한 지배적 개념(폭력, 종속, 저항, 주체성)을 급진적으로 재고하며, 궁극적으로 사료 형성에 관련된 권력관계를 규명하고 전복하여 역사학적 방법론을 쇄신하는 데 앞장서왔다.

마지막으로 이들의 역사를 읽는 오늘날 우리의 윤리적 자세를 생각해보고 싶다. 여성 노예를 억압했던 폭력에는 당대의 물리적인 폭력뿐 아니라 문서고와 역사 서술에서 이들의 존재를 지우고 왜곡하는 인식론적 폭력도 포함된다. 발모랭이 평생 자신에게 품었던 테테의 격렬한 증오를 상상조차 하지 못한 것처럼, 주인 계급은 노예들의 고통에 무관심했다. 이는 그들이 만든 사료를 통해 역사가들에게로 그리고 역사책을 읽는 독자에게로 옮아갔다. 현대의 독자는 과연 누구에게 감정을 이입하는가? 앞서 언급한 자메이카의 농장주 시슬우드의 일기에서 농장주는 매일 농장을 시찰하며 여성 노예들을 밥 먹듯이 강간한다. 그러나 대부분의 서구 독자에게 이 자료는 농장주의 사생활을 보여주는 매우 '흥미로운' 사료일 뿐, 행간에 가려진 끔찍한 폭력과 고통은 감지되지 못한다. 그리하여 현대의 성실한 실증주의 역사가와 진지한 독자는 종종 18세기 농장주의 관점을 앵무새처럼 되풀이하곤 한다.[46]

발터 벤야민은 과거 역사학이 설파한 감정이입의 방법론을 거꾸로 뒤집으며 "승리자에게 감정이입을 하는 일은 그때그때 지배하는 자들에게 도움을 준다"고 말했다.[47] 그의 말처럼 "결을 거슬러 역사를 솔질"하여 억압받는 자들의 전통을 되찾을 때, 역사와 기억 속에서 여성 노예의 종속과 상품화가 계속되지 않게끔 저항하여 그들의 풍부한 경험 세계를 재발견할 때, 성차별 없는 세상을 꿈꾸는 이들이 기댈 수 있는 역사적 전통의 영역도 더욱 넓어지리라 생각한다. 그 속에서는 몸소 자유를 위한 투쟁에 나선 투사나 급진적 페미니즘을 정초한 여성 지식인들뿐만 아니라 테테나 비올레트처럼 비인간적인 사회제도 아래 가족을 지키고 존엄한 인간으로 살아남기 위해 고심한 불완전한 여성들의 자리도 발견할 수 있을 것이다.

46 미셸-롤프 트루요, 김명혜 옮김, 《과거 침묵시키기》, 그린비, 2011, 192-195쪽 참고.
47 발터 벤야민, 최성만 옮김, 〈역사의 개념에 대하여〉, 《역사의 개념에 대하여 외: 발터 벤야민 선집 5》, 길, 2008, 336쪽.

도망노예 수배 광고

노예, 그것도 여성 노예의 목소리를 직접 담은 사료를 어디에서 발견할 수 있을까? 영미권에는 노예서사slave narrative(해방노예가 노예제의 경험을 자서전 형식으로 쓰는 것)의 전통이 있지만, 프랑스어권 식민지에는 그조차 존재하지 않는다. 게다가 노예서사는 서구 노예제 폐지운동을 매개로 만들어진 하나의 장르(주로 기독교적인 수난과 구원을 다룬다)이고, 이 과정에서 노예들의 생생한 경험은 부르주아 독서문화의 관습 속에 숨겨지는 경우가 많다. 한 역사가의 표현대로 어느 미래에 아주 근면한 역사가가 어떤 여성 노예의 숨겨져 있던 일기장 묶음이라도 운 좋게 발견하기 전에는 흩어지고 왜곡된 사료 속에서 이들의 삶을 길어 올릴 전략을 개발할 수밖에 없다.

역사가 푸엔테스Marisa Fuentes는《빼앗긴 삶》에서 신문, 출생신고서, 법정 자료 등에 흩어진 여성 노예들에 관한 단편적인 흔적을 모아 그들을 둘러싼 삶을 재구성하고자 시도한다. 1장의 주인공인 제인Jane과 관련해 남아 있는 자료는 도망노예를 수배하는 아래의 짤막한 신문 광고뿐이다.

1789년 1월 13일《바베이도스 머큐리Barbados Mercury》

도망노예: 제인이라는 이름의 키 작은 검은 피부 니그로 여자. 서툰 영어를 하며, 이마에는 출신지 인장이, 가슴 한쪽에는 불로 지진 낙인이, 등의 잘록한 부분에 가까운 어깨 뒤편에도 커다란 출신지 인장이, 또한 목에는 칼자국이 있다.[48]

제인은 아무 기록도 남기지 않았지만, 그 육체에는 노예제의 폭력과 저항의 역사가 동시에 새겨져 있다. 여러 군데의 낙인과 인장은 제인이 얼마나 자주 도주를 감행했는지, 제인과 같은 도망노예를 제어하기 위해 식민지 사회가 어떤 수단을 동원했는지 보여준다.

푸엔테스의 책과 비슷한 취지로 만들어진 초국가적 디지털 문서고인 '대서양 세계의 도망노예들'은 이러한 도망노예 광고를 수만 개 이상 모아서 노예들의 삶을 복원하려 한다.[49] 여기서 여성 노예의 예를 보고 이 짤막한 문장에 담긴 그들의 삶을 유추해보자.

1766년 4월 16일 생도맹그《아메리카 일보 Affiches américaines》

플로르라는 이름의 콩고 출신 여자 니그로. 작은 키, 28-29세, 긴 코, 큰 입과 넓은 입술, 허름한 옷차림. 걸음걸이가 느리고, 성격이 나쁜 티가 나고 정감이 별로 없으며, 특기는 재봉질. 이번 달로 11개월째 도망 중이며 자기 옷가지를 가져갔는데 이것들은 외과의 아브릭 씨의 소유임. 낙인이 찍히지 않아서 자유민이라고 말하거나 가짜 증명서를 가졌을 수도 있음.[50]

플로르라는 여성은 아마도 솜씨가 좋아서 재봉질 일감을 받아 일했을 것이

---

48 Marisa J. Fuentes, *Dispossessed Lives: Enslaved Women, Violence and the Archive*, Philadelphia: University of Pennsylvania Press, 2016, p. 13. 당대의 표현을 살리느라 '니그로'라는 용어를 사용한 점에 이해를 구한다.

49 http://www.marronnage.info/fr/.

50 http://www.marronnage.info/fr/document.php?id=9.

다. 기술이 있는 많은 노예가 그러했듯이 시내에 따로 작업장을 내고 주인에게 돈을 상납했을 수도 있다. 농장에 사는 노예들은 쉬는 시간에 텃밭을 일구면서, 도시에 사는 노예들은 가외 노동을 하면서 조금씩 부수입을 모아 자유를 사고자 했다. '가짜 증명서' 운운하는 데서 보듯이 플로르는 돈을 모아 벌써 몸값을 치렀거나 법적 공증만 빼고 '실제로 자유의 몸'인데, 주인이 인정해주지 않자 일감으로 받았던 옷가지를 챙겨 탈출을 감행했을 가능성이 있다.

1766년 10월 22일 생도맹그 《아메리카 일보Affiches américaines》

주느보트 또는 주느비에브라는 이름의 크레올 니그로 여자. 36세쯤 되었고 허약한 체격이며, 자신은 로튀로 씨의 유언장에 따라 자유의 몸이라 말하고 다니는데 이 유언장은 고인이 죽기 전 취소했음. 이달 19일에 도망쳤으며, 10-11세 정도의 물라토 아이로 이름이 안Anne인 자기 딸을 데리고 갔음. 그녀를 본 사람은 잡아서 바스림베에 사는 로튀로 씨의 상속인들에게 연락 주기 바람. 사례가 있을 것임.[51]

주느비에브와 같은 이야기는 18-19세기 식민지에서 숱하게 찾아볼 수 있다. 여성 노예들이 몸값을 치르거나 주인과 교섭하여 자유의 몸이 되고자 할 때 가장 문제가 된 것은 자녀였다. 어머니들은 자녀의 몸값까지 마련하고자 고군분투했다. 어떤 주인은 유언장에 여성 노예와 그 자녀들을 해방한다는 조항을 넣는 조건으로 평생의 충성을 약속받았다. 약속을 지키는 주인도 있었지만, 위의 예에서 보듯 상속자들이 이의를 제기하거나 유언장이 무효라고 주장하면 소용

---

[51] http://www.marronnage.info/fr/document.php?id=138.

없는 경우가 많았다. 프랑스의 식민지 법령은 어머니와 아이들을 갈라놓지 못하게 했지만, 현지 권력을 장악한 농장주들은 제멋대로 법을 왜곡했다. 주느비에브도 주인의 유언장을 믿고 딸과 함께 자유로워질 날만 손꼽아 기다렸을 테고, 추측건대 탐욕스러운 상속자들이 유언장을 무효로 만들자 어린 딸의 손을 잡고 탈출을 감행했을 것이다. 그 뒤로 모녀의 행적은 알 수 없지만, 어딘가에서 자유롭게 살았으리라 상상해본다.

기록 속의 파편과 상상적 복원

아이티 국립대학 문학과 교수인 에블린 트루요Évelyne Trouillot는 서인도 제도를 다룬 역사서에서 짤막하지만 강렬한 장면을 발견했다. 사료에서 더는 이 여성의 자취를 찾을 수 없기에 트루요는 이를 모티브로 한 장편소설 《악명 높은 로잘리》를 집필함으로써 사라진 여성 노예의 삶에 경의를 표하고자 했다.[52] 트루요가 읽은 대목은 혁명 전 생도맹그 사회를 기록한 어느 백인 학자의 자료에서 나왔다.

같은 대농장의 산파였던 아라다Arada(서아프리카 해안에 있던 나라명) 출신의 흑인 여자도 비슷한 혐의로 같은 법정에 출두했다. 거기에서 그녀는 깔깔대면서 자기는 인간, 특히 노예가 될 운명의 인간을 파괴하는 것보다 더 큰 기쁨은 모른다고, 의존적 삶을 사는 불행한 고용인 여럿을 이 방법으로 자유롭게 해주었노라 자백했다. 자백으로 유죄가 입증된 이 흑인 여자는 처음 피고와 같은 형벌에 처해졌다. 자기를 불태울 화형장으로 나아갈 때 그녀는 뉘우치는 듯이 고개를 숙이고 천천히 걸어가다가, 갑자기 분노와 절망에 사로잡혀 웃옷을 고정한 허리끈을 풀더니 말했다.

---

52 Trouillot, *Rosalie L'Infâme*, Paris: Éditions Dapper, 2003. 에블린 트루요는 아이티혁명이 서구 역사학에서 침묵당한 메커니즘을 다룬 고전 《과거 침묵시키기》를 쓴 미셸-롤프 트루요Michel-Rolph Trouillot와 남매간이다.

"내가 이런 처지가 되는 게 마땅한지 보시오. 이 허리끈에 있는 70개의 매듭은 바로 어린 것들을 수치스러운 노예제의 삶으로 이끌게 한 끔찍한 관습 때문에 독약으로 또는 내 손으로 죽인 아기들의 수를 가리킨다오. 산파라는 역할 덕분에 나는 신생아들을 내 손에 안아볼 기회가 있었고, 그때 아기들이 내 손에서 벗어나지 못하게 숨구멍을 통해 단번에 뇌로 핀을 찔러 넣었다오. 이 식민지에서 그토록 치명적인 병으로 알려진 근육강직성경련mal de mâchoire의 원인을 이제 아시겠지요. 나는 더는 고백할 게 없다는 사실에 만족하고, 이제 죽어 내 나라로 돌아가서 헤어진 모든 이들과 다시 만날 겁니다."

이 말을 남기고 그녀는 치솟는 불길 속으로 두려움 없이 몸을 던져 끔찍한 비명 소리와 함께 금방 재로 변했다. [53]

《악명 높은 로잘리》의 주인공은 가족인 브리지트에게서 저 허리끈을 물려받은, 그러나 그 의미는 알 수 없었던 혼혈 여성 노예 리제트Lissette다. 이 이야기는 위에서 말한 마캉달의 독살 음모 사건으로 섬 전체가 발칵 뒤집힌 때를 배경으로 한다. 제목의 '로잘리'는 리제트의 할머니와 대모를 아메리카로 데려온 노예무역선의 이름인데, 모계를 통해 전해지는 중간항해의 트라우마를 뜻한다. 피부색이 밝은 가내노예이자 크레올로 노예 중에서는 나름 상층부에 있던 리제트가 노예제의 가공할 비인간성과 폭력성을 절감하게 되는 과정은 그녀가 브리지

---

53 M. E. Descourtilz, *Voyages d'un naturaliste, et ses observations*, Paris: Dufart, 1809, pp. 119-120.

트에게서 물려받은 허리끈의 비밀을 깨닫는 과정과 일치한다. 이미 임신 중이었고 배 속의 아이가 딸이라고 확신한 리제트는 이 운명을 딸에게 대물림하지 않으려고 농장을 떠나 도망노예가 되겠다고 결심한다. 아래에 인용한 대목은 소설의 결말로, 이제 길을 나서는 리제트의 독백이다. 여기서 자유와 모성에 대해 테테와는 매우 다른 선택을 한, 그러나 자기 나름의 방식으로 존엄을 지키려는 한 여성 노예의 단호한 결의를 볼 수 있다.

서쪽으로 접어드는 대로 위에서, 나는 내 피부를 스치는 돌에서 발견되는 집요한 삶의 내음을 맡고, 스쳐 지나가는 햇살을 느낀다. (……) 나는 하나의 진실을 붙잡는다. 그것은 내 안의 작은 존재에게 한 약속이다. 노예수용소barracoon에서 보낸 밤 이후 내 발걸음을 되짚을 수 있게 도와준 모든 이들, 내 손을 잡고 '악명 높은 로잘리'의 선창 밑바닥에서 벌어진 일과 치욕으로 점철된 허다한 갈림길을 가르쳐준 모든 이들 그리고 수많은 은하수를 보여줌으로써 존엄성을 향한 내 욕구가 솟구쳐 오를 수 있게 한 모든 이의 이름으로. 이제 내가 내 딸과 함께 걸어갈 차례다. 나처럼 이 파도와 산맥으로 이루어진 땅에서 태어나 이 섬 전체와 운명을 함께할 내 딸과.

내 배에 두른 브리지트 이모의 허리끈은 내가 이모의 명예를 위해 맺었던 사랑과 존엄의 약속을 되새겨준다. 나는 스스로를 열정과 빛으로 에워싸서 내가 공허를 두려워하지 않게, 내 딸에게 노예수용소를 직시하고 별들 사이로 솟구쳐 오르게 가르칠 수 있어야 한다. 무엇보다 내 딸을 향한 사랑은 푸른 하늘과 바다만큼이나 넓어야 한다. 내가 스스로 한 약속을 지킬 용기를 낼 수 있기를. 내 안에 아직 살아 있는 크레

올 아이야, 너는 자유롭고 저항하는 존재로 태어나지 못할 바에야 아예 태어나지 않을 거야. [54]

---

54 Trouillot, *Rosalie L'Infâme*의 영어 번역본 Évelyne Trouillot, trans. by Marjorie Salvodon, *The Infamous Rosalie*, Lincoln: University of Nebraska Press, 2013, p. 129. 이 장면은 미국 작가 토니 모리슨이 1856년 일어난 마거릿 가너Margret Garner 사건을 바탕으로 쓴 소설 《빌러비드》를 떠오르게 한다. 그러나 여기서는 여성 노예의 자녀살해(또는 그 가능성의) 문제를 트라우마가 아닌 선택의 관점에서 접근했다는 점이 다르다. 이는 노예제의 잔혹성을 고발하고 노예가 된 이들의 주체성을 이해하려는 시도이지 결코 자녀살해를 변호하는 것이 아님을 밝혀둔다.

참고문헌

권윤경, 〈부르주아-민주주의 혁명과 식민지: 프랑스 혁명, 아이티 혁명, 다시 생각하는 "혁명의 시대"〉, 《서양사론》 113호(2012), 263-300쪽.

권윤경, 〈노예제의 폭력, 노예혁명의 폭력: 아이티 혁명기 폭력의 성격에 대한 고찰, 1791-1804〉, 《서양사론》 122호(2014), 31-58쪽.

김인선, 〈미국 노예제 시기 흑인여성노예에 대한 성적 착취: 흑인여성의 섹슈얼리티, 저항, 생존 전략을 중심으로〉, 《미국사연구》 41집(2015. 5), 1-35쪽.

김인선, 〈흑인노예의 자식 살해와 모성: 1856년 마가렛 가너 사건을 중심으로〉, 《미국사연구》 39집(2014. 5), 1-38쪽.

Allende, Isabel, *La Isla Bajo el Mar*, New York: Harper Collins, 2009; *Island Beneath the Sea*, New York: Harper Collins, 2010.

Alter, Alexandra, "Isabel Allende on Superstition and Memory", *Wall Street Journal*, April 23, 2010.

Angelou, Maya, "Still I Rise", *And Still I Rise: A Book of Poems*, New York: Random House, 1978.

Beckles, Hilary, *Natural Rebels: A Social History of Enslaved Black Women in Barbados*, London: Zed Books Ltd., 1989.

· Bell, Madison Smartt, *All Souls' Rising*, New York: Pantheon, 1995.

Benjamin, Walter, "Über den Begriff der Geschichte", *Gesammelte Schriften*, Bd. I/2, Frankfurt a. M., 1972-1989; 발터 벤야민, 최성만 옮김, 〈역사의 개념에 대하여〉, 《역사의 개념에 대하여 외: 발터 벤야민 선집 5》, 길, 2008.

Brereton, Bridget, "Searching for the Invisible Woman", *Slavery and Abolition*, Vol. 13, No. 2(1992), pp. 86-96.

Brown, Vincent, *The Reaper's Garden: Death and Power in the World of Atlantic Slavery*, Cambridge: Harvard University Press, 2008.

Burnard, Trevor, *Mastery, Tyranny, and Desire: Thomas Thistlewood and His Slaves in the Anglo-Jamaican World*, University of North Carolina Press, 2004.

Bush, Barbara, "Searching for the 'Invisible Woman': Working with (and subverting) the Archives", at https://womenshistorynetwork.org/searching-for-the-invisible-woman-working-with-and-subverting-the-archives/#more-2325.

Bush, Barbara, *Slave Women in Caribbean Society 1650-1838*, Bloomington: Indiana University Press, 1990.

Clark, Emily, *The Strange History of the American Quadroon: Free Women of Color in the Revolutionary Atlantic World*, Chapel Hill: University of North Carolina Press, 2013.

Colwill, Elizabeth, "Freedwomen's Familial Politics: Marriage, War and Rites of Registry in Post-Emancipation Saint-Domingue", K. Hagemann, G. Mettele & J. Rendall, eds., *Gender, War and Politics: Transatlantic Perspectives, 1775-1830*, London: Palgrave, 2010.

Craton, Michael, *Searching for the Invisible Man: Slaves and Plantation Life in Jamaica*, Cambridge: Harvard University Press, 1978.

Descourtilz, M. E., *Voyages d'un naturaliste, et ses observations*, Paris: Dufart, 1809.

Dubois, Laurent, *Avengers of the New World: The Story of the Haitian Revolution*, Cambridge: The Belknap Press, 2005; 로런트 듀보이스, 박윤덕 옮김,《아이티혁명사》, 삼천리, 2014.

Fabella, Yvonne, "'An Empire Founded on Libertinage': the Mulâtresse and Colonial Anxiety in Saint Domingue", Nora Jaffary, ed., *Gender, Race, and Religion in the Colonization of the Americas*, Routledge, 2007, pp. 109-124.

Fuentes, Marisa J., *Dispossessed Lives: Enslaved Women, Violence and the Archive*, Philadelphia: University of Pennsylvania Press, 2016.

Gautier, Arlette, *Les Sœurs de Solitude: La condition féminine dans l'esclavage aux Antilles du XVIIe au XIX siècle*, Paris: Editions caribeennes, 1985.

Geggus, David P., "Slave and Free Colored Women in Saint Domingue", David Barry Gaspar & Darlene Clark Hine, *More Than Chattel: Black Women and Slavery in the Americas*, Bloomington: Indiana University Press, 1996.

James, C. L. R., *The Black Jacobins*, New York: Vintage Books, 1963; C. L. R. 제임스, 우태정 옮김,《블랙 자코뱅》, 필맥, 2007.

Kafka, Judith, "Action, Reaction and Interaction: Slave Women and Resistance in the South of Saint Domingue, 1793-94", *Slavery and Abolition*, 18(1997), pp. 48-72.

Moitt, Bernard, *Women and Slavery in the French Antilles, 1635-1848*, Bloomington: Indiana University Press, 2001.

Morrissey, Marrietta, *Slave Women in the New World: Gender Stratification in the Caribbean*, Lawrence: University Press of Kansas, 1989.

Peabody, Sue, "Négresse, Mulâtrese, Citoyenne: Gender and Emancipation in the French Caribbean, 1650-1848", Pamela Scully & Diana Paton, eds., *Gender and Emancipation in the Atlantic World*, Durham: Duke University Press, 2005, pp. 56-78.

Schwarz-Bart, André, *La Mulâtresse Solitude*, Paris: Seuil, 1972.

Scott Rebecca J. & Jean M. Hébrard, *Freedom Papers: An Atlantic Odyssey in the Age of Emancipation*, Cambridge: Harvard University Press, 2012.

Scott, Rebecca J., "Paper Thin: Freedom and Re-enslavement in the Diaspora of the Haitian Revolution", *Law and History Review*, 29(November 2011), pp. 1061-1087.

Trouillot, Évelyne, *Rosalie l'infâme*, Paris: Éditions Dapper, 2003.

Trouillot, Michel-Rolph, *Silencing the Past: Power and the Production of History*, Boston: Beacon Press, 1995; 미셸-롤프 트루요, 김명혜 옮김, 《과거 침묵시키기》, 그린비, 2011.

Weaver, Karol, "'She Crushed the Child's Fragile Skull': Disease, Infanticide, and Enslaved Women in Eighteenth-Century Saint-Domingue", *French Colonial History*, 5(2004), pp. 93-109.

웹사이트

http://slavevoyages.org.

http://www.marronnage.info/fr/.

2장

로웰 여공 1세대

자유와 독립의 경험

최재인

최재인__

서울대학교 서양사학과를 졸업하고 같은 학교 대학원에서 19세기 후반 아프리카계 미국인의 역사를 주제로 박사학위를 받았다. 미국사 전공으로 젠더, 인종, 계급 등의 주제에 관심을 두고 있다. 함께 지은 책으로 《서양 여성들, 근대를 달리다》(2011), 《서양사강좌》(2016), 《평화를 만든 사람들》(2017), 《다민족 다인종 국가의 역사인식》(2009), 《여성의 삶과 문화》(2019) 등이 있다. 《유럽의 자본주의: 자생적 발전인가, 종속적 발전인가》(2009), 《아름다운 외출: 페미니즘, 그 상상과 실천의 역사》(2012), 《가부장제와 자본주의: 여성, 자연, 식민지와 세계적 규모의 자본축적》(2014), 《세계사 공부의 기초: 역사가처럼 생각하기》(2015), 《나는 일본군 성노예였다: 네덜란드 여성이 증언하는 일본군 위안소》(2018) 등을 우리말로 옮겼다.

여공은 무엇으로 사는가

공장 안에서도 밖에서도, 우리 다 알듯이 고되게 일하지만,

우리는 결코 남에게 기대지 않으리, 방적기를 돌릴 수 있는 한.[1]

로웰 여공[2]들이 펴낸 잡지 《로웰 오퍼링Lowell Offering》(1841년 4월
호)에 실린 〈방적공의 노래〉 가운데 한 구절이다. 고된 노동에 몸은 고
달프지만, 남에게 의존하지 않고 독립적으로 살아간다는 자부심이 표
현되어 있다.

보스턴에서 북서쪽으로 약 50킬로미터 떨어진 산 높고 물 깊은

---

1 "Song of Spinners", *Lowell Offering*, Vol. I, April 1841, p. 32, https://babel.hathitrust.
org/cgi/pt?id=hvd.32044019620947&view=1up&seq=60&skin=2021&q1=song%20of%20
spinners(2022년 1월 15일 검색); https://www.youtube.com/watch?v=HAGrhP0EVoc(2022
년 1월 15일 검색).

2 '여공'은 미국에서 산업화 초기 여성 공장노동자를 가리키는 말로 자칭 타칭 널리 쓰였던 'mill
girls' 또는 'factory girls'라는 표현을 옮긴 말이다. 한국에서 '여공'은 초기 산업화시대 여성 공장노
동자를 지칭하는 용어로, 일제강점기부터 20세기 후반까지 사용되었다. 로웰 여성 공장노동자들도
사회적·역사적으로 이들과 비슷한 경험을 공유하는 측면이 있으므로 '여공'이라고 옮긴다.

지역에 자리한 로웰은 1822년에 미국에서 처음으로 공단을 조성하기 위해 세운 도시이다. 이 도시의 이름은 사업가 로웰Francis Cabot Lowell (1775-1817)을 기념한 것이다. 하버드 출신으로 기계에 박식했던 로웰은 1810년 영국 직물업자들이 주최한 기계박람회에 참석했다. 그는 새로 출시된 기계의 디자인을 암기하고는 미국으로 돌아와 영국제와 비슷한 동력 방직기를 만들어내는 데 성공했다.

로웰은 동업자와 투자자들을 조직하여 보스턴 근교에 있는 월섬에 보스턴 제조회사Boston Manufacturing Company라는 면직물공장을 세웠다. 여기에서는 목화 공급부터 방적, 방직 등의 과정을 거쳐 최종 직물 상품 생산까지 한 공장 안에서 이루어졌다. 그리고 공장 옆에 기숙사를 지어 부근 농가의 어린 여성들을 노동력으로 동원할 수 있게 했다. 그 때로서는 혁신적인 벤처사업이었다. 1817년 로웰이 사망한 뒤, 동업자들은 공단을 좀 더 큰 규모로 조성하기 위해 수력을 풍부하게 사용할 수 있는 지역을 모색했다. 1822년 그들은 메리맥강, 콩코드강 그리고 그 무렵 새로 건설된 포터킷 운하가 만나는 이스트첼름스퍼드(당시 지명)에 공장들을 세웠다. 그리고 이렇게 건립된 도시를 로웰이라고 명명했다. 로웰에서는 1823년부터 면직물 생산을 시작했다.[3]

로웰을 설계한 이들은 이 도시가 악명 높았던 영국의 공업도시 맨체스터 빈민가처럼 더럽고 타락하기 쉬운 곳으로 전락하지 않을까 우려했다. 사업가들은 이런 슬럼화를 방지하면서 좀 더 값싼 노동력을 안

---

3 로웰을 비롯해 이 시기 뉴잉글랜드 지역에 직물공장 단지를 조성한 사업가들에 관해서는 Robert F. Dalzell, Jr., *Enterprising Elite: The Boston Association and the World They Made*, Cambridge: Harvard University Press, 1987 참고.

작업 도구를 든 19세기 로웰 여공들. 매사추세츠대학 로웰 캠퍼스 소장.

정적으로 확보하기 위해 주변 뉴잉글랜드 지역의 농가에서 미혼 여성들을 공장노동자로 동원할 계획을 세웠다. 그리고 이를 위해 공장 바로 옆에 기숙사를 세웠다. 회사에서 관리하는 안전한 숙소가 있음을 보여주어야 건실한 농가의 딸들이 여공으로 나설 수 있고, 부모들도 딸들을 공단으로 보낼 수 있다고 판단했기 때문이다.

로웰의 여공들은 최소한 1830년대 중반까지 그 시기 다른 여성 직군에 견주어 상대적으로 높은 임금을 받았다.[4] 당시 여공들의 주급은 1.85-3.00달러였다(이 중 기숙사비로 1.25달러 정도를 내야 했다). 직물기를 다루는 직공의 경우 도급제로 일을 하고 임금을 받았기 때문에 기술과 속도에 따라 임금에 차이가 있었다. 그래도 공장주들은 한 세대 동안 노동력의 80퍼센트 이상을 여성으로 고용했기 때문에 다른 지역보다 인건비를 절약할 수 있었다. 당시 남성 공장노동자의 임금은 로웰에서만 보더라도 여공의 평균 임금보다 두 배 이상 많았다.

1840년대까지 첫 20여 년 동안 로웰의 여공들은 공장주들의 자랑이었다. 고용주들은 로웰 여공들이 세계 어디에서도 볼 수 없는 "뛰어난 직공들"이며, "교육 수준도 높고 품성도 좋은 노동자원"이라고 말하곤 했다. 로웰 면제품 라벨에는 두건을 쓴 단정한 차림새의 젊은 여성이 방직기 앞에 서 있는 그림이 찍혀 있다. 제품을 생산하는 여공이 제품의 질과 세련됨을 보여주는 상징으로 이용된 것이다.[5]

---

4 여성 교사들이 방학 동안 로웰로 와서 일하는 사례도 많았다. 아직 공립학교 제도가 공고히 자리잡기 전이어서 교사는 1년 중 몇 달만 근무할 수 있었다. 여성 교사의 임금은 남성 교사의 절반 정도였는데, 공장에서 1년 동안 일해서 버는 임금이 여교사 연봉의 6-7배가 되기도 했다. 19세기 초반 가사노동자는 숙식비를 빼고 일주일에 50센트 정도를 받았다. 임금을 받지 못하는 경우도 부지기수였다. Benita Eisler, ed., *The Lowell Offering*, New York: Norton, 1977, p. 16.

로웰 여공은 나아가 미국의 자랑이 되었다. 1833년 잭슨 대통령은 로웰을 방문하여 여공 2500여 명의 행진을 관람했다. 여공들은 흰색 면 원피스에 파란색 띠를 두르고 연두색 파라솔을 들었다. 행렬은 약 3킬로미터에 달했다. 맨 앞에는 가장 오래된 공장의 직공들이 섰다. 여공들은 공장별로, 한 공장 내에서는 부서별로 행진했다. 부서장이 부원들 앞에 서서 지휘봉을 흔들어 질서정연한 모습을 연출했다.[6] 이 시기 로웰 여공들은 산업화로 진입하고 있던 미국 사회의 미래를 보여주는 상징이기도 했다.

19세기 초반 로웰의 여공은 미국 사회에서 특수한 경험을 한 이들이다. 여성의 영역은 가정이라고 강조하던 시대에, 이 여성들은 공장이라는 새로운 임노동 세계로 진출했다. 그리고 자기 명의로 은행 계좌를 개설해 임금의 일부를 저축할 수 있었다. 이들은 스스로 독립적이라고 느꼈으며 또 그런 모습을 주변에 과시할 수도 있었다. 여공들은 이런 글을 남겼다. "너에게 편지를 보낸 뒤로 다시 봉급날이 돌아왔어. 나는 14.5달러를 받았어. 기숙사비를 제하면 9.5달러가 남아. (……) 나는 모두에게서 독립되어 있다고 느껴! 내가 내 생계를 알아서 꾸려가고 있다고 생각하면, 어느 누구보다 행복하다는 느낌에 뿌듯해져."[7]

여공들을 자랑했던 기업가나 지역 사회의 언론과 성직자들은 여공들이 아버지의 부채와 대학에 다니는 형제의 학비 등을 위해 일하

---

5 Eisler, ed., *Lowell Offering*, pp. 19-21.

6 Hannah Josephson, *The Golden Threads: New England's Mill Girls and Magnates*, New York: Duels, Sloan and Pearce, 1949, pp. 57-61.

7 Eisler, ed., *Lowell Offering*, p. 19.

는, 가족과 공동체에 헌신적인 이들이라는 점을 강조했다. 그러나 여공들의 임금이 주로 가족을 위해서만 소비되지는 않았다. 여공들 아버지의 재산세 납부 기록을 추적해보면 전체의 평균에 가까우며, 분포를 보면 최상층이나 최하층이 적고 중간층이 많은 편이다. 그렇다면 전반적으로 여공들이 가난에 쫓겨 공장에 취직했다고 말할 수는 없다.[8] 이들의 편지를 보면 모은 돈으로 대학에 진학할 계획을 세우는 이들도 있었고,[9] 드물기는 하지만 자기 명의로 토지를 구입하는 이도 있었으며,[10] 고향에 있는 어머니에게 송금하면서 자신을 위한 소비가 많아져 평상시만큼 보내지 못하니 양해해달라는 편지를 쓰는 경우도 있었다.[11]

로웰 첫 세대 여공은 당대부터 미국 안팎에서 주목받았다. 영국에서는 《로웰 오퍼링》에 실렸던 글 가운데 일부를 모아 1845년에 선집을 발간했다. 훗날 프랑스 대통령이 되는 젊은 정치인 티에르Adolphe Thiers는 1840년대 국민회의Chamber of Deputies에서 로웰 여공들을 소개하면서, 민주주의사회에서 노동자의 딸이 어떤 성취를 이룰 수 있는지를 보여준다고 했다. 1840년대에 로웰은 국내외 유명 인사들이 찾는 명소가 되었다.

당시 일부 엘리트가 로웰 여공들에게 감탄한 배경에는 산업화로 양산된 노동자가 지적·문화적 여유를 누리기를 바라는 기대가 담겨 있

---

8 Thomas Dublin, *Transforming Women's Work: New England Lives in the Industrial Revolution*, Ithaca: Cornell University Press, p. 90.

9 Ibid., p. 101.

10 Helena Wright, "Sarah G. Bagley: A Biographical Note", *Labor History* 20(3), June 1979, pp. 398-413.

11 Thomas Dublin, ed., *Farm to Factory: Women's Letters*, New York: Columbia University Press, pp. 98-99.

기도 했다. 1842년 로웰을 방문한 영국 작가 찰스 디킨스Charles Dickens는 실용적이면서도 가볍게 멋을 내고 다니는 여공들의 모습을 보며, 자신은 이렇게 평민들이 차려입은 모습이 참 좋다고 했다. 영국의 "다수 독자층"은 로웰 여공들을 보며 신분에 맞지 않는다고 탄식하겠지만, 그런 자들에게 신분이란 무엇이냐고 묻겠다고 했다.[12] 노동자가

메리맥 공장 홍보물. 공장이나 제품 홍보물에 생산자의 모습을 넣는 것은 드문 일이다. 초기 로웰 여공은 지역과 나라의 자랑이었다.

누리는 지적·문화적 수준이 그 사회의 발전을 보여주는 시금석이 될 수 있다고 생각한 사람들은 로웰 여공들에게서 큰 희망을 보았다.

　그러나 이런 관심은 로웰에서 노동조건이 나빠지고, 로웰 여공들이 경제적·정신적으로 여유가 없어지면서 급격하게 수그러들었다. 1830년대와 40년대를 거치면서 로웰 여공의 평균 노동시간은 11시간에서 13시간으로 늘어났다. 실질임금도 줄었다. 그러면서 미국 태생의 노동자가 줄어들고, 그 자리를 외국 태생의 이민자가 채웠다. 고용주들은 여공들을 더는 자랑거리로 내세우지 않았다. 1840년대 중반에 이르러서는 공단 형성 초기에 경계했던 영국의 맨체스터보다 로웰의 노동조건이 더 열악해졌다. 1840년대에 영국 면직물산업 노동자들은 노동

12　찰스 디킨스, 이미경 옮김, 《아메리칸 노트: 찰스 디킨스 미국 여행기》, B612북스, 2018, 111쪽.

조합을 통해 주당 69시간 노동과 연간 6일 유급휴가를 확보했다. 그러나 같은 시기 로웰의 노동조건은 주당 75시간 노동과 연간 4일 유급휴가로 이전보다 더 악화했다.[13]

로웰 첫 세대 여공이 사회적으로 다시 주목받은 것은 1890년대였다. 1889년과 1898년에 루시 라콤Lucy Larcom과 해리엇 핸슨 로빈슨 Harriet Hanson Robinson이 각각 회고록을 발간하면서 19세기 초반 로웰 여공들의 삶이 잠시나마 재조명받는 계기가 되었다.[14] 두 사람의 책은 지금까지도 로웰 첫 세대 여공들을 소개하는 중요한 자료로 읽히고 있다. 이 회고록들에는 그곳에서 여공 생활을 한 사람이 아니면 쓸 수 없는 생생하고 구체적인 이야기가 가득하다. 두 회고록은 그 시절을 행복했던 시기로 그리고 있다. 두 사람 모두 열 살 무렵부터 공장노동을 했는데, 거의 힘든 줄 몰랐으며 일한다는 사실이 매우 자랑스러웠다고 한다. 이들에게 공장은 학교와 같았다. 친구를 사귀고 규율을 배우는 공간이었다. 라콤은 여공들이 책장을 뜯어 창문이나 방직기 틀에 붙여놓고 읽곤 했다며, 그 모습을 시로 표현했다.

비어 있는 벽에 종이를 붙이는 것을 아무도 금할 수 없었다.

(······)

우리 양키 소녀들이 숨 쉬는 것을 누구도 금할 수 없는 것처럼

---

13 Eisler, ed., *Lowell Offering*, p. 36.

14 Lucy Larcom, *A New England Girlhood, Outlined from Memory*, 1889, http://www.gutenberg.org/ebooks/2293(2019년 2월 6일 검색); Harriet Hanson Robinson, *Loom and Spindle*, New York: Thomas Crowell & Company,1898; London: Forgotten Books, 2015.

책도 마찬가지였다. 읽지 않고는 우리는 그 시간을 견딜 수 없었다.[15]

　　이 시는 여공 시절에 쓴 것이 아니라 훗날 그 시절을 회고하며 쓴 시이다. 책을 좋아한 라콤은 공장에서 이렇게 책을 읽은 경험이 많았을 것이다. 그러나 회고는 아름답게 기억하고 싶은 순간을 과장하게 마련이다. 다른 자료들에 비추어보면 공장일은 그렇게 녹록지 않았다. 직공들은 서너 개의 직물기를 동시에 관리해야 했기 때문에 다른 곳에 눈을 돌릴 여유가 없었다.

　　이 회고록들을 제대로 이해하려면 당대에 쓴 것이 아니라 노년에 10대 시절을 돌아보며 쓴 글이라는 점을 감안해야 할 것이다. 게다가 공교롭게도 두 저자의 어머니가 모두 기숙사 관리인이었다. 고향과 가족을 떠나 홀로 살아야 했던 다른 80퍼센트 안팎의 로웰 여공들과 달리, 두 저자는 어머니와 형제자매와 함께 살았다. 이들이 그 시절을 즐겁고 보람찬 시기로 묘사한 데에는 회고록이라는 이유도 있지만, 가족과 늘 가까이 있었기 때문일 수도 있다. 그렇다고 애환이 없지는 않았다. 1836년에 여공들이 파업을 벌였을 때, 로빈슨은 앞장서 참여했다. 이 때문에 로빈슨뿐 아니라 어머니까지 일자리를 잃었다.[16]

　　로빈슨은 결혼한 뒤에도 프리랜서 언론인이자 여성참정권 운동가로 살았다. 라콤은 로웰을 떠난 뒤 평생을 교사로 살았고, 당대 지식인 사이에서 높이 인정받는 시인이 되었다. 대다수 여성의 생활 반경이 가

15　Eisler, ed., *Lowell Offering*, p. 32.

16　Robinson, *Loom and Spindle*, p. 85.

로웰 첫 세대 여공으로 회고록을 남긴 루시 라콤(왼쪽)과 해리엇 로빈슨. 로웰을 떠난 뒤 라콤은 저명한 시인이 되었고, 로빈슨은 여성참정권 운동을 펼쳤다.

정에 묶여 있던 시절에 이 두 사람은 평생 직업이 있었고, 또 사회적으로도 인정받는 삶을 살았다.

로웰 여공 1세대가 누린 독립성과 자유는 경제적·물리적 차원에 국한되지 않았다. 그들은 가족과 떨어져 기숙사에서 또래 동료와 거주하면서 고유의 정서와 문화 그리고 나름의 노동자의식 또는 여성의식을 발전시켰다. 이는 성실과 독립성, 절제를 특징으로 하는 청교도 윤리의 영향을 받은 것이기도 했고, 공장노동과 기숙사 그리고 각종 모임 등 여성 공동체 경험을 통해 발전시켜낸 것이기도 했다. 로웰 여공들이 남긴 기록을 중심으로 그들이 구축해낸 정체성과 사회의식을 짚어보자.

1830년대 중반의 시위와 파업

로웰 여공들이 자기주장을 본격적으로 드러내기 시작한 것은 1830년대 중반의 집단 시위와 파업을 통해서였다. 여공 사회에서 가장 심각한 문제는 임금과 노동조건이었다. 1834년과 1836년 로웰 여공들은 임금 하락에 맞서 대규모 파업을 전개했다. 1834년 1월, 이들은 다음과 같은 선언문을 발표했다.

> (미국혁명 시대) 우리 조상들은 (영국의) 종속에서 벗어나겠다는 결단을 내렸다. 후손에게 독립을 보장해주기 위해 목숨을 버리기도 했다. 그런데 오늘날 사악한 압제의 손이 우리를 노예로 만들려고 한다. (……) 우리 숙녀들은 가난한 이들을 도울 것이다. 우리는 (도움받기보다는) 기부할 수 있는 사람이 되기를 원한다. 우리는 자유인이다. (……) 자유인의 딸로 살아남을 것이다.[17]

파업에 참여한 이들은 자신들이 미국 혁명가의 후손이라는 점을 강조했다. 여공들은 자신들이 뉴잉글랜드 청교도 공동체의 일원이고, 미국 시민사회의 일원이며, 따라서 경제적·사회적으로 온당하게 대우받을 자격이 있다고 말하는 것이다.

위의 글에서 가장 주목할 대목은 "우리 숙녀들은 가난한 이들을 도울 것이다. 우리는 (도움받기보다는) 기부할 수 있는 사람이 되기를 원한

---

17 Dublin, *Women at Work*, p. 93.

다. 우리는 자유인이다"라는 구절이다. 이 선언문은 임금 삭감에 반대하는 시위 과정에서 나온 글이다. 이 글에서 여공들은, 임금이 더 삭감되면 고된 공장노동을 하면서도 경제적으로 도움을 받아야 하는 사람이 될 수 있다는 걱정을 하고 있다. 독립성과 자유는 일정 수준의 임금을 받을 때 확보할 수 있다는 사실을 이들은 임노동자의 경험을 통해 체득하고 있었다.

그러나 이런 노력에도 이 운동은 성공하지 못했다. 임금은 계속 삭감되고 노동강도는 길수록 높아졌다. 이는 젊은 여성들이 로웰로 꾸준히 들어왔기 때문이기도 했다. 공장에서 일하는 것이 하녀나 가내수공업, 교사 등을 하는 것보다는 돈을 좀 더 벌 수 있는 기회였기 때문이다. 또한 농촌에서는 누릴 수 없었던 문화적 혜택도 젊은 여성들에게 큰 매력이었다. 로웰에는 일찍이 1825년에 공공도서관이 세워졌고, 수준 높은 교양강좌가 회사와 지역정부의 지원 아래 체계적이고 정기적으로 열렸다. 주민들은 50센트만 내면 한 계절 동안 강좌를 들을 수 있었는데, 여공들이 가장 열심히 참여했다. 강좌 시간도 밤이나 주말 등 여공들이 들을 수 있는 시간대였다.[18] 또한 여공들은 자발적으로 '자기계발 동아리improvement circles'를 만들어 함께 책을 읽고, 시와 소설 등을 쓰고, 스케치를 배웠다. 로웰 여공들의 문집《로웰 오퍼링》도 자기계발 동아리의 문집에서 출발했다.

---

18 Philip S. Foner, ed., *The Factory Girls*, Chicago: University of Illinois Press, 1977, pp. xviii-xix.

여성 노동자의 잡지 《로웰 오퍼링》

1840년 10월에 《로웰 오퍼링》 첫 호가 나왔다. 창간을 추진한 사람은 로웰 제2 유니버설리스트 교회의 목사 찰스 토머스Charles Thomas 였다. 토머스 목사는 교회의 한 자기계발 동아리에서 여공들이 가져온 글을 함께 읽다가 그 가치를 알아보고 발간을 주선했다. 《로웰 오퍼링》은 1841년부터 월간지로 체제를 바꾸어 본격적으로 구독자를 모집했다. 30페이지 분량에 가격은 6.25센트였다. 표지에는 다음과 같은 긴 부제를 달았다. "공장에서 열심히 일하는 여성 노동자가 쓴 글만 모은 순수 창작물." 미국에서 처음 나온 여성 문집이자 노동자 문집이었다. 여공들이 쓴 글로만 정기 간행물을 낸다는 점이 미국 안팎에서 큰 관심을 끌었다.

1842년에 토머스 목사가 로웰을 떠나면서 《로웰 오퍼링》은 《로웰 커리어》라는 간행물의 발행인이자 편집자였던 윌리엄 슐러William Shouler에게 팔렸다. 슐러는 《로웰 오퍼링》과 《로웰 커리어》를 통합하고 더 유명한 '로웰 오퍼링'을 표제로 삼았다. 그리고 새 편집자로 해리엇 팔리Harriet Farley와 해리엇 커티스Harriott Curtis를 영입했다. 팔리와 커티스 모두 10년 가까이 여공 생활을 했고, 《로웰 오퍼링》에 기고한 글을 통해 문학적 재능을 인정받은 이들이었다. 둘은 얼마 뒤 슐러에게서 《로웰 오퍼링》을 매입해 편집부터 경영 전반까지 책임지고 운영했다.[19]

《로웰 오퍼링》의 편집자 팔리가 글을 통해 처음 주목받은 것은 지

---

19 Eisler, ed., *Lowell Offering*, pp. 33-34.

역사회에서 권위 있는 《보스턴 계간 비평Boston Quarterly Review》의 편집장 브라운슨Orestes A. Brownson이 여공을 비하한 것에 반박하는 글을 내면서였다. 브라운슨은 로웰 공장주들이 여공들을 심하게 착취하고 있다고 하면서 "오명을 쓰지 않고 귀향하는 여공은 거의 없다. (……) '공장에서 일했던 여성'이라는 말은 가장 귀하고 착한 여성에게도 오명을 씌울 수 있는 표식이 되었다"고 했다. 이에 팔리는 《로웰 오퍼링》 1840년 12월호에서, 브라운슨이 여공들의 명예를 크게 훼손했다고 강력히 비판했다.

팔리는 브라운슨이 "자본가들의 부정한 착취에 대해 악담을 한다면 그에게 신의 축복을 빌어줄 수 있지만", 여공들을 비난하는 것은 참을 수 없다고 했다. "여공에게 편견을 품은 이들이 하는 험담에 관해서는 익히 알고 있지만, 그런 말들은 곧 사라지기 때문에 반박할 가치조차 없다. 그러나 브라운슨처럼 존경받는 자리에 있는 사람이 글로 하는 비방은 영향력이 크기 때문에" 좌시할 수 없다고도 했다. 그러면서 여공들은 "조용한 농촌 가정 출신이며, 필그림의 후손이고, 덕망 있는 부모의 엄격한 가르침 아래 자랐으며, 다시 고향으로 돌아가 자유롭고 지적인 뉴잉글랜드 농부의 아내가 될 사람들이고, 미래 공화국 시민의 어머니가 될 사람들임"을 기억해달라고 했다.[20] 여공들이 "착취당하는" 불쌍한 사람이 아니라, 브라운슨과 마찬가지로 자부심을 지닌 미국 사회의 일원이라고 주장한 것이다.

---

20 "Factory Girls", *Lowell Offering*, Dec. 1840, pp. 17-18, https://babel.hathitrust.org/cgi/pt?id=hvd.32044021216981;view=1up;seq=29(2019년 2월 6일 검색).

팔리는 여공들이 심하게 착취당하고 있다고 한 내용에 대해서도 여성에게 공장만 한 일자리가 어디 있는지 말해보라고 반박한다. "하녀나 바느질공 또는 교사"를 해도 여공만큼 임금을 받을 수 없기 때문에 "귀하고 어질고 똑똑하고 좋은 교육을 받은 소녀들이" 로웰로 온다는 주장이다. 팔리는 로웰 여공이 모두 높은 수준의 교양을 갖춘 것은 아니라고 하면서도, 그중 일부는 미국 어느 곳에서도 볼 수 없는 문화적·지적

1845년 1월에 발간된 《로웰 오퍼링》 표지.

환경을 누리고 있다고 했다. 팔리는 여공들이 여러 자기계발 동아리와 교양강좌·도서관 등을 적극 이용한다는 점, 자선 활동에도 적극적이어서 자선단체들이 로웰로 와 큰돈을 모아 가곤 한다는 점을 예로 들어 여공들이 높은 지적 수준과 시민의식을 갖추었음을 강조하기도 했다.[21]

여공을 만만하게 또는 불쌍하게 여기는 세간의 시선에 맞서면서 본격적인 글쓰기를 시작한 팔리는 《로웰 오퍼링》 편집자가 되면서 임금과 노동조건 문제는 다루지 않겠다는 방침을 처음부터 밝혔다. 그는 "《로웰 오퍼링》을 회사에 불만을 표현하는 매체로 전락시키고 싶지 않

---

21 Ibid., pp. 17-18.

다"고 했다. 임금과 노동조건 문제를 다루다 보면 여공 생활의 다른 면들을 제대로 보여줄 수 없다는 이유에서였다. 《로웰 오퍼링》이 공장생활의 밝은 면만 다룬다는 지적에 대해 편집자 팔리와 커티스는 실제로 그렇게 하려 한다고 당당히 말하기도 했다. 그리고 그 이유는 "타인들이 만들어낸 여공에 대한 오해" 때문이라고 했다. 팔리는 "만약 (여공에 관한) 오도된 이미지가 대중적으로 광범하게 퍼지지 않았다면 우리는 공장 체제의 문제점과 악덕을 상세히 파헤쳤을 것"이라고 쓰기도 했다."[22]

그러나 《로웰 오퍼링》의 편집자와 필자들이 모두 여공이었기 때문에 거기에는 공장생활의 애환이 담기지 않을 수 없었다. 1844년 팔리는 사설에서 로웰과 인근 산업도시에서 일어난 두 여공의 자살 사건을 본격적으로 다루었다. 팔리가 보기에 사회는 이 사건에 별 관심이 없었지만 여공들에게는 "무서운 사건"으로 회자되었다. 신문 기사에 따르면 자살한 한 여공은 "부모도 가정도 없는" 사람이었다. 팔리는 이런 조건에서 "독립을 확보하려면 박봉 탓에 오랜 시간이 걸릴 테고, 아마도 기력이 쇠하면서 그녀는 생계를 잇기조차 힘들었을 것"이라고 애도했다. 농촌에 부모가 있는 여공은 아프거나 무슨 일이 생기면 귀향해서 휴식을 취할 수 있지만, 그런 배경이 없는 여공의 신체적·정신적 고통은 훨씬 크다는 점을 헤아리는 글이다. 다른 한 여공은 "수치스러운 소문이 도는 것을 비관하여 자살했는데, 사후에 그 소문이 거짓으로 드러난 경우"였다. 팔리는 두 경우 모두 마음의 병, 절망과 무기력에서 스스로를

---

22 Ella(Harriet Farley의 필명), "Conclusion of the Volume", *Lowell Offering*, 1841, pp. 375-378, https://babel.hathitrust.org/cgi/pt?id=hvd.32044019620947;view=1up;seq=385(2019년 2월 6일 검색).

추스르기 힘든 마음의 병에 기인한다고 보았다. 그는 밀폐된 공간에 오래 머물러야 하는 공장 노동이 이런 병을 더 심각하게 키울 수 있으니, 신선한 공기와 따뜻한 목욕, 정성스럽게 준비한 음식으로 슬픔과 실망을 극복해보자고 했다.[23]

《로웰 오퍼링》에는 경영진을 향한 노골적인 비판이나 직접적인 실천을 호소하는 글은 실리지 않았지만,[24] 고달픈 일상이 담담하게 때로는 익살스럽게 표현되어 있다.

> 발이 많이 붓고 아팠어. 오래 서 있었기 때문이야. 아마 이런 환경에 곧 적응하겠지. 이곳 소녀들은 일할 때 낡은 신발을 신어. 세상에 쉬운 일이 없다는 것은 너도 알겠지. 그런데 이곳 일은 그런 상상을 훨씬 넘어선단다. 한결같이 하는 말이 있어. 공장에서 1, 2년 일하고 나면 신발 사이즈가 커진다는 거야. 직공들은 오른손이 왼손보다 크기 때문에 단번에 알아볼 수가 있어. 직조기를 움직이고 멈추기 위해 온종일 오른손으로 힘을 많이 쓰기 때문이지. 하지만 손과 발을 제외하면 공장 일을 한다고 해서 외모가 변형되는 일은 없단다.[25]

---

23 H. F. (Harriet Farley), "Editorial: Two Suicides", *Lowell Offering*, Vol. IV, 1844, pp. 212-215, https://babel.hathitrust.org/cgi/pt?id=hvd.hxtag7;view=1up;seq=224(2019년 5월 5일 검색); Eisler, ed., *Lowell Offering*, pp. 203-208에서 재인용.

24 노동운동가 세라 배글리는 《로웰 오퍼링》의 이런 성격을 두고 보수적이라고 비판했다. 배글리가 문제를 제기한 것은 노동조건을 비판하는 글을 기고했으나 몇 차례나 퇴짜를 맞았기 때문이기도 하다. 그러나 편집자 팔리는 이를 부인했다. Josephson, *Golden Thread*, pp. 201-203.

25 "Letters from Susan", *Lowell Offering*, Vol. IV, June 1844, pp. 169-172, https://babel.hathitrust.org/cgi/pt?id=hvd.hxtag7;view=1up;seq=181(2019년 2월 6일 검색); Eisler, ed., *Lowell Offering*, p. 52에서 재인용.

이런 구체적이고 진솔한 이야기들 덕분에 《로웰 오퍼링》은 당대에 널리 인정받았으며, 지금도 로웰 여공들을 이해하는 데 빼놓을 수 없는 소중한 자료로 높이 평가받고 있다.

《로웰 오퍼링》은 정치적·사회적으로 큰 이슈를 정면으로 다루기보다는 우화나 비유를 통해 간접적으로 전달하려고 했다. 1841년 타비타Tabitha라는 필명을 쓴 여공은 새로운 사회를 향한 전망을 꿈 이야기로 풀어내기도 했다. 한 주 동안 고된 노동을 마친 토요일 밤, 도서실에서 책을 읽다 잠이 든 여공은 꿈에서 어느 협회society에 관한 신문 기사를 접한다. 기사에는 그 협회의 강령이 실려 있는데, 그중 앞의 네 가지만 소개하면 다음과 같다.

- 부친이 딸에게 아들과 동등한 교육을 제공하는 데 관심이 없다면, 그 부친은 이 협회에서 제명될 것이며, 야만인으로 간주될 것이다.
- 이 협회의 회원 누구도 자기가 고용한 이들에게 하루 8시간 이상의 노동을 요구하지 않는다.
- 가치가 있어서 고용한 노동자에게 이 협회의 회원은 노동자가 과학적·문학적 관심을 함양하기에 충분할 정도로 임금을 지불해야 한다.
- 여성 임금이 남성과 동등해야 한다. 여성도 독립성과 품위를 유지할 수 있는 수준의 임금을 받아야 한다.

기사는 이 협회에 미국 인구의 3분의 2가 가입했으며, 지금도 꾸준히 회원이 빠르게 늘고 있다고 덧붙였다. 그런데 신문 날짜를 확인하니 약 20년 뒤인 1860년 4월 1일 자였다. 이 여공은 친구들과 이 소식을 나누기 위해 자리에서 일어나 위층으로 뛰어 올라가다가 넘어지면서 잠에서 깨어났다는 이야기이다.[26] 이 글을 통해 우리는 로웰 여공들이 꿈꾼 사회와 함께 이들이 당시 현실에 대해 어떤 문제의식을 지녔는지를 엿볼 수 있다. 이들은 가정과 사회가 여성에게도 동등하게 자원을 배분해주기를 희망했다. 노동시간을 줄이고 임금을 올려서 노동자가 자기 발전을 도모할 수 있는 여건을 만들어주기를 염원했다.

《로웰 오퍼링》의 견해는 그 무렵의 노동운동가 세라 배글리Sarah Bagley와 비교하면 상대적으로 보수적이었다. 그러나 그 시기 미국 사회 전체를 놓고 보면 《로웰 오퍼링》의 글을 보수적이라고 말할 수는 없다. 가정을 떠나 독립적인 생활을 하는 여공들의 삶 자체가 당시 사회가 규범으로 삼았던 여성성을 향한 도전이었고, 새로운 여성성을 제시하는 과정이었기 때문이다. 여공들이 고향을 떠나 낯선 도시의 공장에서 일하고 생활하는 가운데 습득한 독립적이고 자유로운 정신은 어떤 식으로든 글 속에 표현되기 마련이었다. 1843년 팔리는 여공들에 관해 다음과 같이 썼다.

> 로웰 소녀들은 자기들의 권리에 매우 집요하다. 그들은 마음에 드는 남성이 있다면 먼저 청혼할 권리가 있다고 생각한다. 자기가 원하는 것이라면 거의 무엇이든 할 수 있고, 당연히 할 권리가 있다고 생각한다.[27]

---

26 "A New Society", *Lowell Offering*, Vol. I, 1841, pp. 191-192, https://babel.hathitrust.org/cgi/pt?id=hvd.32044019620947;view=1up;seq=201(2019년 5월 5일 검색); Eisler, ed., *Lowell Offering*, pp. 208-210에서 재인용.

27 "Editorial", *Lowell Offering*, March 1843, p. 143, https://babel.hathitrust.org/cgi/pt?id=nyp.33433105637494;view=1up;seq=155(2019년 2월 6일 검색).

19세기 초반의 여성들이 먼저 구애나 결혼 신청을 할 수 있다고 호기롭게 말하고 또 품위respectability를 중시한《로웰 오퍼링》이 그런 내용을 지면에 실었다는 점은 흥미롭다. 로웰 여공들의 기상과 자존감이 시대의 통념을 농락할 정도로 꽤 높았음을 짐작하게 해주는 대목이다.

그다음 호에서 팔리는 이런 글을 쓰기도 했다. "많은 로웰 여성들이 결혼에 믿음을 품고 있지 않다."[28] "많은 로웰 여성"이라고 썼지만, 팔리가 중요하게 염두에 둔 사람은 아마도 동료 편집자 해리엇 커티스일 것이다. 커티스는 결혼제도의 저변에 자리한 계산적이고 남성중심적인 경향을 지적하는 글을 많이 썼다. 커티스가《로웰 오퍼링》에 쓴 〈여성의 영향력〉이라는 글은 권위적인 남편에게서 도망친 여성이 우여곡절 끝에 로웰로 와서 여공이 되어 독립적이고 당당한 삶을 살 수 있게 되었다는 내용이다.[29] 이 이야기는 달라진 남편과 역시 달라진 아내가 다시 결합하는 것으로 마무리되지만, 그 속에서 커티스는 기존 결혼제도를 다음과 같이 신랄하게 비판한다.

> 모든 남편은 가정에서 자기가 주인master임을 보여주고 싶어 한다. (……) 아내가 남편의 잘못을 바로잡기는 힘들다. 슬퍼해도, 화를 내도, 신중하게 말을 해도 통하지 않는다. 결혼을 하면 여성은 정체성을 상실한다.[30]

---

28 "Editorial commentary", *Lowell Offering*, April 1843, p. 164, https://babel.hathitrust.org/cgi/pt?id=nyp.33433105637494;view=1up;seq=176(2019년 2월 6일 검색).

29 《로웰 오퍼링》의 여러 글에서 로웰은 곤경에 빠진 여성들이 살아갈 방도를 찾는 공간으로 설정되어 있다.

30 "Woman's Influence", *Lowell Offering*, July 1843, pp. 217-225, 인용문은 p. 220, https://babel.hathitrust.org/cgi/pt?id=nyp.33433105637494;view=1up;seq=229(2019년 2월 6일 검색).

커티스는 평생을 독신으로 살았다. 그와 친했던 동료 로빈슨에 따르면, 커티스는 '집' 때문에 결혼할 수는 없다고 생각했다. 그에게 구애한 남성은 많았지만 결혼하고 싶을 정도로 마음이 끌리는 상대는 없었기 때문에 독신으로 살았다고 한다. 커티스는 결혼이 마치 사업처럼 상업적 계약의 성격을 띠는 세태를 비판적으로 바라보았다.[31] 그는 《로웰 오퍼링》외에도 여러 언론사에서 글을 쓰거나 편집자로 일했으며, 소설책 두 권과 에세이집 한 권을 출판한 작가이기도 했다. 그의 글에는 열일곱 살부터 임노동자로 일하기 시작해 평생을 가난하게 살면서도 지적·문화적 능력을 단단하게 키워온 경험이 녹아 있다.[32]

결혼을 바라보는 커티스의 생각이 로웰 여공들 사이에서 얼마나 공유되었는지, 또 공감을 샀는지는 알 수 없다. 통계를 보면, 공장생활 경험이 결혼 비율을 낮추거나 높이는 원인으로 작용하지는 않았다. 그러나 로웰 여공들이 만들고 읽었던 인쇄물이 결혼과 가족제도를 낭만화하기보다 결혼과 가족 제도 안에서 여성이 놓인 현실을 직시했다는 점은 주목할 만하고 또 높이 평가할 만하다.

---

31 Robinson, *Loom and Spindle*, p. 141.

32 커티스는 1850년대 중반에 어머니의 병간호를 위해 귀향한 뒤로는 글을 출판하지 않았다. 여공 출신 작가들이 짧게 활동한 뒤에 긴 침묵 상태로 들어가는 것은 19세기에 비교적 흔한 일이었다. 이를 놓고 란타는 빈곤, 여성의 사회활동을 혐오하는 분위기 그리고 공장노동 때문에 몸이 쇠약해진 것이 원인이었으리라고 설명한다. Judith A. Ranta, "Harriet F. Curtis: Worker, Author, Editor", *ATQ(American Transcendental Quraterly)*, 22(1), March 2008.

한계에 직면하다

그러나 1845년부터 《로웰 오퍼링》은 일부 여공들에게 거센 비판을 받았다. 그중 가장 본격적으로 비판을 제기한 이는 배글리였다. 그는 《로웰 오퍼링》에 〈공장생활의 즐거움〉을 비롯해 많은 글을 기고한 필자이기도 했다. 1840년 12월호에 실린 글에서 배글리는, 공장생활에 무슨 즐거움이 있겠냐고들 하는데 그런 말은 주로 일을 안 해본 "돈 많은 숙녀"나 한다고 했다. "4년 동안 공장을 다닌 경험"으로 볼 때 공장생활에도 즐거움이 있으며, 특히 "취직해본 사람만 알 수 있는 즐거움"이 있다는 것이다. 배글리에 따르면, 공장에서 일하는 덕분에 "신기한 기계의 움직임을 세밀하게 관찰"할 수 있으며, 돈을 벌어 "가족의 어려움을 덜어주고, 이를 통해 당당해지고 주변의 존중을 받는 기쁨"이 있다. 또한 "로웰에서는 강좌 등을 통해 많은 것을 배우는 즐거움"이 있다. 이는 농촌에 머물렀다면 누릴 수 없는 것이라면서, 로웰 여공들이 지닌 자부심을 표현했다.[33]

그러나 몇 년 뒤, 배글리는 《로웰 오퍼링》이 임금과 노동조건에 침묵하고 있다고 문제를 제기했다. 1845년 매사추세츠 워번에서 열린 독립기념일 노동자집회 때 한 연사가 《로웰 오퍼링》을 칭찬하자, 다음 연사였던 배글리는 노동조건 문제에 침묵하는 《로웰 오퍼링》을 여공들의 잡지라고 할 수 없다며 바로 그 자리에서 반박했다. 이 연설에서 배글

---

33 "Pleasures of Factory Life", *Lowell Offering*, No. 2, December 1840, pp. 25-26, https://babel.hathitrust.org/cgi/pt?id=hvd.hxtag9&view=1up&seq=37&q1=pleasures%20of%20factory(2022년 1월 15일 검색); Eisler, ed., Lowell Offering, pp. 35-36에서 재인용.

동력방직기 앞에 선 로웰 여공, 1850년 무렵.

리는 노동시간이 너무 길어져서 여공들이 평생 노예처럼 일해야 하는 처지에 놓여 있다고 지적했다. "지금도 쉴 시간이 거의 없는데, 공장주와 그 대리인들은 노동시간을 더 늘리려고 합니다. 그렇게 되면 여공들은 앞으로 자기 인생을 발전시킬 수 있다는 희망을 품지 못하게 될 겁니다."[34]

이런 보도를 접한 팔리는 《로웰 애드버타이저》에 기고문을 보냈

---

[34] *Voice of Industry*, July 10, 1845, http://industrialrevolution.org/original-issues/1845/1845-07-10.pdf(2019년 2월 6일 검색); Foner, ed., *The Factory Girls*, pp. 60-61에서 재인용.

다. 《로웰 오퍼링》의 글은 모두 여공들이 쓴 글인데, 그런 글들이 여공에 대한 잘못된 인상을 양산했다면 이는 "직공 중 가장 빛나는 이들의 모습이 부각되었기 때문"이라는 내용이었다. 팔리는 "공장생활을 하면서 불평하고 싶다는 생각을 해본 적이 없으며", 편집자로서 원하는 것은 《로웰 오퍼링》의 필자와 독자 모두 "《로웰 오퍼링》을 통해 행복해지는 것"이라고 했다. 여공의 행복과 발전을 지향한다는 점에서 자신과 배글리는 같다는 것이 팔리의 믿음이었다.[35]

팔리의 글에 대해 어밀리아 사전트Amelia Sargent라는 여공은 팔리가 노예주의 총애를 받아 편하게 지내면서 노예제에 적응해버린 노예를 연상시킨다고 신랄하게 비판했다. 그런 노예에게 노예제의 문제점을 물으면 "노예제가 나쁘다고 하지만 나는 그렇게 느낀 적이 없다"고 말한다는데, 팔리가 노동문제를 대하는 태도가 이와 똑같다는 것이다. 사전트는 "여공들의 권리가 짓밟히고 있을 때 침묵하는 여공들의 잡지는 아무 의미가 없다"면서, 이제 《로웰 오퍼링》을 폐간할 시점이라고 단호하게 일침을 놓았다.[36] 이런 비판이 제기되고 석 달 뒤인 1845년 12월, 《로웰 오퍼링》은 종간호를 냈다.

---

35 Foner, ed., *The Factory Girls*, pp. 63-66.

36 *Voice of Industry*, September 25, 1845, http://industrialrevolution.org/original-issues/1845/1845-09-25.pdf(2019년 2월 6일 검색).

노동운동의 선두에 선 로웰 여공들

1840년대에 로웰 여공 중 일부는 하루 10시간 노동제 운동을 조직적이고 지속적으로 전개했다. 이는 주로 여론을 조성하고 주의회에 청원서를 제출하는 방식으로 이루어졌다. 1842년 폴리버Fall River의 직공들이 매사추세츠 주의회에 10시간 노동제를 위한 법률제정 청원서를 처음 제출했으며, 이어서 1843년에 로웰 노동자들도 1600명의 서명이 담긴 청원서를 주의회에 제출했다. 그 뒤로 1840년대 내내 해마다 청원서가 제출되었다. 절정에 달했던 1846년 청원서에는 매사추세츠 주민 약 1만 명이 서명했는데, 그중 4천 명이 로웰 주민이었다. 이 운동의 중심에는 1844년에 배글리를 비롯해 로웰 여공 12명이 모여 설립한 로웰 여성노동개혁협회Lowell Female Labor Reform Association(LFLRA)가 있었다. 이 조직은 반년 만에 500명의 회원을 둔 조직으로 성장했으며, 그 뒤로도 몇 년간 꾸준히 성장해나갔다.

배글리는《산업의 소리Voice of Industry》라는 노동자 신문에서 편집위원으로 일하기도 했는데, 그 신문에 여성난을 따로 두어 여성의 의견과 견해가 담긴 글들을 실었다. 배글리는 여성난을 따로 구성한 이유를 다음과 같이 밝혔다.

여성의 생각을 표현하는 지면을 따로 마련한 이유는 여성의 권리를 옹호하기 위해서이다. 그리고 이 지면을 통해 여성이 놓인 물리적·환경적 변화도 추구할 것이다. 여성이 사회적·도덕적·종교적 존재라는 점도 잊지 않을 것이다. 여성이라는 이유로 중립을 추구하지는 않겠다. 이

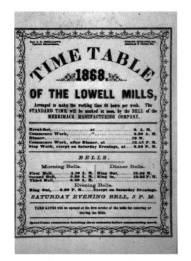

지면은 여성의 지적이고 사회적이고 종교적인 활동에 영향을 주는 모든 주제를 다룰 것이다.[37]

1868년 주당 노동시간을 66시간 이내로 조정하기로 한 뒤 만들어진 한 공장의 시간표. 새벽 4시 30분부터 기상 종소리가 울린다고 표시되어 있다. 기숙사 생활 역시 공장의 관리 아래 있었음을 보여준다.

배글리가 이렇게 여성의 견해를 본격적으로 주장한 것은 10시간 노동제 운동을 하는 과정에서 반대자들과 맞서면서부터였다. 1845년 매사추세츠 주의회는 여공들이 중심이 되어 제출한 청원서에 "직공들이 입법과정에 개입하기보다는 고용주에게 선의를 호소하고 고용주의 지도를 따라야 할 것"이라고 답했다. 여성 노동자가 이익을 얻고 싶으면, 시위나 법적 절차를 강구하기보다는 공장주의 자비로운 가부장적 온정주의paternalism에 호소하라는 말이었다. 주의회의 이런 권고에 한 노동자가 《산업의 소리》에 다음과 같이 반박하는 공개편지를 보냈다.

많은 여공이 어려운 처지에 있다. 당신들이 그렇게 자랑하는 보호책을 내놓지 않는다면 상황은 더 나빠질 것이다. (그러나) 여성들은 뼈아픈 경험을 통해 드디어 교훈을 얻고 있다. 지금까지 '보호자'로 자처했던 이들

---

37 Dublin, *Women at Work*, p. 119.

에게서 여공은 필요한 도움을 받은 적이 없다. 여성에게 도움의 손길을 내민 사람은 여성 중에서 강하고 단호한 이들이었다.[38]

1830년대에 처음 파업을 시도할 때 여공들은 자기들이 노예 같은 상태로 전락할 위험에 빠져 있다고 호소했다. 그 시기 여공들에게 자유란 도움받기보다 도움을 주며 살아가는 삶을 의미했다. 그러나 10년 뒤인 1840년대에 나온 글에서는, 자기들이 도움을 받아야 하는 형편임을 인정하겠지만 공장주를 비롯한 사회의 기성세력이 과연 자기들에게 도움을 줄 수 있는 존재인지 물으면서 깊은 절망을 표현한다. 그리고 희망은 같은 처지에 놓인 여성들 속에서 찾아야 하지 않겠느냐고 말하고 있다. 이런 문제의식은 '여성'을 새로운 관점에서 바라볼 필요가 있다는 주장으로 이어졌다. 1846년 3월 6일 자 《산업의 소리》에는 이런 글이 실렸다.

왜 여성은 자기가 살고 있는 시대와 보조를 맞춰가기 위해 도덕적·지적 발전을 추구하면 안 되는가? 성취를 갈망하고 이를 위해 노력하는 일이 여성에게 부적합하다고 생각하지 않는다.

공장으로 맨 먼저 진출해 첨단 문물을 익히고, 각종 야간강좌를 통해 지적·문화적 향연을 경험한 로웰 여공들은 그 뒤로도 계속 시대의

---

38 *Voice of Industry*, March 13, 1846, http://industrialrevolution.org/original-issues/1846/1846-03-13.pdf(2019년 2월 6일 검색); Dublin, *Women at Work*, p.125에서 재인용.

발전과 보조를 맞출 수 있게끔 자기 발전을 도모하기를 희망했다. 그러나 노동조건이 열악해지고 여성의 활동을 제한하는 사회적 금기에 직면하면서 이들의 절망과 고민은 깊어졌다. 이들은 여성의 영역이 가정에 한정되어야 하는가, 가정이란 무엇인가, 결혼이란 무엇인가에 대한 문제제기를 이어갔다. 어떤 여공은 이런 글을 남기기도 했다.

> 결혼은 성공할 기회가 별로 없는 비즈니스와 비슷하다. 결혼생활 속에서 내나수 여성은 왜소해지고 약해진다. 그들은 옷을 갖춰 입고, 요리하고, 사랑하는 것이 (……) 인생의 전부라고 믿는다. 그러나 자연은 여성에게도 권리를 주었다. 여성이 옷과 푸딩과 화장에만 만족하며 살 수는 없다. 여성은 강하다.[39]

이 시기 로웰 여공들이 남긴 기록을 보면, 이들은 여성·결혼·가족·사회에 관한 미국 사회의 통념에 도전하면서 이런 개념을 나름대로 새롭게 정의하려 했고 깊이 있는 문제를 제기했다.

그러나 여성의 역할을 무엇보다 가정과 모성에서 찾고, 또 그런 역할을 통해서만 여성을 인정해주는 지배담론을 벗어나기란 쉬운 일이 아니었다. 노동운동을 하던 이들마저 노동시간 단축의 필요성과 정당성을 호소하기 위해 공화주의적 모성 담론을 동원하기도 했다. 《산업의 소리》는 다음과 같이 주장했다.

---

39 *Voice of Industry*, March 13, 1846, http://industrialrevolution.org/original-issues/1846/1846-03-13.pdf(2019년 2월 6일 검색); Dublin, *Women at Work*, p. 126에서 재인용.

한때 그들은 우리에게 미국의 자유로운 제도가 미국인의 지성과 덕성에 기초한 것이라고 했다. 그리고 그런 미국인을 키워내는 것은 지성과 덕성을 갖춘 어머니의 영향력이라고 했다. 그런데 다음 세대 어머니인 우리는 밀폐된 공장에서 매일 12-14시간을 일하고 있다. 이런 조건에서 우리가 어떻게 지성과 덕성을 키울 수 있겠는가?[40]

이는 여공들이 공화주의적 모성 담론을 체화하고 있음을 보여주기보다는, 여공들에게 훌륭한 어머니가 되어야 한다고 훈계하는 기성 사회가 그럴 여건은 전혀 만들지 않고 있다고 문제를 제기하는 글이다. 그러나 다른 한편으로는 열악한 지위에 있던 여공들이 자기 권리를 설득력 있게 주장하려면 여성에게 어머니 역할을 강조하는 통념과 언어를 부분적으로라도 받아들이고 이용하지 않을 수 없음을 보여주는 글이기도 하다.

자유와 독립의 꿈

첫 세대 로웰 여공들이 독립과 자유를 조금이나마 구가하게 된 출발점은 홀로 고향을 떠난 순간이었을 것이다. 산업화가 시작되었지만 사회의 기간산업이 여전히 농업이던 시대에 독립된 개인으로 인정받으

---

40 "The Ten Hour System and Its Advocates", *Voice of Industry*, Jan. 16, 1846, http://industrialrevolution.org/original-issues/1846/1846-01-16.pdf(2019년 2월 6일 검색).

려면 일정한 토지를 보유한 자영농이 되어야 했다. 그러나 여성에게 그런 기회는 드물었다. 초기 산업화시대 젊은 여성에게 자유와 독립은 집을 떠나 일자리를 확보하는 것이었다.

그러나 노동조건이 열악해지고 임금이 삭감되면서 여공들은 이것이 곧 자유의 상실로 이어지리라고 두려워했다. 저임금은 노예처럼 무시할 만한 존재라는 낙인이 되었다. 여공들은 노예처럼 될까 봐, 또는 노예처럼 보일까 봐 두려워했다.[41] 《로웰 오퍼링》은 문학을 통해 자신들이 노예처럼 무지하고 비천하지 않다는 사실을 증명해 보이려고 했다. 노동운동을 했던 이들은 임금인상과 노동조건 개선 운동을 하면서 자기들이 값싸게 부릴 수 있는 뜨내기 일꾼이 아니라 경제적·사회적으로 정당하게 대우받을 자격이 있는 시민임을 인정받고자 노력했다.

그러나 이런 운동이 성과를 내지 못하고 노동조건이 나빠지면서 미국 출신 여공들은 거의 공장을 떠났다. 1850년 이후로 그 자리는 대부분 갓 이민 온 사람들이 메웠다. 19세기 후반에는 중간층 여성이 임노동에 진출하는 경우가 드물었다. 교사, 전신원 등 준 전문직이나 화이트컬러 일자리에서 젊은 여성에 대한 수요가 새로 생기긴 했지만 아직은 미미했다. 19세기 후반 중간층 여성이 임노동 시장에서 거의 사라지면서 여성 임노동자는 극빈층을 상징하게 되었다. 불쌍하게 여겨지고 동정의 대상이 되었다.

1856년에 뉴잉글랜드 출신 작가 허먼 멜빌Herman Melville이 펴낸

---

41 이런 고민은 비단 여공들에게 국한되지 않았다. 19세기 임노동자들의 자유와 독립에 대한 고민과 실천에 관해서는 다음 논문을 참고하라. 김진희, 〈공화주의적 가치와 임노동제는 양립할 수 있는가?: 19세기 미국 노동자당과 노동기사단의 논의를 중심으로〉, 《사림》 제51집(2015), 157-180쪽.

로웰 부트 면직물 공장. 커크 도깃Kirk Doggett이 그린 그림은 1850년경, 사진은 1928년의 모습이다.

단편집에 실린 〈총각들의 천국과 처녀들의 지옥〉이라는 소설에는 험한 산을 넘어 큰물이 흐르는 오지에 자리한 공장에서 일하는 창백하고 다소곳한 소녀들이 나온다. 멜빌은 그곳 여공들을 "기계의 부속품인 톱니바퀴라기보다는 차라리 톱니바퀴의 이 정도에 지나지 않는 것" 같다고 묘사한다.[42] 이는 영국 작가 디킨스가 1842년에 쓴 여행기에서 로웰의 여공들을 보고 멋있고 건강하다고 감탄한 것과 대조된다. 사실 디킨스도 로웰 전반에 긍정적이었던 것은 아니다. 공장 관계자의 안내를 받으며 로웰을 둘러본 디킨스는 그곳 시설이 겉만 번지르르한 드라마 세트장 같은 곳임을 금세 알아차렸다. "거대한 포장 상자" 같고, 벽과 기둥이 너무 얄팍해서 "꼭 카드로 지어진 듯"했다. 다만 그곳 여공들만이 생기 있다고 느꼈다.[43]

디킨스가 본 여공의 모습과 멜빌이 소설에서 묘사한 여공의 차이는 어디에서 찾을 수 있을까? 여행자인 디킨스와 뉴잉글랜드 출신인 멜빌의 차이, 변화한 여공들의 처지 등 다양하게 설명할 수 있지만, 그중에서 10여 년 사이에 여공을 바라보는 기업가나 여론의 시선과 태도가 변화한 점을 짚어보려 한다.

1820년대에 로웰에 공장단지를 세울 때, 보스턴에 기반을 둔 사업가들은 공장제라는 새 생산체제에 의구심을 품은 사회 구성원들에게 공장제의 긍정적인 효과를 호소하고 설득해야 했다. 사회 공동체의 구성원 또는 구성원의 딸들을 노동자로 동원해야 한다고 생각했기 때문이다. 그러나 공장 체제가 본격적으로 가동하면서 기업가들의 부와 권력은 시작할 때와 비교도 할 수 없을 만큼 비대해졌다. 이제 이들은 공장제에 호의적인 여론을 조성하기 위해 노력할 필요성을 더는 느끼지 않았다. 이들은 여론의 눈치를 보지 않고 실질임금을 낮추었으며, 노동

42 Herman Melville, "The Paradise of Bachelors and the Tartarus of Maids", *Harper's Magazine*, April 1855; 김훈 옮김, 〈총각들의 천국과 처녀들의 지옥〉, 《허먼 멜빌: 선원, 빌리 버드 외 6편》, 현대문학, 2015, 265쪽.

43 찰스 디킨스, 《아메리칸 노트》, 107쪽.

시간을 연장했다. 이런 변화 속에서 여공은 공공자산과 대소사의 결정을 공유하는 공동체 구성원이라기보다는 점점 더 외부자 그리고 생산 비용으로 간주되었다.

로웰 여공들은 자매애와 여성의식을 발전시켰지만, 그들의 역량으로는 이를 집단 차원에서 꾸준히 이어갈 수 없었다. 1세대 여공 중 몇몇은 작가로, 교육가로, 미술가로, 여성참정권 운동 활동가로 뛰어난 성취를 이루었다. 19세기 중반 이래 본격적으로 시작된 여성참정권 운동 지도자 중에서도 로웰 여공 1세대 출신을 찾을 수 있다. 그러나 이들은 빙산의 일각에 불과했다. 드러나지 않은 대다수는 임노동 세계를 떠나 가정에서 살림과 돌봄 노동을 하며 살았다. 다수의 이런 행보는 남녀의 영역을 엄격히 구분했던 빅토리아 시대 가부장적 이데올로기와 사회제도의 결과이자, 이를 더욱 강화하는 과정의 일부가 되었다.

로웰 여공 첫 세대는 여성에게 이전보다 상대적으로 좋은 일자리가 주어진 기회를 처음 만난 이들이기도 했다. 저축할 수 있을 정도의 임금만 보장해줘도 여공들은 자기 능력을 계발하고 새로운 여성 정체성과 시민의식을 모색하는 진취적인 모습을 글과 개혁운동을 통해 남길 수 있었다. 이는 하루 10시간 넘게 공장 노동을 하며 이루어낸 결과물이었다.

1929년에 출간된《자기만의 방》이라는 책에서 영국 작가 버지니아 울프Virginia Woolf는 18세기 말 영국 중산층 여성들이 글을 쓰기 시작한 일이 "십자군전쟁이나 장미전쟁보다 더 중요"하며 역사적으로 더 큰 가치를 부여할 필요가 있다고 말한 바 있다. 그 시기에 나온 여성 작가들의 작품 대부분이 지금은 거의 잊혔지만, 당대에는 값싼 문고판으로 유통되면서 광범한 독자층을 형성했으며, 이는 근대사회를 세우는 또 하나의 기둥이 되었다. 울프는 그런 이들이 있었기에 19세기에 제인 오스틴, 브론테 자매, 조지 엘리엇 같은 빼어난 작가들이 나왔으며, 자신도 글과 연설로 사회활동을 할 수 있었다고 말했다.

그렇다면 산업화가 시작되던 시점에 처음 형성된 노동자층이었던 젊은 여공들이 쓴 글과 그 글을 모아서 만든 문집들은 어떤 의미가 있을까? 《로웰 오퍼링》은 무엇보다 여공들 스스로 '우리도 생각할 줄 알고 표현할 줄 아는 교양인'이라는 점을 확인한다는 의미가 있었다. 《로웰 오퍼링》은 열악한 노동조건에 대해 침묵한다는 비판을 받았지만, 편집자들은 그것은 세상이 다 아는 사실이니 자신들은 다른 측면을 보여주는 데 집중하겠다고 했다. 《로웰 오퍼링》의 이러한 편집 방향이 기업의 후원을 받은 탓이라고만 보는 시각은 편협하다.

《로웰 오퍼링》이 가장 경계한 것은 여공들을 불쌍하게 여기는 사회의 시선과, 그런 시선 앞에서 여공들 스스로 위축되는 것이었다. 다른 언론이 여공 두 명의 자살 사건에 무관심할 때 《로웰 오퍼링》은 여공들이 그 사건을 진지하게 받아들인다고 하면서, 두 사람이 그런 선택을 한 것에 깊은 이해와 애도를 보여주는 사설을 실었다. 《로웰 오퍼링》에는 어려운 상황을 경쾌하게 돌파해보려는 기상과 의연함이 있고, 가난한 여성을 차별하고 멸시하는 세간의 시선을 질타하는 품격과 위엄이 있으며, 서로에 대한 따뜻한 이해와 격려가 있다. 지금 읽어도 이 글들이 감동을 주는 것은 사회를 향해 연대의 손길을 요청하는 매력적이고 절박한 외침이기 때문이다.

당대 로웰 여공들의 글은 그들 내부에서뿐 아니라 지역사회와 세계적 차원에서도 큰 공명과 인정을 얻었다. 그러나 그들의 글 깊은 곳에서 절절히 요구한 여공의 존엄성과 생활조건 향상은 아직도 그 결실을 거두지 못하고 있다. 한 세기 뒤인 1910년대 뉴욕에서 의류산업 여성 노동자들은 "빵과 장미"라는 구호를 외치며 멋진 옷차림으로 시위를 벌였다. 그때도 여성 노동자들은 열악한 조건에서 일했지만, 자신들에게 필요한 것은 그저 빵만이 아니라 사회와 이웃과 지인들의 사랑과 존중이라고 말했다.[44] 로웰 여공들이 보여준 사회적·경제적 존중에 대한 요구는 지금도 일하는 여성들 속에서 다양한 모습으로 재현되고 있다.

그러나 기업가와 기성세력이 여성 노동력을 보조적 또는 일시적 존재로 보는 시각과 태도에는 별 변화가 없었다. 20세기에도 두 번의 세계대전을 비롯해 여성들이 상대적으로 좀 더 좋은 일자리에 일정 규모로 진출할 수 있는 기회가 몇 차례 있었다. 그러나 이때도 여성 노동자들은 전쟁이 끝나고 더 이상 사회적으로 절박한 필요가 없어지면 다시 가정으로 떠밀렸다. 로웰 첫 세대 여공들의 특별한 경험은 사실 그 이후 여성 임노동자의 역사에서 반복되는 패턴의 시작이었다.

---

[44] 최재인, 〈깃털모자의 여성노동자들, '빵과 장미'를 외치다〉, 《여성신문》 2017년 7월 17일, http://www.womennews.co.kr/news/articleView.html?idxno=114278(2021년 6월 8일 검색).

〈수전의 편지〉[45]

편집자 해리엇 팔리가 《로웰 오퍼링》에 실은 연재물로, 로웰에 처음 온 소녀가 여공으로 자리 잡아가는 과정을 친구에게 보내는 편지 형식으로 썼다. 로웰에 처음 왔을 때의 심경을 상세히 묘사했는데, 지면의 한계 때문에 줄여서 소개한다.

무사히 도착했어. 뉴햄프셔에서 승합 마차를 타고 자갈길과 언덕길에 이리저리 흔들리다 보니 밤이더라. 잠깐 쉬는 동안 어떤 어른에게 길을 물어보니, 멀리 보이는 저곳이 로웰이라고 하더라. (……)

나는 마부에게 사촌의 기숙사 주소지까지 데려다 달라고 말했고, 그는 나를 이곳에 내려주었지. 그런데 여기에는 내 사촌이 없었어. 사촌 세라는 이미 이곳을 떠난 뒤였거든. 벨을 눌렀더니 문 앞으로 어떤 아일랜드계 소녀가 나왔어. 나는 세라 폴라드가 그곳에서 기숙하고 있는지 물었지. 그랬더니 세라는 맨체스터로 갔다는 거야. 오래전부터 알고 지내던 감독관과 함께 일하려고 그리 갔다더라. 그 소녀는 나한테 들어오라고 하지 않았어. 나는 꿔다놓은 보릿자루처럼 문 앞에 서 있어야 했지. 그 소녀의 아일랜드 억양이 너무 낯설어서 더 물어볼 엄두가 나지 않았어. 심장이 쿵 하고 내려앉아 땅으로 꺼져 들어갈 것 같던 바로 그때, 표정이 밝은 어떤 여성이 현관으로 나오더니 정말 어머니 같

45 Harriet Farley, "Letters from Susan", *Lowell Offering*, Vol. IV, May 1844, pp. 145-148, https://babel.hathitrust.org/cgi/pt?id=hvd.hxtag7&view=1up&seq=157&skin=2021&q1=from%20susan(2022년 1월 15일 검색); Eisler, ed., *Lowell Offering*, pp. 44-50에서 재인용.

은 태도로 나를 자기 방으로 들어오라고 했어. (……) 이분이 C 부인이야. '기숙사 여성 관리인'이지. 자식이 여럿인 홀어미인데, 자식들을 모두 학교에 보내며 잘 돌보고 있어. 이분이 성실하게 일하면서 잘 운영하기 때문이지. (……)

기숙사 여성 관리인은 새로운 기숙 여성들에게는 언제나 '지극히 선량'해. 이렇게 많은 기숙사를 다 촌티 나는 소녀들이 채우고 있단다. 마치 새둥주리의 알처럼. (……)

소녀들에게 저녁 먹으러 오라고 알리는 벨 소리가 울렸어. 내가 그 소리에 얼마나 놀랐는지 너는 아마 상상도 못 할 거야. C 부인이 나를 데리고 식당으로 갔어. (……) 우리는 저녁으로 차, 플랩잭(두툼한 팬케이크), 건포도가 든 케이크를 먹었어. 빵과 버터, 크래커도 있었지만 아무도 손을 대지 않더라.

저녁을 먹고 나서 순식간에 식탁을 치웠어. 소녀들 중 일부는 바느질거리를 가져왔고, 일부는 자기 방으로 갔고, 일부는 '바깥 거리로out upon the street' 나갔어. 모임에 가거나 저녁 강좌를 듣거나 쇼핑을 하거나 다른 회사를 방문하기 위해서일 거야. 이 모든 것을 공장지대 용어로 '거리로 나간다going upon the street'라고 해. (……)

밤 10시에 C 부인이 들어와서 잘 시간이라고 말을 해. 몇몇은 "이 이야기만 읽고 잘게요" "바느질 이것만 마무리할게요"라고 간청을 하지. 부인은 좋은 말로 설득해. 그렇지만 영리한 소녀들은 거리에서 듣거나 보았다는 재미난 이야기로 이 부인이 몇 분을 더 허용하게 만들지.

나는 3층에 있는 '기다란 다락'이라는 곳으로 안내받았어. 신참자가 가게 되는, 가장 원하지 않는 방이야. 내 짐은 소녀들이 벌써 올려다 두었어. C 부인의 아들들인데, 기숙생들은 이들을 '보이boy'라고 불러. (……) 드디어 그 집이 고요해졌을 때, 비로소 낯선 곳에 있다는 두려움이 몰려왔어.

그러다 잠이 들었는데, 벨 소리를 들었어. 날도 밝기 전, 어두운 가운데 벨이 울렸지. 침대 밖으로 뛰어나온 소녀들 중 한 명이 나를 깨웠어. 그러고는 깔깔 웃었지. 그렇게 서로를 깨우면서 소녀들은 스스로를 부추겼어. 한 사람이 노래했어.

아침 종소리, 아 듣기 싫어
슬프게, 크게, 사악하게 울려대는 소리

그러자 다른 사람이 더 큰 소리로 노래했어.

이제 불쌍한 이가 아니네
나를 봐 정말 예쁜 소녀인걸
공장에 보내면
시들시들해지다 죽을 텐데

나는 옷을 입고 그들을 따라 아래층으로 내려가 차려진 아침을 먹었지. 핫케이크와 커피 그리고 아무도 좋아하지 않는 '해시'(고기와 감자를 잘게 다져 따뜻하게 내놓는 요리)가 있었어.

소녀들이 모두 일하러 간 뒤에 나는 C 부인에게 어떻게 해야 하는지 물었어. 부인은 잘 아는 감독관들에게 나한테 "적당한" 일자리가 있는지 알아보러 다녀오겠다고 했어. (……)

감독관은 다음 주나 되어야 자리가 난다고 했어. 나는 버는 것도 없는데 어떻게 숙박비를 낼지 걱정했지. 그런데 C 부인이 해야 할 퀼트가 조금 있으니 내가 도와주면 숙박을 제공하겠다지 뭐니. 그렇게 해서 나는 그곳에서 버텨낼 수 있었어. (……)

나는 거리를 구경했어. 센트럴 스트리트라고 불리는 긴 길로 들어섰어. 오른쪽으로는 또 긴 메리맥 스트리트가 있지. 그곳에는 아름다운 상품이 가득한 상점들과 멋진 공공 건물들이 있어. 메리맥 호텔이라는 아주 큰 건물도 있고. 내가 본 가장 큰 건물이야. 근처에는 기차역이 있는데, 어느 날은 보스턴에서 오는 기차를 구경하려고 일부러 가서 기다리기도 했어. 기차는 아주 빨리 움직이지만, 내가 상상한 것처럼 '번개' 같이 빠르지는 않아. (……) 솔직히 지금도 내가 아는 것은 별로 없지만, 나는 보이는 것과 명백히 다른 어떤 것이 있다는 사실은 알아. 도시에는 표면 아래에서 작동하는 어떤 열정 같은 것이 있어. (……)

네가 알아야 할 게 있어. 이곳 여성들은 대단하게 차려입어. 그건 금방 알 수 있어. 언덕 위에 있는 저택에서 방금 내려온 듯하거든. 아침에 울 가운을 입고 '오후'에는 더 좋은 울 가운을 입는 데 익숙해져 있어. 벨벳, 모피, 깃털 장식 등 모든 것을 다 입어. 나는 그렇게 차려입어야 하는 큰일이 무엇인지 알고 싶어. 그렇게 차려입을 때는 무언가 기대하는 대단한 일이 있어야 한다고 생각하거든. (……)

이곳에 있으면서 내가 참여한 유일한 모임은 주일 예배야. 모든 사람이 예배에 가는 것 같더라. 일요일이면 거리가 꽉 차곤 했어.

나는 조합 교회 예배에 갔어. 너도 알다시피 내가 익숙한 곳이지.

교회는 이 도시에서 가장 오래된 건물 중 하나야. 썩 아름답지는 않지만 경건한 분위기를 풍겨. 참석자들은 우아하게 차려입었어. (……)

다음 일요일에는 성공회성당과 가톨릭성당에 가보려고 해. 이 교회들 얘기는 들어본 적이 거의 없지만, 그래도 가보는 편이 좋다고 생각하거든. (……)

너의 사랑하는, 수전.

〈꿈에 본 새로운 사회〉[46]

꿈 이야기로 풀어낸 일종의 유토피아 비전이다. 로웰 여공들의 당대 사회에 대한 비판의식과 미래 소망을 엿볼 수 있다. 로웰 여공들은 다른 노동자들과 함께 10시간 노동제 운동을 했지만, 이 글의 필자는 미래 유토피아 사회를 그리면서 8시간 노동을 이상적인 제도로 제시한다. 또한 임금은 생계를 해결하고 노동자가 자기 계발을 도모할 수 있는 수준으로 책정되어야 한다고 말한다. 나아가 여성에게 남성과 평등한 수준의 임금이 책정되어야 하는데, 그래야 여성도 독립성과 품위를 지킬 수 있기 때문이라고 말한다.

토요일 밤이다. 한 주의 고된 노동을 마쳤다. 그리고 책과 함께 탁자에 앉았다. 나는 지식의 보고에서 실컷 포식하고 있었다. 동료들이 하나둘 자리를 떠나고 나만 남았다. 그리고 또 얼마나 시간이 흘렀는지 잘 모르겠다. (……) 작은 소년이 방으로 들어와 나에게 신문 한 장을 건네주고는 아무 말도 않고 나가버렸다. 나는 신문을 펼쳤다. 내 눈을 사로잡은 첫 번째 기사 제목은 이랬다. '산업, 미덕, 지식의 발전을 위한 협회의 연례회의.' 기사는 다음과 같이 이어졌다.

이 협회의 연례회의에서 아래 결의문이 만장일치로 채택되었다.
- 부친이 딸에게 아들과 동등한 교육을 제공하는 데 관심이 없다면, 그 부친은 이 협회에서 제명할 것이며, 야만인으로 간주될 것이다.

---

46 Tabitha, "A New Society", *Lowell Offering*, Vol. I, April 1841, pp. 191-192, https://babel. hathitrust. org/cgi/pt?id=hvd. 32044019620947&view=1up&seq=219&skin=2021&q1=new%20society(2022년 1월 15일 검색).

- 이 협회 회원 누구도 자기가 고용한 이들에게 하루 8시간 이상의 노동을 요구하지 않는다.
- 가치가 있어서 고용한 노동자에게 이 협회의 회원은 노동자가 과학적·문학적 관심을 함양하기에 충분할 정도로 임금을 지불해야 한다.
- 여성 임금이 남성과 동등해야 한다. 여성도 독립성과 품위를 유지할 수 있는 수준의 임금을 받아야 한다. (……)
- 협회의 각 구성원은 매일 3시간은 정신적 능력을 함양하는 데 할애할 것이다. (……)
- 이 협회에서는 (부나 지위가 아니라) 성실, 미덕, 지식이 존경의 기준이 될 것이다.

나는 여기서 잠시 읽기를 멈추고 이 내용을 생각해봤다. 내가 이런 협회society 이야기를 들어본 적도 없다는 것이 이상했다. (……) 미국 인구의 3분의 2 이상이 벌써 협회와 부속기구의 일원이 되었으며, 그 규모가 급속히 성장하고 있다는 설명도 달렸다. 그런데 신문 날짜를 보고 나는 몹시 놀랐다. 1860년 4월 1일이라니. (……) 나는 이 협회를 아는 이들을 찾으려고 위층으로 뛰어 올라가다가 발을 헛디디면서 잠이 깨버렸다.

〈사설: 자살 사건〉[47]

비슷한 시기에 발생한 두 건의 여공 자살 사건을 두고 편집자 팔리가 쓴 글. 힘겨웠던 고인들의 삶을 깊고 따뜻하게 이해하고 보듬어주는 송사이다.

지난 몇 주 사이에 여성 직공 두 명이 자살했다. 한 명은 로웰에서, 다른 한 명은 로웰에서 멀지 않은 제조업 단지에서. 신문 기사가 이를 자세히 보도하지는 않았지만 특기할 점은 있었다. 한 명은 부모도 가정도 없는 이였다. 다른 한 명은 불명예스러운 소문이 도는 것을 비관했는데, 그가 죽은 뒤 소문은 거짓으로 드러났다.

이 사회는 이 사건에 거의 관심이 없다. 그러나 우리 여공들 사이에서는 무서운 일로 여겨지고 있다. (……) 부모도 가정도 없는 형편. 박봉 속에서 여공이 독립을 확보하려면 오랜 시간이 걸릴 테고, 아마도 기력이 떨어지는 조건에서 그녀는 생계를 이어가기도 힘든 형편이었을 것. (……) 병적인 실망과 무기력, 상처받은 감수성 때문에 그는 이성을 잃고 자기 목숨을 해쳤을 것이다. (……)

우리는 공장생활의 상대적으로 긍정적인 측면만 지나치게 부각한다고 비판받아왔다. 우리는 부정적인 측면보다 긍정적인 측면에 큰 비중을 두었다. 그것이 잘못된 일인가? (……) 우리는 우리의 노동과 생활이 힘들다는 사실을 말하는 것, 자꾸 반복해서 말하는 것이 꼭 필요하

---

47 Harriet Farley, "Editorial: The Suicide", *Lowell Offering*, Vol. IV, July 1844, pp. 212-215, https://babel.hathitrust.org/cgi/pt?id=hvd.32044024222283&view=1up&seq=224&skin=2021&q1=suicide(2022년 1월 15일 검색).

다고 생각하지 않는다. 사실 우리는 하루에 얼마나 많은 시간 동안 기계를 돌보는 일을 하는지 꾸준히 말해왔다. (……)

우리가 힘든 노동을 하며 살고 있음은 모두 알고 있다. 그러나 우리 안에 자리한 가치, 행복, 지성은 그 소중함을 인정받지 못했다. 그런데 직공들은 한창 때의 여성으로서 행복한가. 사회와 끊임없이 교류하면서, 생필품의 결핍 없이 소비하는 편의를 즐기면서, 나름의 패션 감각을 발휘할 여유를 누리면서 사는, 이 모든 것을 갖춘, 우리 여공들과 어느 징도 다른 조건에 놓인 여성들만큼 행복한가? 그렇지 않다는 사실이 우리는 이따금 두렵다. (……) 공장생활에서 때로는 얻는 것이 있지만 때로는 그렇지 않다. 그런 가운데 마음이 내팽개쳐지기도 한다. 우리는 자체 내의 자원에 의존한다. 대부분의 시간을 공장에서 보내기 때문이다.

직공들은 작업 과정에서는 서로 친구가 되기 힘들다. 그래서 자유시간만 되면 어린 소녀들은 달라붙어 지낸다. 그렇다 보니 조용하고, 명상을 즐기고, 어울리기보다 혼자 생각하는 것을 즐기는 이들이 다른 직종보다 공장생활을 선호하기도 한다. 어린 여성들은 마음에 병적인 기색이 있거나 고통이 그런 상태를 만들 때, 줄창 일만 하다 보면 자연스럽게 불행한 일을 자꾸 생각하게 된다. 이건 바르지 않다. (……) 절망에 빠진 이들은 다른 길을 생각해야 한다.

그러나 우리 사이에서는 물질주의자가 다수이고 감성을 중시하는 이는 거의 없는 듯이 보인다. 우리는 신선한 공기를 자주 쐬고, 목욕도 자주 하고, 정성스럽게 준비된 음식을 먹는 것이 인생의 슬픔과 실망을 극복해갈 수 있는 방법이라고 여전히 믿는다. 사회적 상호작용, 다양한 고용이 도움이 되리라는 것은 당연하다.

참고문헌

1차 사료

1840년대 로웰 여공들의 간행물

The Lowell Offering, https://catalog.hathitrust.org/Record/011570066(2019년 2월 6일 검색).

The Voice of Industry, http://industrialrevolution.org/complete-issues.html(2019년 2월 6일 검색).

로웰 여공 회고록

Larcom, Lucy, *A New England Girlhood, Outlined from Memory*, Boston: Houghton Mifflin Company, 1889, http://www.gutenberg.org/ebooks/2293(2019년 2월 6일 검색).

Robinson, Harriet Hanson, *Loom and Spindle*, New York: Thomas Crowell & Company, 1898; London: Forgotten Books, 2015.

사료집

Dublin, Thomas, ed., *Farm to Factory: Women's Letters*, 2nd ed., New York: Columbia University Press, 1993.

Eisler, Benita, ed., *The Lowell Offering*, New York: Norton, 1977.

Foner, Philip S., ed., *The Factory Girls: A Collection of writings on life and struggles in the New England factories of the 1840s by the Factory Girls themselves, and the story, in their own words, of the first trade unions of women workers in the United States*, Chicago: University of Illinois Press, 1977.

19세기 문학

Dickens, Charles, *American Notes for General Circulation*, London: Chapman & Hall, 1842; 이미경 옮김, 《아메리칸 노트: 찰스 디킨스 미국 여행기》, B612북스, 2018.

Melville, Herman, "The Paradise of Bachelors and the Tartarus of Maids", *Harper's Magazine*, April 1855; 김훈 옮김, 〈총각들의 천국과 처녀들의 지옥〉, 《허먼 멜빌: 선원, 빌리 버드 외 6편》, 현대문학, 2015.

연구 문헌

김진희, 〈공화주의적 가치와 임노동제는 양립할 수 있는가?: 19세기 미국 노동자당과 노동기사단의 논의를 중심으로〉, 《사림》 제51집(2015), 157-180쪽.

최재인, 〈깃털모자의 여성노동자들, '빵과 장미'를 외치다〉, 《여성신문》 2017년 7월 17일. http://www.womennews.co.kr/news/articleView.html?idxno=114278 (2021년 6월 8일 검색).

Dalzell, Jr., Robert F., *Enterprising Elite: The Boston Association and the World They Made*, Cambridge: Harvard University Press, 1987.

Dublin, Thomas, *Women at Work: The Transformation of Work and Community in Lowell, Massachusetts, 1826-1860*, New York: Columbia University Press, 1979.

Dublin, Thomas, *Transforming Women's Work: New England Lives in the Industrial Revolution*, Ithaca: Cornell University Press, 1994.

Gersuny, Carl, "'A Devil in Petticoats' and Just Cause: Patterns of Punishment in Two New England Textile Factories", *The Business History Review*, 50(2), (Summer, 1976), pp. 131-152.

Josephson, Hannah, *The Golden Threads: New England's Mill Girls and Magnates*, New York: Duels, Sloan and Pearce, 1949.

Mitchell, Brian C., *The Paddy Camps: The Irish of Lowell, 1821-61*, Chicago: University of Illinois Press, 2006.

Propen, Amy, "'I Have Sometimes Seen the White Cloth Winding Over the Rollers ⋯ and I Have Thought it Beautiful': Reading the Mill Girls' Narratives as Artifacts of Material Rhetoric", *Material Culture Review*, 77/78(Spring/Fall, 2013), pp. 107-122.

Ranta, Judith A., "Harriet F. Curtis: Worker, Author, Editor", *ATQ(American Transcendental Quraterly)*, 22(1), (March 2008), pp. 327-346.

Song, Kiho, "Life and Labor of Lowell's Mill Girls", *Studies in English Language & Literature*, 43(1), 2017, pp. 83-103.

Weible, Robert, ed., *The Continuing Revolution: A History of Lowell, Massachusetts*, Lowell: Lowell Historical Society, 1991.

Wright, Helena, "Sarah G. Bagley: A Biographical Note", *Labor History*, 20(3),

June 1979, pp. 398-413.

Tilly, Louise A. and Joan W. Scott, *Women, Work and Family*, New York: Routledge, 1987; 장경선 외 옮김, 《여성 노동 가족》, 후마니타스, 2008.

3장

폴린 롤랑

'육체의 복권'에서 공동생산조합으로

양희영

양희영__

서울대학교 서양사학과를 졸업하고 같은 학교 대학원에서 〈프랑스혁명기 툴루즈와 지방혁명의 자율성(1789~1793)〉으로 박사학위를 받았다. 현재 서울여자대학교 사학과 교수로 재직 중이다. 주로 프랑스혁명사, 19세기 프랑스 정치사, 여성사 등을 연구하고 있다. 저서로 《혁명은 왜 일어났을까》(2013)가 있으며, 《프랑스의 열정: 공화국과 공화주의》(2011), 《서양 여성들, 근대를 달리다》(2011), 《서양사강좌》(2016) 등의 책에 공저자로 참여했다. 《마르탱게르의 귀향》(2000), 《로베스피에르, 혁명의 탄생》(2005), 《반혁명》(2012), 《기억의 장소》(공역, 2020), 《파리의 풍경》(공역, 2014), 《20세기 프랑스 역사가들》(공역, 2016)을 우리말로 옮겼다.

19세기 전반의 프랑스: 대혁명 이후의 사회와 여성

1831년 11월, 프랑스 노르망디 지방의 젊은 여성 폴린 롤랑Pauline Roland(1805-1852)은 파리 생시몽교회에 근심 가득한 편지를 보냈다.[1] 그는 생시몽주의자들의 분열을 우려하며 그 이유를 설명해달라고 요청했다. 생시몽교회의 여성 지도자 아글라에 생틸레르Aglaé Saint-Hilaire는 폴린 롤랑의 편지에 답하면서 분열의 원인인 교부教父 앙팡탱Barthélemy-Prosper Enfantin의 '새로운 도덕'을 설득했다. 1년 후인 1832년 말, 폴린 롤랑은 가족과 사랑하는 이를 떠나 파리로 올라왔다. 그의 앞에는 열렬한 생시몽주의자로 세 자녀를 홀로 키우는 가난한 비혼非婚 어머니의 삶, '인간에 의한 인간 착취'의 종식과 공동생산조합 건설을 위해 투쟁하는 사회주의자 노동자의 지난한 삶이 기다리고 있었다.

---

[1] BA Ms 7777 Pauline Roland à Aglaé Saint-Hilaire. 폴린 롤랑과 아글라에 생틸레르가 주고받은 편지를 포함해 생시몽주의자들의 편지는 프랑스 국립 아르스날 도서관Bibliothèque de l'Arsenal(BA) 생시몽문고에 보관되어 있다. 폴린의 편지들은 Ms 7777로 정리되어 있다.

폴린 롤랑이 활동한 시기 프랑스는 복고왕정(1814-1830)을 거쳐 1830년 7월혁명, 1848년 2월혁명과 6월봉기, 1851년 루이 나폴레옹 보나파르트의 쿠데타에 이르는 정치적 대★격동기를 맞이했다. 이 시기는 이른바 '유토피아 사회주의'의 시대이기도 했다. 18세기 말 대혁명 이래 이어진 정치체제의 빈번한 교체 속에서 희망과 절망을 거듭하던 많은 이들은 이제 혁명과 체제 변화보다는 일하는 사람들의 자발적이고 자족적인 공동체 설립, 심성의 변화와 교육을 통해 더 근본적인 사회 변화를 이룰 수 있다고 믿게 되었다. 생시몽주의는 그런 신념 가운데 하나였다.

특히 생시몽주의는 1830년대 프랑스 여성들에게 강렬한 호소력을 발휘했다. 생시몽주의자들은 남녀의 완전한 평등과 상호보완성을 강조하고 미래의 산업사회는 조화와 평화라는 여성적 특성에 기초해야 한다고 주장했다. 여성들이 생시몽주의에 매료된 이유는 19세기 초 그들이 놓인 상황과도 관련이 있었다. 혁명을 종결하고 수립된 나폴레옹의 제1제정(1804-1814)과 뒤이은 복고왕정 아래에서 여성 시민권은 크게 후퇴했기 때문이다.

프랑스혁명기에는 여성이 인권선언과 법의 보호를 받는 개인이자 시민으로 인정받았다. 여성은 21세가 되면 법적 자격을 부여받아 계약서에 서명하거나 재판에 참여할 수 있게 되었다. 부모의 허락 없이 결혼하거나 이혼할 수 있고 남자 형제와 동등하게 상속받게 되었다. 혁명기 의회는 여전히 여성의 정치적 권리를 인정하지 않았지만 여성들은 자발적으로 집회를 조직하고 청원서를 작성하고 심지어 조국을 지키겠다고 무장하기까지 했다.

Bibliothèque d'Histoire Economique et Sociale
Directeurs : Georges Bourgin et Ernest Labrousse

Edith Thomas

PAULINE ROLAND

SOCIALISME ET FÉMINISME AU XIXe SIÈCLE

OUVRAGE PUBLIÉ AVEC LE CONCOURS
DU CENTRE NATIONAL DE LA RECHERCHE SCIENTIFIQUE

Librairie Marcel Rivière et Cie

——————— PARIS ———————

1956년에 출간된 폴린 롤랑의 전기
(에디트 토마Edith Thomas,《폴린 롤랑: 19세기 사회주의와 페미니즘
Pauline Roland. socialisme et féminisme au XIXe siècle》) 표지.

1804년에 공포된 민법, 이른바 나폴레옹 민법은 여성에게 유리한 혁명기 법률 중 일부를 보존하여 균분상속을 인정하고 이혼을 허용했다. 그러나 이 민법은 여성의 활동을 가정에 국한하고 남성의 보호 아래 두는 데 초점을 맞추었다. 이혼에 관한 법률은 남편에게 유리하게끔 수정되었다가 1816년에는 이혼이 아예 금지되었다. 여성은 결혼 여부와 상관없이 법적 문서에 서명할 수 없었으며 남편의 허락 없이는 재판에 출두할 수도, 자기 재산을 처분할 수도, 사업을 하거나 직업을 가질 수도 없었다. 자녀에 대해서도 아버지는 어머니보다 훨씬 강력한 권한을 행사했다. 아버지는 자녀의 결혼에 동의하지 않을 권리가 있었으며 '교정'이 필요하다고 판단하면 최대 6개월까지 자녀를 감옥에 가둘 수 있었다. 반면 여성의 교육은 등한시되었다. 기본적으로 소녀들은 가정에서 교육받아야 한다고 여겨져 여학교 창설이 늦어졌다. 부유한 집안 딸들만이 사립학교에 다닐 수 있었다.

　　이런 상황에서 여성들은 여성성과 여성의 사회적 역할에 대한 생시몽주의의 긍정적 재평가에 고무되었다. 생시몽주의 대중강연, 의료서비스, 여성 재봉사 협동작업장 등 포교 프로그램을 통해 많은 여성들이 생시몽교회로 유입되었다. 이들 여성 생시몽주의자는 생시몽주의 운동에 참여하면서 전례 없는 표현과 활동의 자유를 경험했다. 특히 여성 생시몽주의자들은 1832-1833년 《자유로운 여성La Femme libre》(나중에 '여성논단La Tribune des femmes'으로 이름이 바뀌었다), 《여성의 조언자Le Conseiller des femmes》 등 신문을 창간하여 여성의 차별과 예속을 비판하고 남녀의 동등한 교육과 이를 통한 여성의 지적·도덕적 능력 계발, 여성의 경제적 자립 지원, 이혼 허용, 아내의 재산권과 자녀 양육권 등 여성의 지위 향상을 촉구했다. 이들 신문에 참여한 여성 대부분은 중간계급 하층이나 노동계급 상층 출신이었다. 《자유로운 여성》의 창간인 데지레 베레Désirée Véret와 편집장 르네 겡도르René Guindorf는 20대의 재봉노동자였고, 조금 늦게 합류한 쉬잔 부알캥Suzanne Voilquin은 자수노동자였다. 이들은 자신들과 다른 기고자들을 '여성 프롤레타리아'라 일컬었다. 폴린 롤랑은 이 신문에 참여할 때 기숙학교 사감 보조였다.

폴린 롤랑은 어떻게 생시몽주의자가 되었을까? 폴린은 1805년 노르망디의 작은 도시 팔레즈에서 태어났다. 우체국 직원이었던 폴린의 아버지는 1806년 폴린의 동생이 태어난 지 두 달 만에 사망했다. 교육열이 강한 어머니 덕에 기숙학교에서 공부할 수 있었던 폴린은 1827년 젊은 중등학교 교사 데프레Desprèz를 만나 사랑에 빠졌다. 이 만남은 폴린의 삶에 결정적인 영향을 끼쳤다. 폴린은 데프레를 통해 생시몽주의를 만났다. 생시몽주의는 폴린에게 산업에 의해 혁신된 사회, 무한한 행복으로 나아가는 인류의 진보라는 넓은 시야와 희망을 제시했다. 그러나 데프레는 기혼자였다. 처음 생시몽교회에 편지를 쓸 때 폴린은 생시몽주의의 분열뿐 아니라 이룰 수 없는 사랑 때문에 번민하고 있었다.

폴린이 생시몽교회에 보낸 편지들은 자의식 강한 시골 처녀의 불안과 고통, 열망을 보여준다. 폴린은 자신을 조여오는 좁은 세계에 갇혀 무익한 존재로 전락할까 두려워하면서 그 세계에서 벗어나 숭고한 것을 추구하려는 열망, 특히 타인을 위해 희생하는 삶을 살고자 하는 열망을 품었다. 1832년 말 사랑을 포기하고 파리로 갈 때 폴린은 바로 그 열망대로 살고자 결심했다. 이 결심은 '새로운 도덕'을 실천하는 열렬한 생시몽주의자, 결혼을 거부하고 가난과 고립 속에서 세 자녀를 키우는 비혼의 어머니, 하루의 절반 이상을 노동해서 자녀를 부양하는 불안정한 지식노동자, 프롤레타리아의 해방과 새로운 사회를 꿈꾸는 사회주의자, 반체제 정치범이자 알제리 유형수라는 고통스러운 삶으로 폴린을 이끌었다.

폴린은 1830년대 전반에는 생시몽주의자였으며, 1848년 혁명기에는 공동생산조합 조직에 앞장선 활동가였다. 그러나 그는 생시몽교회 계서제의 지도적인 인물도 아니었고, 자신의 사상을 조직을 통해 실현하거나 저술을 통해 종합적으로 제시할 위치에 있지도 않았다. 다만 그는 자기가 선택한 믿음에 전적으로 헌신하면서 일평생 생각과 삶을 일치시킨 사람이었다.

폴린의 삶은 연이은 정치체제의 변화, 산업화와 노동계급의 등장, 새로운 정치 사회 이념의 출현이라는 19세기 전반 프랑스의 상황이 여성에게 무엇을 의미했고 여성은 무엇을 할 수 있었는지를 보여준다. 나아가 그의 삶은 당대 프랑스인들에게 큰 영향을 준 1830년대 생시몽주의 운동과 1848년 혁명기 공동생산조합 운동의 의미와 한계 그리고 그것을 넘어선 가능성을 생생히 드러낸다. 이때 폴린의 경험과 성취는 그가 여성이었기 때문에 가능했다. 그가 겪은 생시몽주의와 1848년 혁명은 남성 지도자들이 겪은 것과 같을 수 없었다. 오히려 그의 경험은 그 운동과 혁명의 복잡성에 더 가까이 다가갔다고 할 수 있다.

아래에서는 먼저 생시몽주의자 폴린 롤랑의 삶을 살펴본다. 생시몽주의는 여성성을 칭송하고 남녀의 평등을 주장함으로써 여성들에게 환영받았다. 그러나 생시몽주의는 더 나아가 새로운 성性도덕을 제시하여 사회적 비난을 받았는데, 이는 생시몽교회의 분열과 지도자들의 투옥으로 이어졌다. 폴린은 이 혼란의 한가운데에 있었다. 생시몽주의의 '새로운 도덕'은 여성에게 해방의 청사진일 수도, 새로운 구속의 도구일 수도 있었다. 폴린은 종교적 열정으로 새로운 도덕을 받아들였다. 이 새로운 도덕의 내용은 무엇이고, 그것의 실천은 폴린 롤랑의 삶과 이후 여성운동에 어떤 의미가 있을까?

이어서 1848년 혁명기의 활동을 살펴본다. 폴린 롤랑은 이 시기 다른 노동자들과 마찬가지로 직종별 공동생산조합과 그 연합체를 통해 사회주의사회를 평화적으로 건설할 수 있다고 믿었다. 생산자 공동체에 기반한 사회주의 건설은 후대에 '유토피아 사회주의' 또는 '공상적 사회주의'로 폄하됐지만, 이 시기 폴린의 활동은 생산자 공동체의 잠재력과 역사적 의의를 재고할 수 있게 해준다. 한편, 1848년 혁명 이후 폴린 롤랑의 페미니즘은 생시몽주의자로서의 삶과는 매우 다른 특징을 보여준다. 이런 변화가 페미니즘에 관한 그의 보수화를 보여주는 것인지, 그의 변화는 무엇을 뜻하는지도 무척 흥미로운 주제이다.

생시몽주의와 새로운 도덕

1825년에 앙리 드 생시몽Henri de Saint-Simon이 사망한 뒤, 그의 제자들은 출판물과 대중강연을 통해 스승의 사상을 정리하고 전파했다. 생시몽은 단순히 사회주의자로 요약하기에는 몹시 복잡한 사상가이지만 말년에 이르러 자신의 최종 목표가 노동계급의 해방, "가장 수가 많고 가장 가난한 계급의 정신적·물질적 개선"이라고 자주 강조했다. 생시몽주의자들은 이에 더해 '착취' 개념을 도입하고 민중의 빈곤과 고통은 "인간에 의한 인간의 착취" 때문이라고 비판했다. 생시몽은 사망 직전 발표한 글에서 '새로운 기독교'를 통해 개인과 사회를 통합해야 한다고 주장했다. '새로운 기독교'는 전통 종교와 마찬가지로 예배의식과 교리를 갖추지만 그 목표는 믿음을 통한 구원이 아니라 '형제애'에 기초한 사회의 보편적 이익이었다. 생시몽주의자들은 스승의 뜻을 받들어 새로운 교회를 설립했다. 그들에게 교회는 정치적 당파도 음모가들의 결사도 아니면서, 그것보다 더 효과적으로 주변 사회에 영향을 주고 변화한 미래 사회의 이미지를 제시할 수 있는 조직이었다.

폴린 롤랑이 처음 생시몽교회에 편지를 쓴 1831년 11월 말, 생시몽교회의 분열은 이미 돌이킬 수 없는 상태였다. 이 분열의 원인은 무엇일까?

생시몽주의자들은 1828-1829년 대중강연을 통해 사회는 가장 수가 많고 가장 가난한 계급의 정신적·물질적 개선을 위해 조직되어야 하며 이를 위해 출생에 따른 특권은 모두 폐지되어야 한다고 주장했다. 그런데 이때 남성과 여성의 관계라는 문제를 동시에 제기했다.

우리는 처음에는 노예 또는 적어도 예속에 가까운 상태에 놓여 있던 여성이 어떻게 조금씩 남성과 연합하여 사회질서 안에서 나날이 더 큰 영향력을 획득하는지, 이제껏 여성을 낮은 지위에 놓이게 만든 원인들이 점점 약해져서 결국 어떻게 사라지는지 그리고 그와 함께 아직도 여성에게 강요되고 있고 우리가 계획하는 사회 상태와는 양립할 수 없는 이 지배, 후견, 영원한 미성년 상태가 어떻게 소멸되어야 하는지를 보여줄

것이다.[2]

생시몽은 남성과 여성 커플이 '사회적 개인', 곧 사회의 기본 단위라고 말했다. 그러나 그는 여성과 남성의 관계라든가 여성의 지위에 관해 상세한 설명을 제시하지는 않았다. 이 문제를 교리의 중심에 두고 독창적인 이론으로 발전시킨 것은 그의 제자들이었다. 생시몽주의자들은 성찰 능력을 갖춘 남성, 충동과 감정의 힘을 지닌 여성은 서로 다르지만 결합하여 조화를 이루고 다양한 사회적 기능을 수행해야 한다고 주장했다. 아내와 남편은 서로를 보완하는 동등한 존재로 인정받아야 하며 여성은 신이 주신 은총에 따라 가정뿐 아니라 교회와 국가에서 모두 동등한 역할을 담당해야 한다는 것이었다.

이러한 주장은 생시몽교회의 공동 교부, 즉 2인의 최고지도자 앙팡탱과 바자르Saint-Amand Bazard를 중심으로 생시몽주의자들이 공유한 최소한의 이론적 토대였다.[3] 그러나 앙팡탱은 여기서 더 나아가 훨씬 과감한 주장을 제기했다.

첫째, 그는 '신'은 아버지이자 어머니이며 따라서 성직자는 남성과 여성 한 쌍이어야 한다고 주장했다. 남성의 합리적 성향과 여성의 감정적 성향이 둘 중 어느 한 사람의 정신 속에서 모두 실현될 수는 없기 때문이라는 것이었다. 앙팡탱의 주장은 남녀의 본성이 다르고 여성은 감

---

2 *Doctrine de Saint-Simon: Exposition, Première année, 1828-1829 / [Par B.-P. Enfantin, Hippolyte Carnot, Henri Fournel, (…)]*, Paris: Bureau d'Organisateur, 1831, p. 178.

3 Bazard et Enfantin, *À monsieur le Président de la Chambre des Députés, Paris. 1er Octobre 1830*, Paris: Bureau d'Organisateur, 1831. 앙팡탱과 바자르는 1830년 하원의장에게 보낸 편지에서 이런 내용을 공식적으로 재확인했다.

생시몽교회의 교부 앙팡탱의
말년의 모습.

정적이라는 당대의 지배적 사고를 반
영한 것이지만, 감정을 이성만큼, 나
아가 사회적 유대의 원천으로서 이성
보다 중시함으로써 여성의 공적 역할
을 고무할 수 있는 주장이었다.

둘째, 앙팡탱은 매우 과감한 성
도덕을 제시했다.[4] 그에 따르면 세상
에는 두 가지 본성을 지닌 사람이 존
재했다. 즉 한편에는 깊고 꾸준한 애
정을 품은 사람, 시간이 지날수록 그

애정이 더 강해지는 사람, 다른 한편에는 발랄하고 불안정하고 일시적
인 애정을 품은 사람, 그래서 시간의 흐름이 고통스럽고 견딜 수 없는
시련이 되는 사람이 있었다. 그런데 현재의 결혼은 전자의 관점만 수용
한 것으로, 미래 사회에서는 두 유형의 사람이 모두 만족을 얻어야 한
다는 것이 앙팡탱의 생각이었다. 그에 따르면 변심은 불변 또는 충직함
과 똑같은 권리이며 따라서 이혼을 허용하여 다른 배우자를 선택할 수
있게 해야 했다. '출생에 따른 상속 폐지'가 파괴와 건설을 통한 진보이
듯, 이혼은 잘못된 관계를 풀고 새로운 관계를 준비하는 것이자 사회를
재건하고 재조직하는 일이었다. 다른 지도자들인 바자르와 올랭드 로
드리그Olinde Rodrigues 역시 이혼을 허용해야 한다고 주장했지만 그들에

---

4 B.-P. Enfantin, *Morale; Réunion générale de la Famille. Enseignement du Père suprême[Enfantin]. Les trois familles*, Paris: la librairie Saint-simonienne, 1832.

게 이혼은 여전히 불행한 예외로, 부도덕한 별거의 치료책일 뿐이었다.

생시몽주의자들을 더욱 혼란스럽게 한 것은 성직자 부부의 역할에 관한 앙팡탱의 이론이었다. 그에 따르면 남녀 성직자는 서로 사랑하는 부부이지만 동시에 위에서 말한 두 본성을 지닌 사람들의 지적·육체적 욕구를 조절하고 발달시킬 의무가 있었다. 즉 때로는 감각의 과도한 욕구를 완화하고 때로는 무감각한 지성을 일깨우고 또 때로는 무뎌진 감각을 고양해야 했다. 이를 위해 성직자 부부는 가능한 모든 수단을 사용해 신자들의 지성과 힘을 일깨우고 정신과 감각을 매혹하고 사고와 행동에 영감을 주어야 했다.

앙팡탱에 따르면 "남성 성직자와 여성 성직자는 지성의 힘뿐 아니라 아름다움을 통해 성직을 수행"한다. "한마디로 그들은 육체를 사랑하는 이들에게는 육체를 따라, 정신을 사랑하는 이들에게는 정신을 따라 그들을 사랑하게 만든다. 미래의 성직자는 기독교 사제처럼 육체를 죽이지 않으며, 얼굴을 가리지도, 온몸을 재로 덮지도, 고통스러운 규율로 몸을 괴롭히지도 않기 때문이다. 그는 현명한 만큼이나 아름답고 선하다."[5] 사제의 이런 활동을 앙팡탱은 '육체의 복권復權'이라고 지칭했다.[6] 앙팡탱은 성직자 부부의 구체적인 활동 방식을 명료하게 밝히지 않았지만, 성직자 부부와 신자가 때로 매우 육체적인 의미에서 결합하는 새로운 종류의 관능적인 신정神政의 가능성을 암시했다.[7] 이런 것이

---

5 두 인용문 모두 *Oeuvres de Saint-Simon et d'Enfantin*, t. XIV, Paris, 1872, p. 157.

6 Enfantin, *Morale*; *Réunion générale de la Famille*, p. 9.

7 Antoine Picon, *Les saint-simoniens, raison, imaginaire et utopie*, Paris: Belin, 2002, p. 133.

앙팡탱의 이른바 '새로운 도덕'이었다.

이혼과 성직자 부부의 역할에 관한 앙팡탱의 견해는 1830년을 전후해 생시몽교회 지도자들 안에서 공공연히 나돌았다. 1829년에 이미 1차 분열이 나타나 지도자 중 한 사람인 뷔셰Philippe Buchez가 교회를 떠났고, 1831년 11월 앙팡탱이 자신의 이론을 도덕이라는 이름으로 공식화했을 때 다른 지도자들은 태도를 결정해야 했다. 공동 교부 바자르와 그의 아내 클레르Claire Bazard를 비롯해 피에르 르루Pierre Leroux, 이폴리트 카르노Hippolyte Carnot, 레노Jean Reynaud, 로랑Laurent de l'Ardèche, 쥘 슈발리에Jules Chevalier 같은 주요 지도자들은 바로 그날, 올랭드 로드리그는 이듬해에 교회를 떠났다.

새로운 도덕의 실천?

생시몽 교회에 보낸 초기의 편지에서 폴린 롤랑은 앙팡탱의 이론을 불신하고 자유연애에 반대했다.[8] 폴린은 자유연애가 감정의 가치

---

8 생시몽교회가 분열한 후인 1832년 1월, 교회 지도자 샤를 뒤베리에Charles Duveyrier는 《르글로브Le Globe》지에서 앙팡탱의 사상을 이렇게 설명했다. "우리가 결코 보지 못했던 것들을 지상에서 보게 될 것이다. 남자와 여자는 모범도 이름도 없이 사랑으로 결합할 것이다. 사랑이 식는 일도, 질투도 없을 것이기 때문이다. 남자와 여자는 여럿에게 자신을 주고 끊임없이 결합할 것이며 그들의 사랑은 신의 꽃다발처럼 회식자의 수와 선택에 비례하여 더욱 화려해질 것이다. (……) 혼례의 침대는 배우자의 엄격한 감시에서 해방되어 이제는 아내의 감옥, (……) 인종들 사이의 높은 장벽, 출산권의 강고한 성벽에서 벗어날 것이다. (……) 인간들 사이의 장벽은 붕괴하고 있다. 우리는 인류 가족의 단합을 향해 전진한다." Edith Thomas, *Pauline Roland, Socialisme et féminisme au XIXe siècle*, Paris: Librairie Marcel Rivière et Cie, 1956, p. 40에서 재인용. 폴린은 팔레즈 공립도서관으로 들어오는 《르글로브》를 읽고 있었으므로 명백히 자유연애를 칭송하는 이 기사도 보았을 것이다.

를 약화하고 사랑을 파괴할 것이며 가족을 해체하고 새로운 교회 자체를 소멸할 수도 있다고 주장했다.[9] 폴린은 성직자 부부의 역할 또한 인정하지 않았다. 그가 보기에 앙팡탱이 말하는 성직자 부부와 일반 신도 사이의 관계는 위장된 간음에 불과했다. 교회가 분열한 뒤에도 변함없이 앙팡탱을 지지한 여성 지도자 아글라에 생틸레르는 새로운 도덕을 통해 여성이 자신을 온전히 알게 되고 불행한 결혼에서 벗어나 스스로를 해방할 것이라고 폴린을 설득했다.[10] 이 설득이 주효했던 것일까? 1832년 5월 13일 아글라에에게 보낸 여섯 번째 편지에서 폴린은 앙팡탱의 이론을 받아들이고 심지어 "그의 말씀이 곧 신의 말씀"이라는 깊은 확신을 얻었다고 고백했다.

사실 폴린이 어떤 논리와 경로로 견해를 바꿨는지는 구체적으로 설명하기 어렵다. 전통적인 성 구분론을 고수하면서도 여성의 본성을 사회의 조화와 평화로운 진보를 위한 요소로 칭송하고 이를 토대로 여성의 사회적·공적 역할을 인정한 생시몽주의는 당대의 여성들에게 큰

---

9 폴린은 낭만주의의 언어를 빌려 자유연애에 반대했다. "사랑의 장애물을 모두 파괴한다면 사랑은 파괴될 것입니다. 사랑은 자연적인 것이 아니라 기독교적인 감정이며 우리는 그것을 잃게 될 것입니다. 아니, 차라리 사랑은 변화할 것입니다. 그것은 더 이상 베르테르와 르네의 병적인 감정이 아닐 것입니다. (……) 우리는 그것을 잃어버릴 것이며 마찬가지로 19세기의 이 우수 어린 시들을 잃어버릴 것입니다. 그 시들은 우리 영혼의 고통을 표현했기 때문에 그토록 우리를 매혹했던 것입니다." BA Ms 7777 Pauline Roland à Aglaé Saint-Hilaire, 13 février 1832.

10 아글라에 생틸레르는 앙팡탱의 유년기 친구로, 두 사람의 유대는 두 집안 간 오랜 인연의 일부이기도 했다. 생시몽교회 최고위 지도자 회의(콜레주Collège)의 일원이던 세실 푸르넬과 엘리사 르모니에는 앙팡탱을 지지하는 남편들 때문에 교회에 남았지만 계속해서 앙팡탱의 권위에 반대했다. 아글라에는 폴린에게 보낸 편지에서 여성 대부분이 자기 자신에 관해 전혀 모르는 상태에서 결혼하여 사랑하지 않는 남성에게 처녀성을 잃는다고 주장했다. 여성이 자신의 진정한 성향이 무엇인지, 자신이 어떤 종류의 매력을 한 사람 또는 여러 사람의 삶에 발휘할 수 있는지 미리 안다면 여성의 삶은 달라질 거라는 이야기였다. BA Ms 7781 Aglaé Saint-Hilaire à Pauline Roland, mai 1832.

희망을 주었다. 쉬잔 부알캥은 앙팡탱의 가르침을 처음 접했을 때의 희열을 이렇게 회고했다. "'모든 남성과 모든 여성의 아버지이자 어머니이신 신'이라는 아버지 앙팡탱의 이 말씀에서 나는 우리의 자유와 종교적 미래의 근본 관념을 발견하고 전율을 느꼈다. 나는 이 신성한 말씀에 의해 내 속에서 생각, 마음, 자유로운 행동을 되찾고 큰 기쁨을 느꼈다. 신께서 내게 말씀하셨고 정말로 삶을 회복하게 해주셨다."[11]

　　그러나 생시몽교회의 분열에서 드러나듯 성도덕에 관한 앙팡탱의 이론은 쉽게 받아들이기 어려운 것이었다. 데프레와의 이룰 수 없는 사랑으로 고뇌하던 폴린에게 앙팡탱의 새로운 도덕은 희망을 주었을 수도 있다. 그러나 폴린은 아글라에에게 보내는 편지에서 오히려 그 때문에, 즉 자신이 이제껏 죄라고 여겨온 감정을 정당화할 수 있는 교의였기에 앙팡탱의 이론을 더 받아들이지 못했다고 고백했다. 폴린은 결국 앙팡탱의 이론을 받아들였으면서도 사랑하는 이를 두고 고향을 떠나면서 독신으로 살겠다고 다짐했다.

　　폴린이 파리에 도착했을 때 생시몽교회는 해체되고 있었다. 사회에서 물러나 메닐몽탕에서 공동체 생활을 시작한 생시몽주의자들은 풍기문란과 불법회합으로 기소되었다. 앙팡탱, 미셸 슈발리에Michel Chevalier, 뒤베리에는 1년 형을 선고받고 1832년 12월 생트펠라지 감옥에 수감됐으며 많은 이들이 교회를 떠났다. 폴린은 기숙학교의 사감 보조로 일하면서 여성 생시몽주의자들의 신문 《여성논단》에 글을 쓰고 앙

---

11 Suzanne Voilquin, *Souvenir d'une fille du peuple ou la saint-simonienne en Égypte, 1834 à 1836*, Paris: Chez E. Sauzet, 1866, p. 77.

팡탱에게 몇 차례 편지를 썼지만 답을 얻지 못했다.

앙팡탱은 1833년 8월 사면을 받아 석방된 후 생시몽주의자들을 이끌고 여성 메시아를 찾아 이집트로 출발했다. 폴린은 이집트행을 열망했지만 이루지 못했다. 대신 파리에 남아 앙팡탱이 공표한 여성 성직자의 역할, 즉 방황하는 생시몽주의자들을 구제하는 역할을 자청했다. 이때부터 폴린의 삶은 다시 이해하기 어려운 영역으로 들어선다. 폴린은 네 살 연하의 젊은 생시몽주의자 아돌프 게루Adolphe Guéroult를 만나 "독신을 포기했다". 그러나 1834년 6월 게루의 아이를 임신한 상태에서 다른 생시몽주의자 장 프랑수아 에카르Jean-François Ecard와 새로운 관계를 시작했다. 폴린은 두 사람 중 누구와도 결혼하지 않은 채 네 아이를 낳았고(한 명은 어려서 사망했다), 지식노동자로 세 아이를 키우느라 그의 삶은 빈곤과 고립의 나락으로 굴러떨어졌다. 에카르와 관계를 시작하면서 폴린은 생시몽주의자들 사이에서 추문의 대상이 되었다. 그에게 육체의 복권을 설득했던 아글라에뿐 아니라 다른 여성 생시몽주의자들마저 폴린을 이해하지 못했다. 여성은 곧 어머니이자 아내이고 여성의 경제적 독립이 거의 불가능하던 시기에 폴린은 도대체 무슨 이유로 이런 삶을 선택했을까?

폴린에게 게루를 소개한 이는 생시몽교회의 지도자 샤를 랑베르Charles Lambert였다. 그에게 쓴 편지는 폴린이 스스로를 여성 성직자로 여기고 있음을 보여준다.[12] 폴린은 자기에게 어루만짐을 통해 치료하는 능력이 있으며 이 능력으로 흔들리는 게루의 신앙을 치유하고 있다고

---

12 BA Ms 7777 Pauline Roland à Lambert, septembre 1833.

생각했다. 다시 말해 앙팡탱이 말한 육체의 복권을 실천한 셈이다. 이런 사고는 에카르에 대해서도 마찬가지여서, 폴린에게 에카르는 오만과 무신론에 빠져 게루만큼이나 여성의 구원이 필요한 존재였다.[13]

폴린은 비이성적 광신도 또는 신비주의에 빠진 극단적 앙팡탱주의자가 된 것일까? 자유연애에 반대하고 성직자 부부의 역할을 간음으로 치부하던 폴린의 변화는 당대인들뿐 아니라 오늘날에도 이해하기 어렵다. 그러나 그의 선택이나 이후의 삶에서 주목할 점은 그가 독신을 포기하되 결혼하지 않고 아이를 키우기로 결심했으며 이 결심의 의미를 분명히 알았다는 사실이다. 랑베르와 아글라에에게 쓴 편지에서 폴린은 독신도 독신의 포기도 모두 자기 의지라고 강조했다. 폴린은 남성을 연인으로 받아들이는 것은 그의 유익을 위해 자기를 주는 일일 뿐, 그의 아내나 정부가 되지는 않으리라고 다짐했다. 따라서 남성은 폴린에게 어떤 의무도 없다는 것이었다.

무엇보다 폴린은 게루와 만나면서 추상적인 신앙의 실천을 넘어 지극히 현실적인 문제, 즉 비혼의 어머니가 되는 문제를 깊이 고민했다. 아글라에에게 보낸 편지에서 폴린은 다음과 같이 고백했다.

> 나는 어머니가 되기를 원합니다. 그러나 아버지의 존재는 알리지 않기를 원합니다. 나는 이 문제를 놓고 스스로에게 냉정하게 물었습니다. 임신으로 병약한 상태에서 세상 사람들 눈앞에 내놓을 수 있도록 아이에게 이름을 달라고 아이 아버지한테 요구하지 않을 만큼 내가 충분히 강

13 BA Ms 7777 Pauline Roland à Aglaé Saint-Hilaire, 24 juin 1834.

한지. 출생 때문에 사회에서 거부당할 아이를 세상에 데려올 권리가 나에게 있는지도 물었습니다. 결국 두 질문은 긍정적인 답을 얻었습니다. 나는 내가 어머니임을, 내 아이는 자신의 출생을 자랑스럽게 여길 것입니다.[14]

폴린은 어머니이자 아버지로서 홀로 아이를 책임져야 하리라는 것, 자신 말고는 의지할 곳이 없다는 사실을 직시했으며 평생 이 고백대로 살았다. 그가 '구원'한 두 남자도 폴린이 선택한 삶을 인정했다. 게루는 1834년 폴린과 헤어지면서 랑베르에게 보낸 편지에서 폴린과의 사랑은 아무런 약속도 맹세도 없는 사랑, 전적으로 자유로우며 충실함과 신뢰로 가득한 사랑이었다고 고백했다. "많은 사람들에게 아버지(앙팡탱)의 도덕은 여전히 사상에 불과하지만 폴린과 나에게는 실천이었습니다."[15] 부유한 사업가의 아들로 지적인 청년이었던 게루는 그 뒤로 아이에 관해 언급하지 않았고 재정적으로도 전혀 지원하지 않았다. 툴롱 출신의 유복한 부르주아였던 에카르는 폴린과 함께하는 동안 폴린이 글로 생계를 이을 수 있게끔 지원했지만, 1840년대 중반에 다른 사랑을 만난 데다 가업이 파산하면서 자녀들을 전혀 돌보지 않았다.

폴린은 하루 12시간 넘게 노동하면서 아이들을 부양했다. 신문 기사와 아동용 책을 쓰고 영어와 이탈리아어 글을 번역하고 바느질 일감을 맡았다. 장남인 장 프랑수아를 낳았을 때 폴린은 서른 살이었다.

---

14 BA Ms 7777 Pauline Roland à Aglaé Saint-Hilaire, novembre 1833.

15 BA Ms 7731 Guéroult à Lambert, 8 juin 1834.

폴린은 광신과 미숙함 때문에 나락으로 떨어진 것이 아니었다. 믿음의 실천이 어떤 삶으로 이어질지 냉정히 숙고하고 그 삶을 선택했으며 이후 그에 따른 고통을 겪어냈다. 반면 앙팡탱이나 아글라에, 여성해방과 육체의 복권을 주장하고 지지한 다른 생시몽주의자들은 당대 여성이 속한 사회적 환경과 규범 속에서 새로운 도덕이 개인에게 어떤 의미인지를 사고하지 않았다. 게루나 에카르 같은 남성 생시몽주의자에게 새로운 도덕은 임신, 출산, 육아, 그에 따르는 책임 문제에 얽매일 필요 없는 개인적·사회적 실험에 불과했다.[16] 그러나 폴린은 자신의 믿음에 삶을 던지고 그에 따르는 책임을 온전히 감수했다.

1848년 혁명기에 이르러 폴린 롤랑은 결혼과 가족 문제에서 보수적인 태도로 선회했다. 그것은 여성의 독립성을 부정해서가 아니라 새로운 도덕이 남녀에게 뜻하는 바가 다르고 오직 여성에게만 사회적 고립과 경제적 궁핍을 떠넘길 수 있음을 경험을 통해 확인했기 때문일 것이다. 다른 여성 생시몽주의자들의 경험을 다룬 자료는 충분하지 않지만, 적어도 그들의 신문《여성논단》에서는 1833-1834년 성에 관한 급진적 담론이 사라졌다. 1848년 혁명기에 다시 등장할 여성신문《여성의 목소리》역시 그 점은 마찬가지였다. 생시몽주의가 쇠퇴한 이후 여성들은 여전히 여성과 남성의 차이, 어머니의 역할을 토대로 여성해방

---

16 스테판 미쇼Stéphane Michaud는 훨씬 가혹하게 평가한다. "변덕스러운 부르주아 에카르나 그와 같은 부류에게 생시몽주의는 관능적이고 감상적인 희롱에 불과했다. 반면 수많은 프롤레타리아에게 그것은 급진적 삶의 선택이었다." "Deux approches du changement social: Flora Tristan et Pauline Roland au miroir de leur correspondance", Stéphane Michaud, dir., *Flora Tristan, George Sand, Pauline Roland: les femmes et l'invention d'une nouvelle morale, 1830-1848*, Paris: Créaphis, 1994, p. 73.

을 주장했지만 그 해방은 자유로운 성도덕을 통해서가 아니라 여성의 경제적 자립, 교육, 이혼의 합법화, 가정 내 아내의 동등한 권리를 통해 얻을 수 있는 것이었다.

1848년 혁명과 공동생산조합을 통한 사회주의

폴린 롤랑이 생시몽주의자가 되었다는 것은 곧 사회주의자가 됐다는 것을 의미했다. 폴린이 매혹된 생시몽주의는 여성해방과 노동해방을 함께 주장하는 사상이었다. 《여성논단》은 "여성해방과 함께 노동해방이 오리라"라는 슬로건을 부제로 달았다. 생시몽주의를 떠난 뒤에도 폴린은 평생 사회주의자를 자처했다. 그에게 사회주의란 무엇이었을까?

폴린 롤랑은 생시몽주의자들과 멀어지면서 그보다 먼저 앙팡탱과 결별한 사회주의자 피에르 르루와 일했다. 1835년에 르루는 이미 낡은 것이 된 디드로와 달랑베르의 백과사전(1751-1772년 발간)을 새로운 지식으로 대체한다는 야심 아래 《새로운 백과사전Encyclopédie nouvelle》 발간을 기획했다. 폴린은 이 백과사전을 위해 역사와 지리 항목을 집필했다. 1841년 르루가 작가 조르주 상드George Sand의 지원을 받아 《자유 리뷰La Revue indépendante》를 창간한 뒤에는 이 신문에 기사를 쓰고 어린이책을 집필했다. 이 시기 폴린의 글은 민중투쟁의 역사에 대한 관심, 여성과 아동노동 착취에 대한 비판, 사회 변화의 주역으로서의 소규모 공동체를 향한 향수를 담고 있었다. 그러나 르루는 재정이 충분하지 않았고 집필비를 제대로 지급하지 못했다. 르루는 1844년에 다시 조르

주 상드의 도움을 받아 프랑스 중부 크뢰즈의 작은 도시 부사크Boussac에 공동체를 세웠다. 1847년 우여곡절 끝에 아이들과 함께 이 공동체에 정착할 때까지 폴린은 극한의 빈곤에 시달렸다.

폴린은 1848년 2월혁명이 일어난 뒤 파리로 갔다. 1848년 혁명기 폴린의 활동은 '아소시아시옹Associ-ation'이라는 한 단어로 요약된다 해

외젠 들라크루아Eugéne Delacroix,
〈남장을 한 조르주 상드〉, 1834.

도 과언이 아니다. 아소시아시옹은 노동자들의 자유로운 결사와 노동의 조직화를 가리키는 말로 '공동생산조합'이라고 번역할 수 있다. 혁명에 참여한 많은 이들에게 아소시아시옹은 계급 간의 폭력적 대결 없이 산업사회의 착취를 끝낼 방법이었고, 그들이 건설할 민주주의 사회공화국은 곧 시민과 노동자의 아소시아시옹이었다.[17]

---

17 1848년 2월혁명으로 프랑스에서는 7월왕정이 폐지되고 제2공화국이 수립되었다. 혁명 직후 수립된 임시정부는 성인 남자 보통선거제를 도입하고 언론과 집회의 자유를 보장하고 식민지 노예제와 정치범의 사형 집행을 폐지하는 등 개혁 조치를 시행했다. 동시에 노동의 권리를 선포하고 노동자의 삶을 개선하기 위한 '노동자를 위한 정부위원회(뤽상부르위원회)', 실업자 구제를 위한 '국민작업장ateliers nationaux'을 창설했다. 그러나 4월 23일 제헌의회 선거에서 온건파가 압승한 뒤 뤽상부르위원회는 해체되고 국민작업장은 폐쇄됐으며 이에 항의한 6월 23-26일의 노동자 봉기는 가혹하게 진압되었다. 같은 해 12월 루이 나폴레옹은 온건파와 보수파가 결집한 '질서당'을 등에 업고 대통령에 당선된 후 1851년 12월 쿠데타를 일으켜 이듬해에 황제로 즉위했다. 이로써 제2공화국은 제2제국에 자리를 내주었다. 그러나 제2공화국에서 노동자들은 자유롭고 자발적인 직종별 노동자 조직, 즉 공동생산조합을 통해 노동자가 해방의 주체로서 새로운 사회를 건설하려는 운동을 이어갔다. 1849년 파리에만 255개의 공동생산조합이 존재했는데, 여성들은 이 조합들에 참여하거나 내의류조합, 산파조합, 교사조합 등을 주도적으로 설립했다. 또한 이 시기에 여성들은 외제니 니부아예,

1848년 2월혁명의 마지막 날, 온건파 지도자 알퐁스 드 라마르틴이
적기를 프랑스 국기로 채택하라는 노동자들의 요구를 거부하는 장면.

1851년 12월 2일 쿠데타 직후 파리 거리의 기병대와
보나파르트파 신문《조국La Patrie》을 파는 가두 판매인들.

잔 드루앵, 데지레 게 등 전前생시몽주의자들을 중심으로 여성 사회주의 정치신문《여성의 목소리
La Voix des femmes》, 여성 정치 클럽 '여성의 목소리 협회'를 창설하고 여성의 참정권을 요구했다.
1848년 혁명기 여성의 노동권과 참정권 요구에 관해서는 양희영,〈차이와 평등의 공화국—프랑스
의 1848년 혁명과 여성의 정치적, 경제적 권리〉,《서양사론》133호(2017) 참조.

폴린은 1849년 초 교사조합 설립에 참여했으며 1850년 초에는 직종별 노동자 공동생산조합을 다룬 르포르타주 기사를 《공화국La République》지에 연재했다.[18] 이 기사들을 통해 노동자 공동생산조합의 설립 실태와 사회주의를 바라보는 폴린의 생각을 확인할 수 있다.

폴린에 따르면 공동생산조합 운동은 1848년 6월봉기 후 노동자들이 정부에 아무것도 기대할 수 없다는 점을 확인하고부터 더욱 활력을 얻었다. 노동자는 정부를 장악하거나 정부의 도움을 통해서가 아니라 공동생산조합을 조직함으로써 해방의 토대를 마련하고 사회공화국을 수립하고자 했다. 폴린은 공동생산조합을 중세 코뮌, 즉 자치도시 운동과 비교하면서 코뮌 운동이 봉건제와 지주 귀족의 지배를 파괴하고 부르주아의 지배를 확립한 것이라면 공동생산조합 운동은 부르주아의 산업 봉건제를 파괴할 것이라고 주장했다. 이로써 인간에 의한 인간의 착취는 완전히 폐지되고 프롤레타리아 해방이 완성될 것이었다. 1956년에 발간한 폴린 롤랑의 전기에서 작가 에디트 토마Edith Thomas는 폴린의 이런 주장을 들어 그가 당대 유토피아 사회주의자들과 마찬가지로 프롤레타리아 해방에 대한 "손쉬운 환상"을 품었다고 지적했다.[19] 그러나 폴린 롤랑은 공동생산조합의 실제를 매우 구체적으로 관찰하고 냉철하게 평가했다.

---

18 기사 출처는 다음과 같다. *La République*, "Des associations ouvrières", 7 janvier 1850; "Revue des Associations Ouvrières. L'Association des corroyeurs", 3, 5 février 1850 ; "Les Associations de Cuisiniers", 31 mars 1850; "Revue des Associations Ouvrières. Les Cordonniers", 30 juin 1850; "Revue des Associations Ouvrières. Les chapeliers", 6 janvier 1851.

19 Thomas, *Pauline Roland, Socialisme et féminisme au XIXe siècle*, p. 129.

폴린이 살펴본 피혁공·구두제조공·모자제조공·요리사 조합은 노동자들의 투자금, 전당포에서 빌린 돈, 다른 조합의 지원금으로 설립되었다. 피혁공조합은 자본금이 모자라 회원들에게 일정 액수의 가입비를 받았고, 공급자 과잉으로 특히 비참한 상황에 놓여 있던 구두제조공조합은 공동작업장을 마련하지 못해 노동자가 각자 자기 집에서 일했다. 폴린은 이 두 경우 모두 노동자가 주체로 참여해 함께 노동한다는 공동생산조합의 원리에 어긋난다고 안타까움을 나타냈다.

이들 공동생산조합에서는 십장이라 불리는 작업장 책임자를 포함하는 모든 관리자와 그들을 감독하는 위원회, 조합원들의 '도덕'을 관할하는 가족위원회를 정기 총회에서 선출했다. 대부분의 공동생산조합에서는 '동일 노동 동일 임금' 원칙이 적용되었다. 피혁공조합에서는 주말에 성과를 계산하여 수익을 조합원들에게 동등하게 배분했다. 일부 조합은 소비조합의 성격을 겸했다. 조합원에게 세 끼 식사를 매우 낮은 값에 제공했으며 독신자들은 함께 식사했다. 각 가정에서 현금 대신 받은 토큰으로 빵과 고기를 구매하면 조합은 또 다른 공동생산조합원인 제빵업자와 정육점 주인에게 다달이 값을 지불했다. 폴린은 이런 활동이 공화주의 정신의 귀결이라고 평가했다.

폴린은 비판도 아끼지 않았다. 1848년 10월부터 파리에는 요리사조합이 여럿 설립되어 곧 상당한 수익을 거뒀다. 이들 중 하나는 매우 혹독했던 1848-1849년 겨울 매일 150명분의 식사를 무료로 제공했다. 이 조합은 수입의 약 절반을 조합원들에게 균등하게 분배하고 나머지는 재료비에 사용했다. 이에 대해 폴린은 이 조합의 수익이 너무 높고 가정과 아동 교육을 지원하지 않는다고 비판했다. 너무 높은 수익이 노동자의 과도한 노동의 산물이며 그 수익이 적절하게 사용되지 않을 때 공동생산조합이 자본주의적 기업의 다른 형태로 변형될 것을 우려한 지적으로 보인다. 또한 폴린은 모자제조공조합이 생산량에 따라 급료를 지불함으로써 급료가 불균등해졌다고 비판하고, 이어 그나마 이익을 노동에 따라 동등하게 배당해 불평등이 완화되었다고 긍정적으로 평가했다. 폴린에게는 저마다 능력껏 일하고 산출량이 아니라 노동 자체로 대우받는 것이 중요했다.

폴린이 가장 강력하게 비판한 것은 몇몇 조합에서 나타난 여성 차별이었다. 구두제조공조합에서 남성 조합원은 누구나 총회 의결권이 있지만 여성 조합원은 총회에 참석조차 할 수 없었다. 남녀의 금전적 의무와 이익 배분은 동일하지만, 규정에 따라 여성은 총회에 참여할 수도 위원회 성원이 될 수도 없었다. 폴린은 이를 "낡은 세계의 냄새가 나는 부당한 배제"라고 비판하고 개선을 촉구했다. 모자제조공조합은 아예 여성을 조합원으로 받아들이지 않았다. 폴린은 보통선거를 얻기 위해 자본가와 맞서 싸운 노동자들이 여성에게는 불평등을 유지하려 한다고 비판했다.

폴린은 이 밖에도 조합원의 권리와 의무를 명료하게 정의하지 않으면 공동생산조합에서조차 "축소판" 군주들, 즉 전횡을 부리는 이들이 나타나고 고용제도가 다시 도입되리라고 지적했다. 폴린은 조합 안에서 "사랑, 상호 헌신, 이기주의의 소멸"을 발견할 수 없다고 개탄하며 "이 물질주의적 운동"을 도덕과 과학, 종교의 힘으로 완성해야 한다고 강조했다. 그리고 마지막 르포 기사에서 노동자 공동생산조합의 목적은 정의의 실현이며 자유·평등·우애가 지배하지 않는 곳에서 사회주의적 노동자 공동생산조합은 존재할 수 없다고 주장했다.

폴린의 르포 기사들은 그가 공동생산조합을 통한 새로운 사회 건설을 꿈꾸었을 때 그것이 결코 "손쉬운 환상"이 아니었음을 보여준다. 새로운 사회, 민주주의 사회공화국은 공동생산조합을 통해 건설될 테지만 조직과 제도가 그 실현을 보장할 수는 없었다. 사회주의는 체제가 아니라 새로운 사회의 조직 원리였고 그 원리를 실현하는 단위는 공동생산조합이었다. 공동생산조합에 기초한 사회주의는 조직과 제도만큼이나, 아니 그보다 더 인간 자체의 변화를 필요로 했다. 그렇지 않다면 공동생산조합은 자본 축적과 고용제도의 재생산 기구로 전락할 수 있었다. 그런 의미에서 폴린은 공동생산조합의 건설에서도 도덕과 종교의 역할을 포기하지 않았다.[20]

폴린은 1849년 2월부터 '사회주의자 남녀 교사조합'을 조직하는 한편 '공동생산조합 연합Union des Associations' 설립에 참여했다. 공동생산조합 연합 설립을 주도한 이는 교사조합 동료인 전 생시몽주의자 잔 드루앵Jeanne Deroin이었다. 드루앵은 2월혁명 직후부터 여성의 참정권을 요구하고 심지어 직접 의회선거에 입후보한 맹렬한 활동가로, 여성의 정치활동에 반대하는 사회주의자 피에르 조제프 프루동Pierre-Joseph Proudhon과 여러 차례 논쟁을 벌이기도 했다.[21]

---

20 폴린과 함께 교사조합을 조직한 귀스타브 르프랑세는 회고록에서 폴린을 기독교 사회주의자라고 일컬었다. Gustave Lefrançais, *Souvenirs d'un révolutionnaire*, Paris: la Fabrique, 2013, p. 90. 그러나 폴린이 강조한 종교가 기독교는 아니었다. 폴린은 신을 믿었지만 그리스도를 통해 세상을 구원하는 기독교적 의미의 신은 아니었다. 그는 나사렛 예수가 하나님의 나라라고 부른 것이 바로 민주주의 사회공화국이라고 보았으며, 그것을 추구하는 일을 거의 종교적 행위로 여겼다.

21 여성신문 《여성의 목소리》를 중심으로 활동한 여성들은 2월혁명 직후 임시정부가 여성에게 참

드루앵은 1849년 8월 자기가 발행하는 신문《여성 여론》에서 모든 공동생산조합이 연대해 우애의 연합을 조직하자고 제안했다.[22] 드루앵은 혁명은 고통받는 계급, 곧 민중이 열망하는 행복을 가져다줄 수 없으며 오히려 권좌에 오르려는 몇몇 야심가의 발판으로 이용될 뿐이라고 주장했다. 그에 따르면 민중은 이제 공동생산조합 연합을 통해 스스로 문제를 해결하고 공화국, 즉 모두의, 모두에 의한, 모두를 위한 정부를 건설할 수 있었다. 무엇보다 공동생산조합 연합을 통해 폭력적 운동에 의지하지 않고 자본주의를 내부로부터 해체함으로써 사회주의사회로 나아갈 수 있었다.[23] 폴린도 이런 생각을 공유했다.

드루앵에 따르면 공동생산조합 연합의 구체적인 임무는 첫째, 노동의 산물을 공정하게 분배하고, 둘째, 소비에 필요한 만큼 생산하게 함으로써 생산과 소비의 균형을 이루는 것이었다. 둘째 임무는 노동자에게 휴식과 지적 발전을 보장하기 위해서도 중요했다. 드루앵의 계획에 따르면 이들 임무를 수행하기 위해 개별 조합 대표들은 중앙위원회를 구성해야 했다. 중앙위원회는 노동수단과 재료를 확보해 조합들에

정권을 인정하지 않았음에도 불구하고 유명한 작가 조르주 상드를 제헌의회 후보로 추대했다. 상드가 이 추대를 거부한 뒤,《여성의 목소리》그룹의 일원으로 의류제조 노동자이자 교사였던 잔 드루앵은 1849년 입법의회 선거에 직접 입후보했다. 그 무렵 노동자들에게 큰 영향력을 발휘했던 프루동은 가정과 가족만이 여성이 있을 곳이라고 주장하며 드루앵을 비난했다. 프루동은 이미 1846년에 "여성은 창부 아니면 주부이지 중간은 없다"고 주장한 바 있었다. 이에 드루앵은 성차性差에 따른 여성의 역할과 모성을 강조하면서도 오히려 그것에 기초해 가정의 개혁과 여성의 참정권을 요구했다. 드루앵에 따르면 어머니이자 아내로서 여성의 특수한 기여는 이미 여성이 남성과 다르지만 동등한 능력을 지녔음을 입증하는 것으로, 이를 토대로 여성은 가정에서는 남편과 동등한 권위를, 사회에서는 정치적 권리를 행사할 자격이 있었다. 양희영,〈차이와 평등의 공화국〉, 169-176쪽 참조.

22 *L'Opinion des Femmes*, août 1849.

23 Jeanne Deroin, *Lettre aux Associations sur l'organisation du crédit*, Paris: G. Dandré, 1851.

귀스타브 쿠르베(Gustave Courbet, 〈프루동과 그의 아이들〉, 1865.

분배하고 생산과 소비의 통계를 작성할 터였다. 중앙위원회는 석 달에
한 번 공동생산조합 연합 총회에 활동을 보고해야 했다. 연합에서도 개
별 조합과 마찬가지로 총회가 실질적 주권자였고, 중앙위원회는 총회
의 결정을 집행할 책임을 맡았다.

　드루앵의 호소에 따라 몇 차례의 준비 모임과 토의가 이어진 끝에,
드디어 1849년 10월 5일 104개 공동생산조합이 연합을 설립했다. 폴린
은 교사조합 대표로 연합에 참여하고 중앙위원으로 행정을 담당했다.
중앙위원회는 합법성을 유지하려고 애썼다. 위원회는 1850년 3월 총회
를 개최하기 위해 경찰청에 허가를 요청했지만 거부당했다. 5월 29일
경찰이 연합을 습격해 불법 정치회합이라는 죄목으로 참석자들을 체포
했고 결국 연합은 와해되었다. 폴린과 드루앵은 노동자 27명과 함께 기

소되어 6개월 형을 선고받았다.

보수화한 페미니스트?

감옥에 있던 1851년 1월부터 6월까지 6개월 동안 폴린은 아들 장 프랑수아와 모이즈, 딸 이르마의 생계를 지인들에게 맡길 수밖에 없었다. 이이들 걱정과 그로 인한 고통 속에서 폴린은 지난 삶을 후회하기까지 했다. 그는 교사조합 동료에게 보낸 편지에서 20년 전 어머니 홀로 가정을 이룬다는 생각에 빠졌으며 이제 그것이 잘못이었음을 인정한다고 고백했다.

폴린은 투옥되기 전인 1848년 말 《민중Le Peuple》지에 쓴 글에서 결혼과 가정에 관해 매우 신중한 견해를 밝혔다. 폴린은 결혼은 남녀의 상호 신뢰와 사랑, 평등에 기초해야 하며 그 시기 여성의 법적 미성년 지위는 추악한 노예제와 같다고 주장했다. 그런데 그는 곧 논점을 바꿔 이혼은 부부에게 고통스러운 예외적 상황이며 실패와 실격의 확인이라고 말했다. 심지어 그는 이혼한 부부는 범죄자로 간주해야 하며 그들에게서 자녀 양육권을 박탈해 다른 부모에게 맡겨야 한다고 주장했다. 애초부터 결혼이라는 형식을 완전히 배제한 채 아버지가 다른 세 자녀를 낳아 홀로 키운 폴린의 삶을 생각하면 이런 주장은 자신의 삶에 대한 부정이라고까지 여겨진다. 그의 주장을 어떻게 이해해야 할까?

폴린의 특별한 이력 때문에 읽는 이의 관심은 이혼에 관한 부분에 쏠리지만 폴린이 강조한 것은 결혼한 남녀의 평등이었다. 1848년 혁명기 폴린의 모든 글에서 강조점은 남녀의 평등과 그것을 실현하기 위한 '교육'에 놓였다. 1848년 12월 파리에서 열린 민주주의 연회에 폴린은 르루와 함께 연사로 참석했다. 이 자리에서 폴린은 "남녀 아동 공통의 평등한 교육을 위한 건배"를 제안했다. 그의 연설에 따르면 "새로운 종교인 사회주의는 가족의 토대인 결혼을 가장 신성한 방식으로 조직하는 데 전념해야 한다. 완전한 평등은 사랑과 결혼의 본질이다. 동일한 교육은 이 평등을 확립하는 데 필수적이다." 남녀 아동의 동일하고 평등한 교육만이 가정 안에 자유, 평등, 우애를 실현할 것이었다.

폴린은 사회주의자 남녀 교사조합을 통해 이 목표를 실현하고자 했다. 폴린이 동료들과 함께 작성한 〈교육 프로그램〉 서문은 "남성과 여성은 전적으로 평등하다"고 선언한다. 출생 후 18세까지를 여섯 단계로 나누어 각각의 교육방법을 제시한 이 프로그램에서 폴린은 "여성 대부분이 과학이나 산업보다 예술에 더 특별히 적합하다는 점이 입증될 때까지는" 남녀가 유사한 교육을 받아야 한다고 주장했다. 또한 12세에서 15세의 교육방법을 제시한 프로그램 제6장에서는 이 연령대의 학생이 깊이 알고 실천해야 할 도덕은 남녀 모두에게 동일하며, 따라서 남녀 각각의 한계를 따로 정해 가르쳐서는 안 된다고 주장했다.

남녀의 관계와 사회적 역할에 관한 폴린의 성찰은 감옥에서 쓴 공개편지들에서 더욱 뚜렷하게 드러난다. 폴린은 가난하고 고달픈 삶의 동지와도 같은, 그리고 겨우 열여섯 나이에 동생들까지 책임지게 된 큰아들 장 프랑수아를 대견해하면서도 마음 아파했다. 폴린은 장 프랑수아에게 보낸 장문의 편지에서 19세기 인간의 덕성, 사랑, 노동을 이야기했다.[24]

무엇보다 폴린은 청소년기의 아들에게 사랑과 여성에 관해 진심을 다해 이야기한다. 그에 따르면 사랑의 감정은 신이 주신 가장 큰 축복이며 세상에서 가장 아름다운 것이다. 사랑은 영원을 찾고 원한다. 일시적 속성을 띤 모든 것은 사랑이 아니라 사랑을 가장한 것이며 신성모독이다. 1830년대의 폴린 롤랑이라면 기대하기 어려운 조언일 것이다. 그러나 그는 이어서 다음과 같이 말한다.

생라자르 감옥에 수감된 1400명의 창부, 그들을 감시하고 교화할 임무를 맡은 40여 명의 수녀, 모두 사랑에 기만당하고 젊은 날의 이상이 사라지는 것을 본 뒤 불행에 빠진 이들이다. 그들이 저주하는 그런 인간이 되지 않기 위해 금욕하라고는 말하지 않겠다. 마음속 깊이 남성과 여성이 평등하다는 신념을 품고 여성을 인간으로 대해야 한다. 헛된 찬사나 무례함이 아니라 정중한 위엄을 갖추고, 네가 대우받고 싶은 그대로 그들을 대해야 한다. 젊은 날의 연인으로, 네 자녀의 어머니로, 평생의 동반자로 함께하고 싶은 이상적인 여성을 생각해야 한다. 무엇보다 노동을 사랑하고 다른 사람이 아닌 자기 힘으로 살아가고자 하는 타고난 독립성을 지닌 여성을 생각해야 한다.[25]

---

24 "미래에 무슨 일이 생기든 꼭 기억해. 학문적 탐구가 선하고 신성한 것이 되려면 사랑과 분리되지 않아야 하며 행동이 그 뒤를 따라야 한다는 걸." "분노로 이성을 잃지 않게끔 마음의 움직임을 감시해야 한다. 압제에 저항하여 평화를 거부할 수밖에 없는 신성한 분노도 있음을 기억해야 한다. 그 분노역시 사랑과 성찰로 뒷받침되어야 하며 그것은 불의한 인간이 아니라 불의함을 향한 분노이다." "노동은 권리이자 의무이다. 능력이 닿는 한 그리고 적성에 따라 노동해야 한다. 어떤 노동도 다른 노동보다 우월하거나 열등하지 않다." Pauline Roland, "Morale socialiste. Lettres d'une prisonnière(I). Des Devoirs de l'homme. A mon fils, Jean-François Roland. Prison de Saint-Lazare, 16 janvier 1851", *La Liberté de penser. Revue démocratique*, 43e livraison, Paris, 1851, pp. 66-79.

25 Roland, "Morale socialiste. Lettres d'une prisonnière(I)", p. 76.

폴린은 새로운 결혼의 법은 부부의 평등이며 그것은 여성 스스로 자신의 노동과 성격이 독립되어 있다고 느끼는 곳에만 존재한다고 강조했다.

1851년 6월 석방을 앞둔 폴린은 재판정에서 검사가 한 말을 떠올리며 그에게 공개 편지를 보냈다. 검사는 재판정에서 이렇게 말했다. "사람들은 피고인(폴린 롤랑)이 정직한 사람이라고 말합니다. 그리고 나는 이렇게 대답합니다. 아마도 정직한 사람일 것입니다. 그렇게 생각합니다. 그리고 기꺼이 그에게 내 지갑을 줄 것입니다. 그러나 정직한 여성이라고 한다면? 나는 답할 것입니다. 아니라고!"[26] 검사의 발언은 두 개의 도덕, 즉 남성의 도덕과 여성의 도덕이 따로 존재한다는 것을 전제로, '여성' 폴린이 남성의 영역에 들어섰음을 정죄하려는 것이었다. 검사의 발언을 상기하며 폴린은 부르주아 사회의 위선을 냉소적으로 꼬집었다.

당신이 말하는 정직한 사람이란 이런 사람이다. 그는 사회주의자가 아니다. 그는 잘해야 공화파이고 기존 질서의 폭력적 전복을 결코 원하지 않을 만큼 충분히 정의롭다. 그는 조용하고 단정하며 《입헌》지를 읽는 괜찮은 국민방위대원이다. 그는 인간에 의한 인간의 착취를 중단시킬 마음을 품지 않으며 우리처럼 극악무도한 자들이 신성한 평등이라고 일컫는 것이 이 땅을 지배하게 하려는 그런 괴물 같은 마음을 품지 않는

---

26 Pauline Roland, "Morale socialiste. Lettres d'une prisonnière(II). Au citoyen Suin, Avocat-général. Prison de Saint-Lazare, 25 juin 1851", *La Liberté de penser. Revue démocratique*, 45e livraison, Paris, 1851, p. 374.

다. 그는 이웃의 지갑을 훔치지 않지만 그 이웃의 아내가 예쁘다면 그녀를 훔치고 그 이웃의 딸이 가난하다면 그녀를 산다. 독신이라면 아무 가책 없이 매춘을 한다. '정직한 여성'이라면 그의 덕성은 정확히 '정직한 남성'이 하는 일을 하지 않는 것이다. 결혼하지 않았다면 정조를 지키고 결혼했다면 부부간의 지조를 지킨다.[27]

폴린은 거듭 두 개의 도덕을 거부한다. 여성이든 남성이든 똑같이 정조를 지켜야 하며 결혼은 여성의 복종이 아니라 부부의 평등과 존엄에 기초해야 한다. 그에 따르면 여성이든 남성이든 인간 도덕의 영원한 명령인 기독교 도덕의 계명을 준수하고 거기에 '사회주의적 덕성', 즉 자유·평등·우애를 더해야 한다.

폴린의 이런 주장은 남녀평등의 실현과 그에 기초한 가정의 회복을 자유롭고 평등한 새로운 사회 건설의 전제로 여기는 절실함을 전해준다. 그러나 그것은 동시에 폴린의 페미니즘이 가정을 여성 삶의 주요 영역으로 설정하고 여성을 유능한 아내이자 어머니로 한정하는 수준으로 보수화 또는 퇴보한 것이 아닌가 하는 의심을 낳을 수도 있다.

폴린은 이런 의심에 대해 또 다른 글에서 답하고 있다. 폴린은 위의 두 편지를 발표한 시기 중간쯤인 1851년 4월 여성의 자유에 관한 글을 신문에 기고했다. 이 글에서 그는 진보적 언론인 에밀 드 지라르댕 Emile de Girardin의 글을 인용했다. 지라르댕은 자신의 신문에서 여성의 첫 번째이자 최고 임무는 강하고 튼튼한 아이를 낳아 먹이고 양육하는

---

27 Roland, "Morale socialiste. Lettres d'une prisonnière(II)", p. 384.

것이며 여성은 어려서는 아버지의 집을, 아내로서는 부부의 집을, 어머니로서는 아이의 요람을 떠나지 않고 할 수 있는 일을 하기만 하면 된다고 주장했다. 폴린은 이 주장에 다음과 같이 응수했다.

어머니는 할 수만 있다면 젖을 먹여 키우고 언제나 자녀의 요람 가까이 있어야 한다. 어머니는 아버지, 사회와 협력하여 자녀를 교육해야 한다. 그러나 정직하게 말해 그것이 평생에 걸쳐 할 일인가? 자녀가 없는 여성도 많다. 평균 가족의 규모는 가구당 세 명이다. 어머니에게 맡기는 교육의 유일한 부분인 양육과 초기 교육을 최대한 확장한다 해도 활동적인 삶 10년이면 될 텐데, 반면 어머니의 인생은 60년간 계속된다. 삶의 나머지 시간은 치장하고 양말을 짜고 피아노를 연주하고 스튜 냄비를 닦거나 휘스트 놀이를 하는 데 보낼 것이다. 시민 여러분, 여러분의 후한 인심에 감사하지만, 분명히 말하건대 우리는 이 지루한 나태함보다는 진짜 일을 더 좋아하며 집안일은 그것이 더는 우리의 유일한 관심사가 아닐 때만 개선될 수 있다.[28]

폴린은 여성은 아버지·남편·아들의 노동이 아닌 자기 자신의 노동, 자신의 사랑, 자신의 지성으로 생계를 유지함으로써 스스로에 대한 의무를 다해야 한다고 역설했다. 여성은 가정의 의무를 다해야 하지만 그것은 남성도 마찬가지이며 가정의 의무가 여성을 완전히 사로잡아서

---

28 Pauline Roland, "La femme a-t-elle le droit à la liberté?, simple question par une captive au citoyen Emile de Girardin, rédacteur de *Bien-Etre Universel*, Prison de Saint-Lazare, avril 1851", *Almanach des Corporations nouvelles*.

는 안 된다. 폴린은 생산적이고 독립적인 직업이 여성을 모든 종속에서 해방할 것이며 어느 누구도 여성을 집에만 있게 강요할 수 없다고 거듭 강조했다.

같은 글에서 폴린은 사회주의자 프루동을 비판했다. 프루동은 사회와 가정은 전혀 다른 원리에 따라 지배되며 사회는 동등한 법적 관계를 맺고 정치적 평등을 누리는 남성 시민의 영역이라고 주장했다. 그의 논리에 따르면 남성은 대외적으로 아내와 자녀를 대표하고 여성은 자녀와 마찬가지로 남성의 보호를 받으며 가정 안에 있어야 했다. 폴린은 프루동의 이런 주장에 대해 여성 역시 시민이며 가정 밖의 삶에 참여해야 하고 여성 스스로 자신을 대표하지 않는 한 사회는 건강할 수 없다고 주장했다.

지라르댕이나 프루동의 발언은 1848년 혁명기의 진보적 자유주의자와 사회주의자도 여성의 사회적 지위와 역할에 대한 전통적이고 보수적인 시각에서 벗어나지 못했음을 보여준다. 이런 상황에 진력이 난 듯 폴린은 다음과 같은 구절로 두 사람에 대한 반박을 마무리했다.

20년 전 생시몽주의에서 벌써 모든 것이 이야기되었고, 여성해방의 대의는 진정으로 성취된 듯이 보였다. 그런 까닭에, 사람들이 양성평등을 격렬히 요구할 때마다 나는 열린 문을 부술 필요는 없다며 웃곤 했다. 시민 프루동과 당신은 아직도 싸워야 할 것이 남아 있다는 사실을 내게 보여주었다.

1848년 혁명기의 폴린은 성과 사랑, 결혼 문제에서 생시몽주의자 시절보다 보수화했다고 말할 수 있을 것이다. 그것은 한편으로는 폴린 자신의 오랜 종교적 심성과, 다른 한편으로는 고통스러운 삶의 경험과 관련되었다고 할 수 있다. 무엇보다 스스로의 의지와 상관없이 부모의 삶을 공유할 자녀들에 대한 고려가 폴린의 사고에서 중요한 자리를 차지했을 것이다. 그런 점에서 그가 강조한 도덕은 여성만이 아니라 남녀 모두의 것이었다.

폴린은 앙팡탱의 이념에 삶을 바쳤을 때도, 그 결과 가난과 쉼 없는 노동 속에서 아이들을 홀로 키워야 했을 때도 변함없이 남녀의 완전한 평등이라는 원리를 고수하고 실천했다. 1848년 혁명기에 폴린은 남녀의 동일하고 평등한 교육, 노동을 통한 여성의 독립, 공동생산조합을 통한 공동체적 삶을 강조했다. 또한 그는 억압과 불평등에서 '가정을 해방'함으로써 여성을 해방하는 데서 더 나아가 '가정으로부터' 여성의 해방 가능성을 제기했다. 이런 다채로움은 폴린이 지난한 삶을 통해 원리로서의 남녀평등을 넘어 더 구체적이고 실질적인 평등을 끊임없이 모색하고 실천했음을 보여준다.

때 이른 소멸, 페미니스트-사회주의자로 죽다

자녀들과 떨어져 보낸 고통스러운 수감 생활을 끝내고 교사조합 재건을 준비하던 폴린은 루이 나폴레옹 보나파르트의 쿠데타(1851년 12월 2일) 이후 쿠데타에 반대하는 봉기에 참여했다는 혐의로 체포되었다. 폴린은 혐의를 부인하지만 다시 생라자르 감옥에 수감되었다가 1852년

6월 알제리로 이송되었다. 여러 날에 걸친 힘든 항해 끝에 도착한 알제리에서 폴린은 동료 수감자, 알제리 여성들과 함께 생활하며 세계의 미래는 "여성들에게 공화국 교육을 제공하는 것"에 있음을 다시 확신했다.

작가 조르주 상드와 옛 동료들이 폴린의 송환을 여러 차례 호소했는데, 그 호소는 예기치 않은 계기로 실현되었다. 폴린이 수감과 유형 생활을 하는 동안 그의 자녀들은 뿔뿔이 흩어져 지인들의 도움을 받으며 살았다. 폴린은 자녀들 걱정으로 늘 크나큰 자책과 고통 속에 살았다. 그런데 폴린이 유형지에 있는 동안 맏아들 장 프랑수아가 전국 라틴어 경연대회에서 1등상을 받았고 이 수상이 그의 어머니를 향한 관심을 불러일으켰다. 우호적인 여론에 힘입어 폴린의 귀환이 결정되었다.

그러나 기쁨은 곧 돌이킬 수 없는 비극이 되었다. 폴린은 1852년 10월 9일 세티프를 출발하여 알제리의 여러 항구를 경유한 끝에 11월 29일 마르세유에 도착했다. 악천후 속 장기간의 항해와 열악한 영양 상태 탓에 그의 몸은 몹시 쇠약해져 있었다. 폴린은 자녀들이 기다리는 파리에 다다르지 못한 채, 몇 시간 늦게 도착한 아들 장 프랑수아를 보지 못하고 12월 16일 리옹에서 사망했다.

스물일곱에 파리로 떠나 마흔일곱에 세 자녀를 남기고 낯선 리옹에서 사망할 때까지 폴린의 삶에는 어느 한순간도 더 나은 미래를 위한 준비나 수련의 시기는 없었다. 매 순간이 전력을 다해 투신한 삶의 정점이었다. 고아가 된 자녀들 때문에 비통해하며 생시몽주의자로서의 과거를 후회할 때도 그것은 '부도덕한 젊은 시절'이나 '분방했던 과거'에 대한 반성이 아니었다. 폴린은 자신이 믿는 도덕과 사명을 극한까지 실천했으며, 그 뒤에도 그 실천을 후회한 흔적은 결코 찾아볼 수 없다. 그는 생시몽주의자로서 고수한 '여성의 독립과 남녀의 평등'이라는 원칙을 평생 단 한 번도 포기하지 않았다.

1848년 혁명기에 폴린 롤랑은 공동생산조합 운동에 헌신하고 여성참정권론자인 잔 드루앵과 함께 공동생산조합 연합 건설에 참여했다. 그러나 폴린 자신은 여성참정권을 적극적으로 주장하지 않았다. 1851년 체포되었을 때 폴린이 기소당한 이유 중 하나는 '여성 클럽'에 참여했다는 것이었다. '여성 클럽'은 2월혁명 직후 창설된 여성 일간지 《여성의 목소리》편집진인 외제니 니부아예Eugenie Niboyet와 잔 드루앵이 주도하던 것으로, 이 신문과 함께 여성참정권 운동의 양대 중심이었다. 이 기소를 두고 폴린 롤랑은 나중에 "거기 참여하기에는 나는 너무 생각이 많고 진지하다"고 응수했다.[29]

폴린이 남녀의 평등한 교육, 가정의 완전한 평등, 노동을 통한 여성의 경제적 자립을 주장하면서도 참정권을 적극 주장하지 않은 점은 같은 시기의 작가 조르주 상드를 연상시킨다. 조르주 상드는 1848년 제헌의회 선거에서 《여성의 목소리》그룹에 의해 여성 후보로 추대받았지만 이를 거부했다. 이때 상드는 여성이 요구해야 할 것은 가정 내의 평등과 시민적 권리이며 그것을 성취한 다음에야 정치적 권리를 요구할 수 있다고 주장했다.[30] 폴린은 이에 관한 견해를 분명히 드러낸 적은 없지만,

---

29 "À Gustave Lefrançais. S-L., 23 mai 1852", Pauline Roland, Arthur Ranc, Gaspard Rouffet, *Bagnes d'Afrique, Trois transportés en Algérie après le coup d'État du 2 décembre 1851*, Paris: François Maspero, 1981, p. 116.

30 George Sand, "À propos de la femme dans la société politique, Lettre aux membres du Comité central avril 1848", *1848, le printemps des peuples, une anthologie présentée par Jean-Claude Caron*, Paris: Société éditrice du monde, 2012, pp. 33-36.

2월혁명 직후 여성들이 창간한 신문
《여성의 목소리》. '모든 여성의 이익을 대변하는
사회주의 정치 신문'이라는 부제를 달고 있다.

그의 활동으로 미루어 볼 때 그가 참정권보다는 가정과 노동 현장에서의 여성 평등과 독립을 당면 문제로 여겼으리라 생각된다. 그러나 폴린은 "산업과 사회생활" 전반에서 여성의 참여를 요구했으며, 여성참정권을 부정하는 프루동을 비판했다. 폴린은 여성 참정권을 위한 투쟁을 자신의 과제로 여기지 않았지만 혁명기 활동을 하면서 잔 드루앵과 《여성의 목소리》 그룹에 가까워졌을 것으로 추정된다.

에디트 토마는 공동생산조합을 통한 평화로운 사회주의 건설이나 남녀의 공동 교육을 통한 평등 실현이라는 폴린의 구상이 순진하고 낙관적이라고 비판했다. 그의 비판대로 공동생산조합이 상징하는, 노동자의 자발성과 연대에 기초한 사회주의는 말 그대로 유토피아가 됐으며 이후 성취된 남녀의 동등한 교육이 평등 사회를 가져온 것도 아니다. 그러나 체제의 전환이나 법적·제도적 변화가 인간에 의한 인간의 착취 또는 인간 사이의 불평등과 혐오를 소멸하지 못하는 현실은 폴린이 포기하지 않았던 '아소시아시옹'의 정신, 도덕과 종교, 교육의 역할을 끊임없이 다시 상기할 것을 요구한다.

폴린 롤랑은 언제나 자기 신념에 충실했고 그 신념에 전력을 다했기에 풍랑에 휩쓸린 듯한 삶 속에서도 언제나 담담하고 의연했다. 그렇기에 폴린은 수감과 유형 생활 중에도 벗들에게 다음과 같이 말할 수 있었다.

대부분의 부모가 선망하는 것이 내게는 곧 두려움입니다. 다른 이를 희생시키지 않고서는 자리를 얻을 수 없는 이 세상에서 나의 첫 번째 의무는 내 아이들이 그 자리를 갖지 않는 것입니다. 그들이 여전히 가난한 삶을 사는 것입니다. 그것이 무엇이든 매일의 노동으로 충분한 이 삶의 소박함을 보존합시다. (1852년 4월)[31]

나는 어떻게 될까? 모르겠습니다. 그리고 솔직히 말해 그것은 별로 중요하지 않습니다. 중요한 것은 다음과 같은 것입니다. 매일 소박하게, 앞에 놓인 선을 행하는 것. 이러저러한 방식으로 세계를 움직이겠다는 야심을 품지 않는 것. 다만 앞에 놓인 대로의 의무를 이행하겠다는 야심을 지니는 것. (1852년 8월)[32]

---

31 파리 생라자르 감옥에서 친구 안 프레포에게 쓴 편지. "À Anne Freppo. Saint-Lazard, 15 avril 1852", Pauline Roland, Arthur Ranc, Gaspard Rouffet, *Bagnes d'Afrique*, p. 112.

32 알제리 유형생활 중 바셸르리 부인에게 쓴 편지. "À Mme Bachellery. Sétif, 12 août 1852", Pauline Roland, Arthur Ranc, Gaspard Rouffet, *Bagnes d'Afrique*, p. 130.

《사회주의자 남녀 교사조합 교육 프로그램》[33]

원리 선언

우리 민주 사회주의자들은 모든 어린이, 모든 성인 남녀가 공화국 교육의 혜택을 받을 수 있게끔 신과 인류 앞에서 함께 조합을 결성한 다. 교육 활동을 위해 결속하고 교육의 토대를 마련하기에 앞서 우리는 한마음으로 동의할 행동원리의 필요성을 느낀다. 그에 따라 우리는 아래와 같이 신앙고백을 작성했다.

우리는 모든 생명의 원천이신 신을 온 정신과 온 마음과 온 힘을 다해 믿는다.

우리는 인류가 하나임을 믿으며, 모든 인간 사이에 연대와 우애가 존재함을 믿는다.

우리는 모든 개인이 인류의 평등한 구성원이며 인간 가족을 이룬다고 믿는다.

우리는 남성과 여성의 완전한 평등, 전 인류의 완전한 평등을 믿는다.

우리는 인간과 인류가 완전해질 수 있으며 끊임없이 그리고 무한히 진보할 수 있다고 믿는다.

우리는 신앙심 깊고 완전히 자유롭고 모든 사람이 우애롭고 평등한

---

33 *Programme d'enseignement de l'Association fraternelle des instituteurs, institutrices et professeurs socialistes*, Paris: Perot: G. Sandré, 1849.

자발적 결사 외에 인류를 구원할 다른 방법은 없다고 믿는다.

우리는 모든 국가의 국민들이 형제이며 스스로를 같은 가족의 다양한 구성원으로 여겨야 한다고 믿는다.

우리는 국민주권을 믿는다. 공화국은 우리가 보기에 유일하게 정당한 정부 형태이다. 공화국은 '자유, 평등, 우애'를 온전히 실현해야 한다.

우리는 가족의 신성함과 영원함을 믿는다. 가족은 위대한 인류 가족 안에 속하며 그 안에서 조화롭게 생존해야 한다.

우리는 더 이상 부자도 빈자도, 특권을 누리는 이도 가진 것 없는 이도, 우월한 이도 열등한 이도 있어서는 안 되며 우리가 완전히 평등하다고 인정하는 다양한 기능을 수행하는 데 필요한 것 이외에 어떤 계층제도 존재해서는 안 된다고 믿는다.

우리는 모든 인간은 평등한 형제이며 신체적·도덕적·지적 능력을 발달시킬 평등하고 양도할 수 없는 권리가 있다고 믿는다.

우리는 각 개인은 모든 사람에게, 모든 사람은 각 개인에게 의무를 지닌다고 믿는다.

우리는 모든 사람은 일할 권리가 있으며 힘과 능력이 닿는 한 일할 의무가 있다고 믿는다.

우리는 공화국 구호 '자유, 평등, 우애' 안에 삶의 약속과 원칙이 있다고 믿으며 이 신성한 구호의 실현을 해치는 그 무엇도 결코 행하거나 말하거나 선포하지 않을 것이며 모든 사람이 이 구호를 이해하고 사랑하고 실천하게 할 것을 약속한다. 그리고 우리는 이 구호를 토대로 살고 가르칠 것을 맹세한다.

〈자유주의자 언론인 에밀 드 지라르댕에게 보내는 편지〉[34]

여성은 자유로운 존재이고 남성의 자매로서 그와 동등하다. 여성은 남성과 마찬가지로 나무랄 데 없이 자신의 개인적 존엄을 유지하고 덕성을 계발함으로써, 다른 사람—그 다른 사람이 심지어 그녀의 아버지, 남편 또는 아들이라 할지라도—의 노동이나 사랑 또는 지성에 의해서가 아니라 자기 자신의 노동, 자기 자신의 사랑, 자기 자신의 지성에 의해 자기 삶을 부양함으로써 자신에 대한 의무를 이행해야 한다. 여성은 남성과 마찬가지로 다른 수고에 대한 가장 달콤한 보상인 가정의 의무를 이행해야 하지만 그 의무가 여성을 완전히 사로잡아서는 안 되며 남성 또한 가정의 의무를 이행해야 한다. 너무나 빈번히 남성은 생계 부양자라는 의무 이외에 다른 어떤 의무도 이행하지 않는다.

결국 여성은 실질적으로는 아닐지라도 권리 측면에서 시민이며, 바로 그런 존재로서 가족 밖의 삶과 사회생활에 참여해야 하며, 사회에서 가족 전원이 대표될 때에만 사회생활은 건강해질 것이다.

이것이 당신의 첫 번째 제안에 대한 나의 답이다. 사실상 하나라 할 수 있는 두 번째와 세 번째 제안에 대해 나는 다음과 같이 말하겠다. 여성은 남성이 그렇듯 일할 권리가 있으며 그녀를 모든 종속에서 해방할 생산적이고 독립적인 일자리를 가질 권리가 있다. 여성은 남성과 마

---

34 Pauline Roland, "La femme a-t-elle le droit à la liberté?, simple question par une captive au citoyen Emile de Girardin, rédacteur de *Bien-Etre Universel*, Prison de Saint-Lazare, avril 1851", *Almanach des Corporations nouvelles*.

찬가지로 자신의 일을 스스로 선택할 권리가 있으며, 여성이 다른 방식으로 살아야 한다고 느끼는데도 집에 가둬두려고 한다면 그것이 누구든 정당할 수 없다. 마지막으로 여성은 성년이 되자마자 원하는 대로 자기 삶을 살 권리가 있다.

아버지의 집은 여성에게 안식처가 되어야지 또 다른 감옥으로 옮아감으로써만 벗어날 수 있는 감옥이 되어서는 안 된다. 부부의 집은 남성에게 그렇듯, 또한 같은 한계 안에서 여성의 거처이며 재산이다. 만일 여성의 양심이 그녀를 다른 어느 곳으로 부른다면 그녀는 남편이 그렇듯 그곳에 머물러야 할 의무가 없다. 사실 여성의 팔은 자녀의 자연적 요람이므로 여성은 적합하다고 생각하는 곳으로 자녀를 데려갈 수 있다. 따라서 완전한 인간으로서 자신의 의무를 모두 이행하고 덕성을 모두 쏟고 사랑을 모두 채우며 산업과 시민적 삶에 참여하는 여성보다 미래에 더 아름답고 더 명예로운 어떤 것도 상상할 수 없다.

20년 전 생시몽주의에서 벌써 모든 것이 이야기되었고, 여성해방의 대의는 진정으로 성취된 듯이 보였다. 그런 까닭에, 사람들이 양성평등을 격렬히 요구할 때마다 나는 열린 문을 부술 필요는 없다며 웃곤 했다. 시민 프루동과 당신은 아직도 싸워야 할 것이 남아 있다는 사실을 내게 보여주었다.

그토록 저명한 적대자들 앞에 선 나는 약하고 무방비 상태이다. 그러나 나는 믿음이 있으며 다윗과 골리앗의 싸움을 기억한다. 진리를 위해 싸우는 자는 누구든 무기가 필요 없다. 그러나 전쟁은 오래 이어질 수 있으며 그런 논쟁은 말 몇 마디로 해결될 수 없다. 당신은 당신만이 그 무대를 제공할 수 있는 전투를 받아들일 것인가? 이것이 내가 오늘날 당신에게 제시하는 문제이다.

　　당신의 답을 기다리며

　　답이 어떤 것이든 당신의 충실한, 폴린 롤랑

참고문헌

1차 사료

국립 아르스날 도서관Bibliothèque de l'Arsenal(BA) 소재 미간행 사료

BA Ms 7731 Guéroult à Lambert.

BA Ms 7777 Pauline Roland à Aglaé Saint-Hilaire.

BA Ms 7777 Pauline Roland à Lambert.

BA Ms 7781 Aglaé Saint-Hilaire à Pauline Roland.

간행 사료

Bazard et Enfantin, *À monsieur le Président de la Chambre des Députés, Paris. 1er Octobre 1830,* Paris: Bureau d'Organisateur, 1831.

Deroin, Jeanne, *Lettre aux Associations sur l'organisation du crédit,* Paris: G. Dandré, 1851.

Enfantin, B.-P., Hippolyte Carnot, Henri Fournel, *Doctrine de Saint-Simon: Exposition, Première année, 1828-1829 / [Par B.-P. Enfantin, Hippolyte Carnot, Henri Fournel, (…)],* Paris: Bureau d'Organisateur, 1831.

Enfantin, B.-P., *Morale; Réunion générale de la Famille. Enseignement du Père suprême[Enfantin]. Les trois familles,* Paris: la librairie Saint-simonienne, 1832.

Lefrançais, Gustave, *Souvenirs d'un révolutionnaire,* Paris: la Fabrique, 2013.

Lefrançais, G. Pauline Roland, Perot, *Association fraternelle des instituteurs, institutrices et professeurs socialistes. Programme d'éducation,* Paris: G. Sandré, 1849.

L'Opinion des Femmes, août 1849.

Roland, Pauline, "Du travail des femmes et des enfants dans les mines de houille", *La Revue Indépendante,* juillet 1842.

Roland, Pauline, "Lettre à Pierre Leroux I, II, III", 27 novembre; 11, 18 décembre; 25 décembre, *Le Peuple.*

Roland, Pauline, "Des associations ouvrières", 7 janvier 1850; "Revue des Associations Ouvrières. L'Association des corroyeurs", 3, 5 février 1850 ; "Les As-

sociations de Cuisiniers", 31 mars 1850; "Revue des Associations Ouvrières.
Les Cordonniers", 30 juin 1850; "Revue des Associations Ouvrières. Les
chapeliers", 6 janvier 1851, *La République.*

Roland, Pauline, "Morale socialiste. Lettres d'une prisonnière(1). Des Devoirs de
l'homme. A mon fils, Jean-François Roland. Prison de Saint-Lazare, 16 jan-
vier 1851", *La Liberté de penser. Revue démocratique,* 43e livraison, Paris,
1851, pp. 66-79.

Roland, Pauline, "La femme a-t-elle le droit à la liberté?, simple question par une
captive au citoyen Emile de Girardin, rédacteur de *Bien-Etre Universel,*
Prison de Saint-Lazare, avril 1851", *Almanach des Corporations nouvelles.*

Roland, Pauline, "Morale socialiste. Lettres d'une prisonnière(II). Au citoyen
Suin, Avocat-général. Prison de Saint-Lazare, 25 juin 1851", *La Liberté de
penser. Revue démocratique,* 45e livraison, Paris, 1851.

Roland, Pauline, Arthur Ranc, Gaspard Rouffet, *Bagnes d'Afrique, Trois trans-
portés en Algérie après le coup d'État du 2 décembre 1851,* Paris: François
Maspero, 1981.

Voilquin, Suzanne, *Souvenir d'une fille du peuple ou la saint-simonienne en
Égypte, 1834 à 1836,* Paris: Chez E. Sauzet, 1866.

연구 문헌

양희영, 〈차이와 평등의 공화국: 프랑스의 1848년 혁명과 여성의 정치적, 경제적 권리〉,
《서양사론》 133호(2017).

Ansart, Pierre, "De Saint-Simon au saint-simonisme, 1825-1830", Pierre Musso,
dir., *Actualité du saint-simonisme,* Paris: PUF, 2004.

Charléty, Sébastien, *Histoire du Saint-Simonisme(1825-1864),* Paris: Paul Hart-
mann, 1931.

Corbin, A., Lalouette, J., Riot-Sarcey, M., *Femmes dans la Cité 1815-1871,* Grâne:
Créaphis, 1992.

Evans, David Owen, *Le socialisme romantique, Pierre Leroux et ses contemporains,*
Paris: Archives Karéline, 2013.

Gordon, F., M. Cross, *Early French Feminism, 1830-1940. A Passion for Liberty,*

Cheltenham, UK; Brookfield, US: Edward Elgar, 1996.

Grogan, S. K., *French Socialism and Sexual Difference. Women and the New Society, 1803-44,* London: Macmillan, 1992.

Michaud, Stéphane, "Deux approches du changement social: Flora Tristan et Pauline Roland au miroir de leur correspondance", Stéphane Michaud, dir., *Flora Tristan, George Sand, Pauline Roland: les femmes et l'invention d'une nouvelle morale, 1830-1848,* Paris: Créaphis, 1994.

Moses, Claire Goldberg, *French Feminism in the Nineteenth Century,* Albany, N.Y.: State university of New York press, 1984.

Musso, Pierre, *Saint-Simon et le saint-simonisme,* Paris: PUF, 1999.

Picon, Antoine, *Les saint-simoniens, raison, imaginaire et utopie,* Paris: Belin, 2002.

Régnier, Philippe, "Les femmes saint-simoniennes: de l'égalité octroyée à l'autonomie forcée, puis revendiquée", A. Corbin, J. Lalouette, M. Riot-Sarcey, dir., *Femmes dans la Cité 1815-1871,* Grâne: Créaphis, 1997.

Thibert, Marguerite, *Le féminisme et les socialistes depuis Saint-Simon jusqu'à nos jours,* Thèse pour le doctorat, Paris: Arthur Rousseau, 1906.

Thibert, Marguerite, *Le féminisme dans le socialisme français de 1830 à 1850,* Paris: Marcel Girard, 1926.

Thomas, Edith, *Pauline Roland. Socialisme et féminisme au XIXe siècle,* Paris: Librairie Marcel Riviére et Cie, 1956.

Viard, Bruno, *Pierre Leroux, penseur de l'humanité,* Monts: Éditions Sulliver, 2009.

4장

루이즈 미셸

전위적 교사, 총을 든 코뮈나르, 불굴의 혁명가

노서경

노서경__

서울대학교 불문학과를 졸업하고 한국일보 외신부 기자로 근무했다. 서울대학교 서양사학과에서 장 조레스와 프랑스 노동계급을 주제로 박사학위를 받은 뒤 여러 대학에서 시간강사로 강의했다. 현재 충남대학교 인문과학연구소 자문연구위원이다. 1914년 이전 프랑스 사회주의를 공부하며 프랑스 식민지였던 알제리에도 관심을 두고 있다. 저서로 《알제리전쟁: 생각하는 사람들의 식민지 항쟁》(2017), 《지식인이란 누구인가》(2001), 《전쟁과 프랑스 사회의 변동》(2017, 공저) 등이 있으며, 한국방송통신대학교 문화교양학과 교재 출간에 공저자로 참여했다. 번역서로는 프란츠 파농의 《검은 피부, 하얀 가면》(2014), 막스 갈로의 《장 조레스 그의 삶》(2009), 장 조레스의 《사회주의와 자유 외》(2008) 등이 있다.

나는 변호하기도 변호를 받기도 원치 않는다. 변론은 의미 없다.
내 목숨은 순전히 당신에게 달렸으니 좋을 대로 하라.
_루이즈 미셸, 코뮈나르 재판정에서

파리-몽마르트르-1870년 전쟁

1850년대에 착수한 나폴레옹 3세의 오스만화로 파리는 좁고 낡
은 거리를 치우고 기하학적인 넓은 대로와 가로수, 공원, 신축 건물의
근대 도시로 변모했다. 동북부 브롱쿠르에서 자란 루이즈 미셸Louise
Michel(1830-1905)이 수도 파리로 상경한 것은 이 무렵이었다.[1] 미셸의 파
리행은 시대의 흐름이었다. 도자기로 유명한 남쪽 리모주, 서부의 항만

---

1 *Mémoires de Louise Michel écrits par elle-même*, Tome I, Paris: F. Roy, Libraire-Éditeur,
1886: Édith Thomas, *Louise Michel, ou la Valleda de l'anarchie*, Paris: Gallimard, 1971.

도시 브레스트, 동부 오세르 등의 일류 수공업 노동자들이 파리로 모여들고 지방 출신 대학생들도 라탱구로 들어왔다. 그럴 만한 이유가 있었다. 시내 금융가와 백화점이 과시하듯 1860년대의 파리는 유럽 최대의 소비와 번영의 도시였을 뿐 아니라 40만 명이 넘는 노동자가 각종 수공업체와 전문 공장에서 일하는 발군의 산업도시였다.

하지만 파리의 매력은 책과 신문에도 있었으며 미셸은 시골이라도 파리의 전단에다 해외 서적까지 가지런히 진열한 쉬코 책방을 드나든 문학도였다. 이 여성은 브롱쿠르의 드아미스Dehamis 영주와 하녀였던 엄마 사이에 태어난 사생아 신분이었지만 영주 집안의 배려로 그 성에서 자유로운 교육을 받고 문학에 심취한 어린 시절을 보냈다. 나폴레옹 3세의 제정은 흔히 권위주의 정치로 알려져 있고 사실 그랬지만 프랑스 혁명으로 쟁취한 집회와 토론의 자유가 대폭 막혀 있던 것은 아니다.[2] 제정의 정치적 제약으로 파리 5구, 6구에 즐비한 인쇄 출판사들이 문을 닫은 것도 아니었다. 파리 일간지《라 랑테른La Lanterne》은 50만 부, 삽화 신문《르 프티 주르날Le Petit Journal》은 25만 부가 팔리는 때, 신문과 책자는 부르주아의 전유물이라 할 수 없었고 교육이 박탈되었던 노동자들도 문자의 매력에 끌려들었다. 고등교육과정을 밟지 않은 노동자 사상가 피에르 조제프 프루동Pierre-Joseph Proudhon의《소유란 무엇인가》는 파리 술집의 단골 메뉴가 되었다.[3] 이 시기의 노동자 100명 중

---

2 흔히 권위주의로 일컬어지는 제2제정의 정치적 성격은 공화파 시민의 형성기로도 파악된다. Sudhir Hazareesingh, *From Subject to Citizen. The Second Empire and the emergence of modern French democracy*, Princeton: Princeton University Press, 1998. 특히 pp. 162-305.

3 피에르 조제프 프루동, 이용재 옮김,《소유란 무엇인가》, 아카넷, 2003.

체포 직후의 루이즈 미셸. 코뮌이 진압되고 베르사유 군사법원에서 조사를 받게 된 코뮈나르들은
사진작가 에르네스트 아페르Ernest Appert의 정성 어린 기록 사진으로 후세에 남게 되었다.
기상이 살아 있는 루이즈 미셸의 모습 역시 아페르의 작품이다.

13명 정도만이 글을 읽고 쓸 줄 알았다고 하지만 발흥하는 자본주의, 골이 깊어지는 계급 갈등에 대한 비판은 책이 아니라도 술과 대화로 익어갔다.

그러나 1871년 코뮌La Commune의 발단은 자본이 아니라 무기를 둘러싸고 벌어졌다.[4] 그날 3월 18일 이른 아침 몽마르트르 언덕의 대포를 회수하려는 정부군과 이 작전을 저지하려는 민중의 충돌 끝에 정부군이 일단 물러간 것이다. 하지만 무기는 국가의 것이었을 텐데 정규군 아닌 민중이 어떻게 이 무기가 '우리 것'이라고 고집하게 되었을까. 우선 파리의 지정학이 문제였다. 18구 몽마르트르, 그보다 동쪽인 19구 빌레트, 그 옆의 고지대 20구 벨빌은 전에는 어수선한 개간지였다. 그런데 유서 깊은 시청 옆 샤틀레, 또 센강 건너 수공업 터전인 그르넬의 장인과 숙련 노동자들이 1860년대 이때 이 변두리로 올라왔다. 토지자본에 밀려 해묵은 일터와 동네를 떠난 이들 장인층은 몽마르트르의 술집과 조합회관에서 삼삼오오 만났다. 토지자본이 근면한 삶의 기풍을 어떻게 해치는지 다들 공감하고도 남았다. 여자들도 집안은 옹색하고, 부르주아들처럼 격식을 차릴 것이 없으니 거리의 공원, 허름한 클럽에 모여 이 심한 풍요 속 빈곤을 성토했다.

이러한 민중적 분위기를 심각하게 만든 것은 1870년 프랑스-독일 전쟁이었다. 남부 독일과 프로이센이 긴밀하게 연합한 독일군은 7월

---

4 보통명사 코뮌commune은 프랑스의 기초 행정단위로 2020년 해외도를 제외한 프랑스 본국의 코뮌은 모두 3만 4869개이다. 그러나 파리는 인구가 많고 도시가 커도 하나의 코뮌이다. 여기서 나온 말이지만 대문자로 시작하는 La Commune은 1871년 3월 18일부터 5월 28일까지 72일간 존속한 파리의 인민자치 정부를 가리킨다.

19일 개전 후 곧 비셈부르크, 뵈르트, 그라블로트의 동부 요새들을 무너뜨리고 8월에는 스트라스부르를 맹포격하고 9월 2일 스당 전투로 나폴레옹 3세의 항복을 받아냈다.[5] 9월 4일 토요일 공화파 지도자들은 군중이 운집한 파리 시청에서 제정을 폐지하고 공화국을 선포한 후 곧 국방정부를 수립했다. 그러나 급히 세운 국방정부로 한 치 오차 없이 체계적으로 전진하는 몰트케Helmut von Moltke의 군대를 당할 수 없었다. 파리는 9월 17일 적군의 점령하에 들어갔으며 독일군은 파리 외곽 언덕에 포대를 세우고 진을 쳤다. 하지만 여기서 파리는 국민방위군 병력으로 이듬해 1월 28일 프랑스의 항복까지 한겨울 4개월을 버틴다.[6] 식량은 바닥나고 추위는 심하건만 파리 시민들은 국민방위군을 믿고 기가 죽지 않았다. 1870년 전쟁 발발 후 파리의 방위군 체제는 250개 대대까지 증강되었다.

　　루이즈 미셸은 시민이 주도하는 이 파리 방어에 가담했다. 독일은 이겼는데 왜 파리를 점령하지 않고 프랑스의 항복을 기다렸을까. 하나의 해석에 따르면 지난한 독일 통일을 완수해가던 비스마르크는 항복안을 지지했지만 침착한 군사지도자들은 전쟁을 끌어 프랑스의 병력

5　프랑스는 1880-90년대에 교회 문제, 교육과 사회복지 같은 독일의 제도를 조용히 받아들인다. Allan Mitchell, *Victors and Vanquished*, Chapel Hill and London: University of North Carolina Press, 1984, pp. 159-243.

6　국민방위군 225개 대대 1325명의 대표는 3월 15일 시내 보알 회관에 모여 중앙위 규정을 공포했다. 8구, 16구 등 부르주아 지역 6개구의 대표는 이 회의에 참석하지 않았다. 연맹군은 그전 3월 4일에 상비군은 폐지하며 "우리가 더 제대로 나라를 지킨다"고 선언했다. Comité Central, Délégué de la Garde nationale; Rapport à l'Assemblée nationale, Pièces justificatives, *Enquête parlementaire sur l'insurrection du 18 mars*, Assemblée nationale N° 740, Session de 1871, Versailles, 1872, p. 34.

을 소진시키고 파리를 위기로 몰아넣는 편이 낫다고 판단했다. 그렇게 4개월을 끌고 1871년 1, 2월로 넘어오자 분위기가 더 험해졌다. 전쟁에 종지부를 찍는 1월 28일 휴전협상이 파리 민중에게는 국방정부의 배신으로 보였으며 지방 수구파가 다수파가 된 2월 8일 의회 선거는 더 한심한 노릇이었다.[7] 2월부터 파리 사람들은 우선 무기 확보에 나서 시내에 있던 대포를 174문은 몽마르트르 고지, 74문은 벨빌과 몽소 공원에 갖다 두었다. 모두 함께 무거운 대포를 끌었다. 파리 사람들에게 이 대포는 전쟁을 막기 위해 부르주아도 기여하고 서민들도 한 푼 두 푼 모아 주문 제작한 '우리 대포'였다. 정부 수반 티에르Adolphe Thiers는 역전의 공화파로, 이 사태 앞에서 3월 17일 대포 회수를 결정했지만 작전은 처음부터 어긋났다. 몽마르트르 고지에서 대포를 끌어내리려면 1천 필 이상의 말이 필요했는데 3월 18일 그날 아침, 말은 제때 도착하지 않았다. 몽마르트르 언덕에는 새벽부터 사람들이 몰려와 군인들의 대포 회수를 가로막았고 이들 민중을 제압하려 한 르콩트C. Lecomte 장군의 발포 위협은 준수되지 않았다.

그날 몽마르트르 민중 속에 끼어 있던 루이즈 미셸의 사회투쟁은 코뮌으로 끝나지 않는다. 미셸은 8년간 남태평양의 섬 누벨칼레도니로 유형을 갔다. 더구나 1880년 사면 후에도, 오랜 유형으로 심신이 지쳤을 텐데도 이번에는 권위 대신 자유를 제창하는 아나키즘에 기울며 계속 강연하고 감옥 가고 글을 썼다.[8] 1905년 1월 9일 마르세유에서 폐렴

---

[7] 2월 총선 후 지방과 파리 사이의 간격은 더 깊어갔지만 1870년 전쟁으로 수난을 겪은 지방은 무엇보다 안정을 바랐다. Charles de Freycinet, *La Guerre en province pendant le siège de Paris, 1870-1871. Précis historique*, Paris: Michel Lévy Frères, 1871.

에 걸려 그가 사망하자 시신을 파리로 옮겼다.

사람들은 '이보다 나은 세상'을 위해 쉬지 않고 싸웠던 이 여성에게 인사하고 싶었다. 1월 21일 장례식에는 파리 인구 180만 명인 때 10만 명이 넘는 추도객이 북서쪽 르발루아페레 묘지까지 14킬로미터를 행진했으며 그 장례식은 알베르 피터 데스트락Albert Peters-Desteract의 역사화로 살아났다.[9] 화가는 가운데에 기병을 넣고 소년이 든 신문을 뚜렷이 했을 뿐 붉은 깃발, 흑색의 깃발로 화폭을 덮어 여성, 노동자, 지난날 군인들, 또 어린 소년들이 보내는 무거운 존경을 표현했다. 사실 정치색이 서로 다른 사회당, 혁명사회당, 반군사주의 그룹, 아나키스트, 페미니스트, 《뤼마니테L'Humanité》, 《라 리베르테르La Libertaire》, 여성신문 《라 프롱드La Fronde》 편집진이 다 같이 장례를 치렀다. 20세기 후반, 루이즈 미셸은 제3공화정의 '교육 재상' 쥘 페리Jules Ferry, 2차 대전기의 저항시인 자크 프레베르Jacques Prévert, 레지스탕스 지도자 장 물랭Jean Moulin 같은 거목의 반열에 들었다. 그 여자는 누구였을까.

전위적 교사

미셸은 교사였다. 평생 누구보다 엄마가 소중했던 이 미혼의 여성은 자신이 교사자격 시험을 본 것은 엄마를 기쁘게 하기 위해서라고 자

---

8 장 프레포지에, 이소희·이지선·김지은 옮김, 《아나키즘의 역사》, 이룸, 2003, 특히 95-328쪽.

9 Bertrand Tillier, Les obsèques de Louise Michel, Histoire par l'image, http://www.histoire-image.org/fr/etudes/obseques-louise-michel 참고.

루이즈 미셸의 장례식 모습. 그림은 알베르 피터 데스트락의 역사화이다.

술한 바 있다. 미셸은 일찍 파리로 올라오고 싶었지만 엄마와 헤어진다는 건 엄두를 못 내 1853년부터 고향 인근의 오들롱쿠르에서 혼자 사립 학교école libre를 열었다.[10] 정식 교사가 되려면 나폴레옹 3세의 제정에 충성 서약을 해야 했는데, 다른 교사들처럼 미셸도 이를 원치 않았다. 1855년 파리에 올라온 후 처음에는 북쪽 샤토도 거리 14번지 볼리에 부인Mme Vollier의 학교에 근무했다.

몽마르트르의 우동Houdon 거리 24번지에 스스로 작은 학교를 차린 것은 4년이 지나서였다. 학생은 6세에서 12세까지 약 200명이었고, 온갖 신고를 겪은 훗날에도 미셸은 이 우동 학교 학생들의 모습을 하나하나 기억한다. 초중등 교육이 제대로 보급되지 못한 때 사회적 대안은 이 같은 민중교육뿐이었으며 파리에나 지방에나 미셸 같은 여교사가 많았다. 너나없이 교육이 곧 진보라 믿는 공화파였다. 초등학교의 무상·의무·보통교육이 실시되려면 앞으로 20년은 더 기다려야 하는 때 이들 어린이 학교에는 독학으로 공부하려는 남녀 성인도 북적거렸다. 여성은 더구나 여성이라는 조건만으로 교육의 장벽에 부딪쳤다. 중등학교의 남녀 혼성교육, 초중등학교 여성 교사는 아직 바라보기 어려웠다.[11]

프랑스혁명기에 콩도르세Marquis de Condorcet가 제창한 여성 교육의 진전은 19세기 후반까지도 너무 느렸다.[12] 제2제정 초인 1850년대에

---

10 오들롱쿠르에서 보낸 학교 시절을 미셸은 물소리, 나무 하나 기억하며 노년까지도 생각했다. 파리의 우동 학교에서는 시를 써서 신문에 기고하려 했는데 시인 빅토르 위고에게도 보냈다. 위고를 만난 적도 있다. *Mémoires de Louise Michel*, pp. 62-67, 86-87.

11 문지영, 〈1차 세계대전과 양성평등의 확대〉, 《프랑스사연구》 34호(2016. 2), 85-111쪽.

12 혁명 후 19세기 초에 자선학교 형태는 끝나고 지방에서 먼저 상호부조회 교육운동을 시작했다. François Jacques-Francillon, *Naissance de l'école du peuple 1815-1870*, Paris: Éditions de

3만여 프랑스 코뮌 가운데 90퍼센트 이상이 학교 하나는 설치했고 특히 제정 말 1867년법이 농촌의 교육권을 공포했어도 여성은 이에 포용되지 못했다. 이 시기에 글을 쓸 줄 모르는 여성이 평균 3분의 1이기도 했지만 미셸 같은 여교사들이 사회에 요구한 것은 단순한 문맹퇴치 이상이었다. 나날이 들려오는 신과학과 기술, 사회사상과 지식, 낯선 탐험, 예술의 변모에 비해 여성의 교육 수준은 세상을 따라가지 못했다. 물론 엄밀히 말하면 여성이면 누구나 빈약한 교육을 받고 있는 것은 아니었다. 공교육에 의존하지 않아도 상층 여성은 교육과 교양의 통로를 갖고 있었다. 다 그렇지는 않아도 가정교사와 초빙된 교육자들, 독서와 살롱, 여행을 매개로 견문을 넓히고 지적 역량을 갖출 수 있었다. 또 그런 통로 없이 자력으로 프랑스 최초로 대학입학자격시험에 통과하는 여성이 등장했다. 이 여성 쥘리 빅투아르 도비에는 여러 분야의 학업에 매진했으나 생애 끝까지 페미니스트였다.[13] 루이즈 미셸이 택한 교사직은 이처럼 시대의 전위 같았다. 진보적 교육운동은 파리 한복판에서 벌

l'Atelier, 1995, pp. 45-188.

13 Julie-Victoire Daubié(1824-1874). 1861년 리옹에서 프랑스 여성 최초로 대학 학위를 받았다. 수개 국어를 연마했고 자연과학 분야의 실력도 있었지만 대학에서 받아들여지지 않다가 1859년 제국한림원의 에세이 경연에서 수상하여 리옹대학에 입학할 수 있었다. 도비에는 이 시론《19세기의 빈곤한 여성. 여성의 상태와 자원》을 37세에 쓴 다음 프랑스 여성 최초로 문과대학 학위를 마치고서 다시 영국 의과대학에서 8년간 공부하며 학위를 받으려 했으나 실패하자 파리로 왔다. 1870년 전쟁이 벌어지자 그동안 관계했던 온건주의 국제평화동맹과 연을 끊고 급진적인 페미니스트 언론《여성의 권리》에 기고하고 미혼모를 막기 위해 병사들의 결혼을 권유했다. 1874년 동부 로렌에서 결핵으로 사망할 때 로마 사회의 여성 문제에 관해 박사학위를 준비 중이었다. Raymond Bulger, "Julie-Victoire Daubié(1824-1874). Ses modes particuliers d'occupation de l'espace public et d'action sur lui: une controverse?", *Femmes dans la cité 1815-1871*, sous la direction de Alain Corbin, Jacqueline Lalouette, Michèle Riot-Sarcey, Grâne: éditions Créaphis, 1992, pp. 287-292.

어졌다. 매주 목·일요일에 교사와 학부모가 만났고 소르본대학 근처 아라스 거리에서는 교육, 가족, 어린이와 부모의 권리와 의무를 놓고 저녁마다 강연이 열렸다. 더구나 영국이나 독일과도 달리 19세기 프랑스에서 교육의 문제는 날카로운 사회 문제였다.

유럽 대부분의 도시가 그렇지만 파리는 그야말로 교회의 도시이다. 시내 생쉴피스 교회, 건너편 생제르맹데프레 교회, 클뤼니 수도원 교회, 센강 건너 샤틀레의 생퇴스타슈 교회, 거기서 시청을 지나면 생폴생루이 교회, 다시 센강 건너 13구의 생트로잘리 교회……. 1860년대의 파리 교사들에게 이 교회가 압박 같았던 것은 교육이라면 곧 교회라는 인식이 널리 퍼졌기 때문이었다. 1850년 팔루법La Loi Falloux으로 교회의 교육 권한은 느슨해졌지만 프랑스 전역으로는 1860년대에도 여학생의 3분의 2가 교회학교를 다녔다. 파리에서만 5400명의 수녀(수도사는 1460명)가 교회와 수도원의 학교에서 가르쳤고 여교사 지망생들에게 이 교직자들은 여성의 교사 진출을 가로막는 경쟁자로 보였다. 수도사와 수녀는 교사 봉급을 받지 않았기 때문에 재정이 빈약한 농촌에서는 교회학교를 대신할 교사를 채용하기가 힘들었다. 다시 말해 1789년 혁명기에 성직자민사기본법으로 시작한 공화국 프랑스 대 교회 권력의 갈등 구도는 19세기에 변치 않았다.

이 구도에 보란 듯 파탄을 낸 것이 1871년 코뮌이었다. 비록 버젓한 정책을 실시할 시간도 예산도 세력도 없었지만 공교육은 진정 코뮌의 목표였다. 코뮌은 1871년 4월 2일 민중이 원하며 근로대중에게 필요한 교회는 권력과 '결탁한' 교회가 아니라고 선언한다.[14] 코뮌은 양심의 자유가 첫 번째 자유라는 원칙 아래 ①교회는 국가로부터 분리된다,

②예배 예산을 폐지한다는 조항을 명시했다. 그것은 신앙의 부정이 아니라 30년 후 교회와 국가의 분리법(1905)으로 가는 길을 터놓은 사법적·정치적 결단이었다. 사람들이 교회의 정신적 굴레로부터 해방되어야 진정한 근대인이 된다는 정치철학은 코뮌의 여성에 의해 설파되었다. 소설도 쓴 쟁쟁한 여성 저널리스트 앙드레 레오André Léo가 그런 코뮈나르드였다.[15]

레오에 비해 미셸은 훨씬 행동적이었다. 나중에 베르사유 재판정에서 "성직자의 재산 몰수를 요구한 《민중의 외침》(민중작가 쥘 발레스의 신문)에 글을 쓰지 않았는가" 하는 신문에 미셸은 그렇다고 대답했다. 하지만 미셸은 "우리는 결코 교회 재산을 우리 자신을 위해 취하지 않은 것에 주의해주기 바란다. 우리는 그 재산을 민중의 복리를 위해 민중에게 주려 했을 뿐이다"라고 항변했다. 미셸의 입장은 급진적이었을지라도 여교사들은 교육에 얽힌 시대의 비리를 통찰했다.[16] 티네르 부인

---

14 5월 말 다르부아Georges Darboy 파리 대주교가 처형되었다. 파리 남쪽 아르퀘에유의 수도원 성직자들도 멀리 끌려가 죽임을 당했고 파리 11구 악소에서도 헌병들과 성직자들이 살해되었다. 코뮌기 파리 교구에서 입은 피해에 관해서는 Paul Fontoulieu, *Les églises de Paris sous la Commune*, Paris: E. Dantu, 1873 참고.

15 '앙드레 레오'는 이 여성(본명 Léodile Champseix)이 공화파 남편과 일찍 사별한 후 두 아들 앙드레와 레오의 이름을 붙여 스스로 지은 남성형 이름이다. 레오는 교권에 반대하는 입장을 분명히 했으며 코뮌 후 집필한 소설에서도 교회의 문제를 다음과 같이 말한다. "사랑하는 사람, 당신이 원하는 그 신은 당신 자신이 만들 수 있어요. 모든 다른 신들이 그렇게 되었던 것처럼. (……) 어떻든 당신의 신은 20세기의 신이며 미신과 야만 시대의 신이 아닙니다." Cecilia Beach, "André Léo feuilletoniste: guerre, révolution et religion", Frédéric Chauvaud, François Dubasque, Pierre Rossignol et Louis Vibrac (sd.), *Les vies d'André Léo Romantisme féministe et communarde*, Rennes: Presses universitaires de Rennes, 2015, pp. 248-250.

16 미셸도 이때 아직 젊은 18구 구청장 클레망소Georges Clemenceau를 만났고 쥘 시몽Jules Simon 같은 공화파 정치인들과도 환담했다.

뿐 아니라 코뮈나르 여성 가운데 교사들이 상당수였던 것은 민중이 교회의 정신적 지배로부터 벗어나기를 원한 교사 공화주의를 말해준다.[17] 하지만 코뮌의 상황은 이 문제에 천착할 수 없게끔 급하게 돌아갔다.

총을 든 페미니즘

코뮌의 전투는 사실 잘 납득하기 어렵다. 어떻게 파리 한 도시의 방위군이 프랑스 정부의 정규군과 대결한다는 발상이 가능했을까. 우선 병력으로 보아 파리가 불리하지 않았다. 독일과의 전쟁으로 파리의 국민방위군은 20만 명이 넘었는데, 정부의 동원 병력은 3만 명도 되지 않았다. 프랑스 정규군의 병력 감축은 독일이 요구한 항복협상의 우선 사항이었다. 게다가 파리 자체가 빼어난 군사도시였다. 동부 메스와 함께 유럽의 3대 요새에 드는 막강한 군사도시가 파리였다. 1815년 나폴레옹의 워털루 패전 후 파리 방어가 문제시되자 파리는 1840년대에 16개의 요새를 신설하고 보堡와 성벽을 대폭 개수했다. 코뮌의 방위군 지휘관들은 이 파리의 군사 지형에 훤했으며 시민들 역시 모든 길이 기동대의 동선을 따라 설계된 이 도시에 자부심이 컸고 군대 뉴스라면 하나도 놓치지 않았다. 1870년 전쟁 내내 국민방위군 20구 대표들은 시청 옆 라 코르드리La Corderie 본부에 매일 가서 각 구의 현황을 알리고 다른 곳의 상황을 듣고 다시 동네에 돌아가 들은 소식을 전했다.

---

17 티네르Tinayre 부인에 관해서는 본문 뒤에 실린 사료의 '게리에' 항목을 보라.

그런 파리에서 루이즈 미셸은 코뮌기 내내 레밍턴 장총을 메고 군복 차림으로 거리를 활보했다. 우선 코뮌은 평온한 날의 정부가 아니었다. 정부군을 막아야 코뮌이 사는 전시 상태였다. 하지만 루이즈가 총을 메고 다닌 것은 여자라면 얌전해야 한다는 사회 통념을 비웃는 것이기도 했다. 미셸은 일찍부터 여성은 남성의 노예라는 관념에 사로잡혔다.

우리들 여성은 아무에게도 구걸하지 않고 우리가 가야 할 투쟁의 길을 가고 있다. 그렇게 하지 않는다면 세상이 끝날 때까지 우리가 얻을 것은 없다. 동지들, 나는 어떤 남자에게도 밥 차려 주는 여자가 되기를 거부했다.[18]

그래서 시청 위 탕플 거리를 뒤지며 염가의 군복을 고르는 미셸에게는 "남자 같다, 괴이하다"는 세간의 비난은 들리지도 않았다. 코뮌의 상황은 나날이 악화되었다. 3월 말에 시도된 베르사유 정부와의 중재는 결국 코뮌과 베르사유 양측 모두 거부했으며 코뮌에 남은 길은 어떻게 싸우느냐 그것뿐이었다. 방위군은 점점 이탈이 많았고 더구나 정부군과 코뮌군 양편의 화력은 비교가 안 되었다. 파리 남서부 이시에서 클라마르, 또 서부에서 북부로 전투가 확대되고 4월 25일에는 더 먼 남쪽 샤티용, 브르퇴유, 바뇌 언덕에서 무려 52문의 대포가 일제히 포격을 가했다.

코뮌 선포 후 한 달이 지나 4월 26일 코뮌 선거에 투표하러 나온

---

18 *Mémoires de Louise Michel*, p. 103.

이는 3월 26일 선거의 반 이하로 전체 유권자의 4분의 1에 못 미쳤다. 코뮌 정부가 위기를 타개하고자 제안한 공안위의 수립으로 코뮌 내부의 강온 알력은 더 심해졌다. 1793년 혁명기의 자코뱅을 따르려는 공안위파에 대해 바를랭, 말롱, 르프랑세 등은 독재적으로 보이는 체제에 반대했지만 어떻든 전세는 돌이킬 수 없었다.[19] 5월 3일과 4일, 500명의 코뮈나르를 죽이고 승리한

코뮌 연맹군 복장의 루이즈 미셸.

베르사유 군인들은 시신의 사지를 절단하기도 했다.[20] 5월 8일 코뮌 연맹군은 500명의 코뮈나르를 남겨둔 채 이시 요새를 포기했다. 13일에는 방브 요새도 포기한다. 방위군 병력은 떨어져 나가고 파리 사람들은

---

19 외젠 바를랭Eugène Varlin(1839-1871). 파리의 인쇄공 노동자. 코뮌 재무위원을 지냈고 5월 28일 몽마르트르에서 정부군에 잡혀 살해되었다. Jacques Rougerie, *Eugène Varlin. Aux origines du mouvement ouvrier*, Paris: Le Seuil, 2019. 브누아 말롱Benoît Malon(1841-1893). 염색공 노동자로 코뮌의 노동과교역위원회에서 일했고 스위스로 피신했으며 1885년부터 중요한 사회주의 잡지《라 르뷔 소시알리스트*La Revue socialiste*》를 간행한다. 노서경, 〈추방당한 코뮈나르 브누아 말롱의 '노동자'(1871-1885)〉,《프랑스사연구》45호(2021. 8), 45-75쪽. 귀스타브 르프랑세 Gustave Lefrançais(1826-1901). 혁명적인 교사로서 1848 혁명 때부터 활약했으며 코뮌 전 파리에서 가장 인기 있는 연사 중 한 사람이었다. 코뮌 정부의 노동과교역위원회 위원이었고 스위스로 망명했다. Gustace Lefrançais, *Étude sur le mouvement communaliste ÀParis, en 1871 suivi de La Commune et la Révolution*(1874), Paris: Klincksieck, 2018.

20 John Merriman, *Massacre The Life and Death of the Paris Commune of 1871*, New Haven: Yale University Press, 2014, p. 216.

베르사유 스파이가 사방에 깔렸다고 느끼는 속에 베르사유 정부의 티에르는 1주일이면 파리에 진입한다고 공언했다.

미셸의 술회에 따르면, 이시 전투가 벌어진 4월 3일부터 유혈진압이 시작되는 5월 22일까지 자신은 두 번 자리를 비웠을 뿐 전투 장소를 떠나지 않았다. 그 두 번은 엄마를 보러 간 때였다. 하지만 미셸은 코뮌 정부나 연맹군에서 어떠한 직책도 맡지 않은 신분이었는데 굳이 이렇게까지 전선을 지킬 필요가 있었는지, 더구나 그 군사적 행위가 페미니즘과 연결된다는 우리의 시각이 어떻게 가능한지.

우선 모든 전쟁이 그렇더라도 코뮌 전투는 여성들과 하나가 되었다. 처음부터 코뮈나르의 피해가 심했으며 그 부상자와 전사자는 어느 엄마의 자식, 어느 여성의 남편이고 애인이었다. 4월 2일 베르사유군의 포격이 시작되고 4월 6일 전사한 코뮈나르의 첫 번째 장례식이 거행된 후 장례 행렬은 그치지 않았다. 사상자 중에는 대포를 지킨 13세, 15세의 소년들도 있었다. 지난해 독일군의 파리 포위 중 그들 군대는 의료시설은 포격하지 않았다. 그러나 베르사유군은 개의치 않았다.[21] 개선문 너머 서쪽 테른에 포탄이 쏟아지면서 부상자들은 속출하고 구區마다 이들을 데려다 뉘일 집을 찾고 병실을 구했다. 센강 좌안 소르본대학 강의실이 병실이 되고 센강 우안 생토노레 교회에는 영국 국기와 적십자 깃발이 나란히 걸렸다. 600-800개의 병실을 가졌던 영국과 미국 기관들이 절규하는 부상자들을 도왔으나 의료시설은 부족하기만 했다.

4월 11일 코뮌은 파리 방어를 위해 여성들에게 보내는 호소문을

21 Ibid., pp. 202-206.

공고한다. 여성의 군대 편입은 금지되어 있었지만 야전병원과 군대 급식은 전통적으로 여자들의 몫이었다. 전쟁터에 나가는 여성들은 금품을 바라 연맹군을 따라다닌다는 소문도 돌았지만 지난해 독일군의 침공을 당해 20개 구마다 전투 태세를 갖추면서 부상병 간호와 응급 처치, 군 식량 비축에 능숙해진 여성들은 소문에 흔들릴 때가 아니었다.

이렇게 출현한 코뮌의 여성조직들은 다양했고 출신도 성향도 저마다 달랐다. 루이즈 미셸은 몽마르트르 구역인 18구 감시위를 조직하여 전시 간호와 앰뷸런스 활동에 적극적이었다.[22] 폴란드 귀족인 아버지가 1830년 봉기에 실패하자[23] 파리로 와서 살았던 폴 맹크Paule Minck는 노동자 우애회도 조직하고 정치평론을 신문에 기고했다. 맹크는 코뮌 선전을 위해 여러 번 지방을 다녔으며 5월 마지막 주에 스위스로 피신했고 사면으로 프랑스에 돌아온 후 1900년 사회주의자 쥘 게드Jules Guesde의 프랑스 노동자당POF 당원이 되었다. 러시아 상트페테르부르크에서 태어난 안나 자클라르Anna Jaclard는 파리로 온 후 혁명과 봉기를 지지하는 블랑키Blanqui 그룹에서 만난 자클라르와 결혼했으며 스위스를 거쳐 러시아로 피신하지만 사면 후 곧 파리로 돌아왔다. 파리 방어에 중요했던 여성조직은 무엇보다 중견 제본공인 나탈리 르멜Nathalie Le Mel과 20대 초반의 러시아 여성 엘리자베트 드미트리에프Elisabeth Dmitrieff

---

22   Claudine Rey, Annie Gayat, Sylvie Pepino, *Petit dictionnaire des femmes de la Commune, Les oubliées de l'histoire*, Paris: Les Amis de la Commune de Paris 1871/Éditions Le bruit des autres, 2013.

23   주변 강국들에 의해 분할되었던 폴란드에서는 귀족과 군인들이 중심이 되어 1830년 대대적인 봉기를 일으켰으며 완전히 진압당했다. 최승진, 〈19세기 폴란드의 대 러시아봉기(1830, 1863년)와 대전 이후 레지스탕스 세대의 역사인식〉, 《중앙사론》 19호(2004), 132쪽.

가 세운 여성동맹이었다. 이 기구는 4월 14일 창립 때부터 남녀 임금 경쟁과 여성 차별을 문제 삼고 코뮌의 여성정책을 독려한다. 서부 브레스트에서 파리에 올라온 제본공 르멜은 인터내셔널[24] 지도자 바를랭과 함께 파업을 이끌어 여성으로는 드물게 인쇄노조위원장이었고, 바를랭과 같이 마르미트Marmite(국냄비)라 불린 노동자 식당도 운영했다. 여성동맹을 성사시킨 드미트리예프는 러시아 귀족 출신으로 군 중령과 (위장) 결혼을 하고 그 신분으로 1870년 여름 제네바에 도착한 다음 런던으로 가서 마르크스, 엥겔스와 만났다. 그는 1871년 3월 파리로 들어와 주야로 온 파리를 돌며 여성들을 조직하기 위해 활약했다.

이 코뮌 여성들을 움직이게 한 동인이 여성으로서의 의지에 있었고 그 의지가 여성으로서의 공적 활동을 불렀으며 그것을 페미니즘이라 명명할 수 있다면 루이즈 미셸의 경우에는 특히 단서가 붙는다. 우선 코뮌 연맹군들이 남성으로 보이지 않고 군인으로 보인 미셸의 눈이다. 연맹군 장교들은 훈련도 기율도 미비했고 서로의 알력도 심했지만 물리노의 예수회 수도원, 이시 요새, 뇌유에서 부상병을 나르던 미셸은 위급한 상황임에도 침착하고 의젓할 뿐인 연맹군의 거동에 경탄한다. 그 여자가 섣불리 연맹군이라면 무조건 이상화했을 리는 없다. 미셸은 머리 위로 포탄이 날아다니는 속에서도 보들레르를 읽고 포탄의 사거리를 재고 있을 만큼 침착한 여성이었다. 담대한 미셸뿐 아니라 방위군

---

24 인터내셔널은 1864년 9월 28일 런던에서 창립대회를 연 국제노동자협회International Workingmen's Association의 약칭이다. 영국, 프랑스, 벨기에, 스위스, 독일 등지의 서유럽 일선 노동자들의 결속으로 탄생한 인터내셔널은 창립선언문을 런던의 카를 마르크스에게 청했다. 다른 나라들처럼 프랑스에서도 파리와 지방 도시에서 인터내셔널이 발족했다. Julien P. W. Archer, *The First International un France 1864-1872*, Boston: University Press of America, 1984.

남편을 찾아 파리 외곽 부대를 돌아다닌 어느 젊은 여성도 사람을 차별하지 않는 연맹군의 기품을 알아보았다.[25] 그런 기백과 품위는 코뮌의 원천이었을 것이다. 사실 코뮌기 관보Journal Officiel는 맨 위에 프랑스 공화국, 바로 아래에 공화국의 대의인 자유·평등·우애를 그대로 명기했다.

코뮌기의 페미니즘이라는 맥락에서 또 하나 떠오르는 것은 코뮌이 진압당하고 미셸은 수감되었을 때의 장면이다. 감옥에 갇힌 미셸을 맨 먼저 찾아온 이가 중산층인 전쟁희생자협회의 뫼리스Meurice 부인이었다. 법정에서 미셸의 마지막 재판을 지켜보며 서로 손을 꽉 잡고 있던 사람들 사이에는 이 협회 회원인 키 큰 잔느 B.와 키 작은 F. 부인도 있었다. 그것을 확대해서 코뮌의 페미니즘이 계급적이지 않았다고 무리를 할 필요는 없다. 하지만 역사가 페로가 인민/민중의 지평을 계급적으로만 보지 않은 것을 환기할 수는 있다.[26]

아마도 코뮌 연맹군들은 뭔가 역사상 드문 비장한 것에 홀렸고 그들 곁에서 전선을 지킨 루이즈 미셸은 "우리는 죽어가는 연맹군을 바라보지만 않는다"는, "애도의 눈물만 흘리지 않는다"는, "나 역시" 이 자리를 떠나지 않는다는 신의를 표현하고 있었다.[27] 근대 페미니즘의 주요

---

25 "엄마가 그 사람 얼굴을 보았더라면 좋았을 텐데. 얼굴이 빛나고 부드러웠어요. 저한테 그런 결정을 했다고 투덜거렸지만 말만 그렇지 얼굴은 아니었어요. 저는 당당하게 등록증을 보여주었고 그이가 저를 꽉 껴안았어요. 앙리가 저를 그 용감한 사람들에게 소개해주었는데 모두들 친절했어요. 식당의 젊은 흑인 여성하고도 인사했는데 그 여성은 무척이나 깨어 있는 영혼이었어요." Alix Payen, "Une ambulancière de la Commune de Paris", *Mémoires de femmes, mémoires du peuple, Anthologie réunie par Louis Constant*, Paris: François Maspero, 1978, pp. 61-79.

26 Michelle Perrot, "La cause du peuple", *Vingtième siècle. Revue d'histoire*, N° 60, Numéro spécial: Les engagements du 20e siècle (oct.-déc., 1998), pp. 4-13.

한 동력이 대립과 피해의식보다 우선 여자와 여자 사이의 유대감, 나와 너에 대한 신의를 지키는 데 있었다면, 만약 그렇다면 이 전투적 신의는 몇몇 배운 사람들만이 구비하지 않았을 것이다.

여성-노동자-코뮈나르

코뮌 여성들의 정체는 알려져 있고 역사적이다.[28] 1871년 9월부터 시작된 베르사유 군사재판에서 여성인 기소자는 1051명이었다. '경찰에 등록된 이'로 기재된 경우는 매춘 여성이었으리라 하며[29] 이들이 잡혀온 이유는 검거가 용이해서였으리라는 추측도 있다. 재판정은 그중 835명을 기소 사유 불충분으로 석방하고 216명에게 유죄 판결을 내렸으며 31명에게 강제노역형, 20명에게 요새 수감형, 16명에게 단순 유형 판결을 내렸다.[30]

무엇보다 이 조사로 분명해진 것은 체포된 코뮌 여성들이 거의 전적으로 노동자였다는 점이다. 집주인 1, 경비원 4, 교사 4, 조산원 3, 호텔 주인 10, 카페 주인 5, 포도주 상인 18, 상인과 제작인 11, 과일 상인

---

27 신의는 상황에 대한 참여의 전제 조건이다. Gloria Origgi, *Qu'est-ce que la confiance?*, Paris: Vrin, 2008, pp. 58-63.

28 1789년 혁명기, 1848 혁명에 참여한 여성들과 확실히 구분된다. 현재열, 〈1871년 파리 코뮌의 여성 활동에 대한 범주적 비교〉, 《프랑스사연구》 10호(2004. 2), 62-68쪽.

29 19세기의 특성을 고려하여 변기찬의 표기인 '매춘'을 따른다. 변기찬, 〈19세기 프랑스의 매춘규제운동의 모순과 그 한계〉, 《외대논총》 28(2004), 643-660쪽.

30 노서경, 〈빈곤한 여성들의 코뮌(1871): 루이즈 미셸과 앙드레 레오의 대변〉, 《서양사연구》 59호(2018. 11), 83-120쪽.

16, 모자와 장신구 제조공 45, 상점원 3, 코르셋 제조공 37, 짧은 바지 제조공 44, 조끼 제조공 38, 의복 봉제공 26, 장식끈 제조공 13, 조화 제조공 22, 장화 봉제공 31, 장갑 제조공 29, 무대의상 담당자 4, 상자 제조공 11, 침대 매트리스 제조공 49, 표백 세탁공 57, 리넨 제조공 39, 다리미질공 45, 신문판매원 5, 가정부 56, 환자간호인 16, 가내노동자 85, 일용직 78, 직업 없음 246명으로 도합 1051명이었다.[31] 직업이 어느 정도 다양하지만 이들이 누구였는가는 미셸이 대변한 것 같다. "지금 세상에서 프롤레타리아는 노예다. 그 프롤레타리아의 아내는 한층 더 노예"이며 여성의 임금은 너무 근소하니 올가미일 뿐이라는 그의 말대로 1870년 직전에 파리 노동 여성 11만 2천 명의 약 절반인 6만 명은 하루 2프랑 정도를 임금으로 받았다. 역사가 페로가 없는 집 여자들은 항상 '남편 먼저, 자식 먼저'로 그나마 식구를 돌보았다고 하듯이 그것은 집세를 내고 양식을 들여올 수가 없는 저임금이었다.[32]

끝을 모르는 빈곤은 인구 생산과 관계되어 19세기 후반 파리 노동자층의 유아사망률은 전체 출생자의 15퍼센트에 이르렀다.[33] 게다가 더 깊은 문제가 있었다. 미셸이 "내가 보태지 않아도 결혼으로 고통받는 여자들은 넘쳐난다"고 했듯이 노동자 여성에게는 결혼이 큰 문제였다.

31 Rapport Pièces Diverses, 1°. Du rôle des femmes pendant la lutte de la Commune, *Enquête parlementaire*, p. 309. 체포된 여성의 국적은 프랑스인이 1032명이었다.

32 Jules Simon, *L'Ouvrière*, Paris: Librairie de L'Hachette, 1861. 파리 고등사범학교ENS 출신 철학박사이며 1848년 혁명기에 민주파 의원이었던 쥘 시몽은 여성 노동자들의 작업장과 가정 내부를 세밀하게 묘사했다.

33 변기찬, 〈파리지역 여성노동과 어린이의 죽음(1872-1914)〉, 《서양사학연구》 1(1998. 1), 206, 210-216쪽.

정숙한 가정을 중시한 나폴레옹 민법 이래 결혼은 무척이나 번잡한 절차와 문건을 요구했고 노동계급은 흔히는 이를 충족할 수 없었다. 20세기 뉴욕의 아나키스트 엠마 골드만Emma Goldman도 직시하지만 가난한 여자들의 결혼은 흔히 생존수단이었다.[34] 애정 때문에 결혼하는 것이 아니라 남자한테 방이 있으면 묻어 살았다. 제2제정의 번영 아래 이 같은 여성의 문제는 더 심각해졌다. 세상은 나날이 화려해지는데 그 뒤안에서는 금전·소비·섹슈얼리티가 톱니바퀴처럼 돌아갔기 때문이다.

모더니디Modernity는 성의 영역에 상품 가치를 노입했다. 그러자 소비문화의 스타일을 주도하는 부르주아 여성이나 새로운 일자리인 공장과 서비스업에 진출하려는 기층 여성이나 혼란스럽기는 마찬가지였다.[35] 때로는 취향으로 때로는 절박해서 계층에 상관없이 내연관계가 번졌고 사생아는 너무 흔했다. 19세기 후반 프랑스의 사생아 출생률은 영국의 거의 두 배인 15퍼센트로 알려져 있다. 이런 형편에 아이를 데리고 있는 여성이 혼자 독립적으로 산다는 것은 폴린 롤랑Pauline Roland의 경우처럼 글 쓰는 여성이라도 힘겨웠다.[36] 노동 여성의 경우는 더 열악했다. 점점 주문 생산에서 기성복 체제로 이전하는 피복 시장에서 이음매 작업 담당자 등 의류 부속 직공들이 먼저 위협을 받았다. 더구나 1870년 전쟁으로 실업은 가파르게 상승했다.

---

34 러시아 태생의 엠마 골드만은 10대에 미국에 건너와 노동자 경험을 하고 아나키즘, 페미니즘에 크게 기여한다. 엠마 골드만, 김시원 옮김, 《저주받은 아나키즘》, 우물이있는집, 2001; 김정화, 〈엠마 골드만(1869-1940)과 '자유연애'라는 상상〉, 《미국사연구》 4호(2015), 107-140쪽.

35 David Harvey, *Paris, Capital of Modernity*, New York: Psychology Press, 2003, p. 194.

36 양희영, 〈폴린 롤랑, 19세기 사회주의자 페미니스트의 삶〉, 《여성과 역사》 27(2017), 219-247쪽.

우리는 화장에 옷차림은커녕 얼굴은 검어지고 굳은살이 박인 이들 코뮌 여성들의 얘기를 들을 수 없다.[37] 남긴 것 없이 이 풍진세상을 살고 간 이들이 그 여자들이다. 그러나 재단사 욀랄리 파파부안Eulalie Papavoine은 장식끈 달고 조끼 끈 박고 고급 내의를 감치고 반바지라면 타의 추종을 불허하는, 헌 옷도 말짱하게 기워내고 온갖 색상으로 비단옷에 수를 놓는 동료들과 살아가는 이야기를 나누지 않았을까. 부르주아 가정의 고급 세탁물을 다루던 레옹틴 쉬에탕Léontine Suétens은 다리미질하는 동료의 눈빛만 보아도 집에 무슨 일이 있는지 짐작하지 않았을까. 종이만 보면 반듯한 상자를 꾸리는 엘리자베트 레티프Elisabeth Rétiffe는 섬세한 보석세공에서 눈을 못 떼는, 장난감 디자인에 골몰하는, 조정할 시계를 분해하는 동료들과 클럽에 가지 않았을까. 이들 솜씨 좋은 기술 노동자들이 일감 찾아 집집마다 문을 두드리는 일용 노동자하고도 인사를 나눴을까. 가내 요리사는 외출하기 어려웠겠지만 경비원 여성은 사람을 많이 만났을 테고, 아마도 포도주 상인은 야채 상인, 튀김 상인, 또 아침 빵 배달을 마친 여성과 가깝게 지내지 않았을까.

그들 모두 이 위험한 1871년 시절을 물러서서 지켜만 보았을 수도 있는데 왜 그처럼 코뮌에 투신하며 이런 세상 아닌 다른 세상을 희원했을까. 역사는 기록에 의거한다. 하지만 글이 공석인 자리에는 상상이 허용될 수 있다면, 그들 코뮌의 여성 노동자들 가슴속에 물질 아닌 다른 절실한 것이 있었으리라는 가정 역시 허용될 것이다.

---

37 Gay Gullickson, *Unruly Women of Paris: Images of the Commune*, Ithaca: Cornell University Press, 1996; Carolyn J. Eichner, *Surmounting the Barricades: Women in the Paris Commune*, Bloomington: Indiana University Press, 2004.

여성 코뮈나르들. 1871년 5월 27일 미국 잡지 《하퍼스 위클리Harper's Weekly》에 '파리의 여성들'이라는 제목으로 실린 그림이다.

코뮌은 야간 빵공장 노동을 금지했고 노동자 자녀들의 기술교육을 약간 시작했을 뿐이지만 사회를 대하는 태도는 분명 시대를 앞섰다. 4월 중순 전투가 격심해지고 부상자가 속출하자 코뮌 정부는 법적 결혼 여부에 상관없이 방위군의 모든 동반자 여성과 자식들에게 방위군 연금 지급을 결정한다. 전투 수행을 독려하기 위해서이긴 했지만, 남녀의 동거에 대해 앞으로 한 세기가 지나야 이루어지는 조치를 시행한 것이다. 그뿐 아니라 코뮌에는 보이지 않는 것이 흘렀다.

바를랭, 페레, 프랑켈,[38] 말롱 같은 코뮌 위원들은 노동자의 현실을 알고 있었다. 자신들이 노동자였고 다른 노동자들과 같이 일했고 파업을 일으켰고 동료들의 사정을 낱낱이 주의 깊게 들었다. 부당한 일을 호소하는 노동자들 편에서도 바를랭이, 이 명민한 젊은 지도자가 자신의 말을 하찮게 여기지 않고 공감하지만 사실을 정확히 짚으려 한다는 것을 알아들었다. 제본공 나탈리 르멜도 마찬가지였다. 신중하고 말수가 적고 여성의 노조화에 첫 삽을 뗀 세대이면서도 전혀 나서지 않았다.[39] 물론 그런 노동자들 사이의 관계로 코뮈나르 여성들의 전투성 또는 파괴적 성격이 설명되는 것은 아니다. 그러나 진정 이 여자들은 피

---

38 테오필 페레Théophile Ferré(1846-1871). 블랑키파 코뮈나르. 20구 공화파 중앙위원이었고 다르부아 파리 대주교 등의 인질 처형에 동의했다고 알려져 있다. 레오 프랑켈Léo Frankel(1844-1896). 헝가리 출신의 보석 세공사. 인터내셔널 회원이었고 코뮌 정부에서 노동과교역위원회에 속해 재정도 관리했다. 5월 진압을 피해 스위스로 나간 후 런던까지 가서 마르크스와 접촉했다. Julien Chuzeville, *Léo Frankel: Communard sans frontières*, Paris: Libertalia, 2021 참고.

39 *Des Graines sous la neige, Nathalie Lemel, Communarde et visionnaire*, Sur un scénario de Roland Michon, Dessin et couleur de Laëtitia Rouxel, Bretagne: Locus Solus, 2017; Eugène Kerbaul, *Nathalie Lemel, Une communarde bretonne révolutionnaire et féministe*, Paris: Le temps des cerises, 2014(2003).

갈에서, 바티뇰에서, 13구에서 몇 시간 뒤면 쓰러질 바리케이드를 왜 쌓고 또 쌓았으며 왜 지켰을까.[40]

5월 22일 정부군이 드디어 서북쪽을 뚫고 샹젤리제로 넘어오자 궤멸이 남았을 뿐이지 패배는 확연했다. 불타는 파리는 이때부터 시작되었다. 처음에는 정부군의 포격으로 센강 좌안의 병영인 샹드마르스와 재무부에 불길이 솟았다. 그러자 코뮌 연맹군은 화염탄을 쏘아 정부군의 진격을 막았고 튈르리궁전, 시테Cité섬 양편의 중요한 공공건물, 국무원, 오르세역 앞의 레종도뇌르궁전, 회계원, 경찰청사, 법원 건물, 생제르맹 대로의 저택들, 동쪽 5구, 센강 우안의 생토노레, 생퇴스타슈 민중 구역이 무서운 화염에 휩싸였다. 이때 불을 지른 것이 석유통 들고 다닌 여자들이라는 소문이 퍼졌다. 어느 야만족의 공격에도 이런 참화는 없었다는 개탄도 나왔고 이 방화 때문에도 코뮌은 역사상 매우 상반된 평가를 부른다.[41]

그러나 살아남은 코뮌파는 이 대화재의 전말을 알려 그 여성들을 '불 지르는 여자'라는 낙인에서 구하려 했다. 5월 피의 주간에 10구 어느 다락방에 숨었다가 요행히 스위스로 건너간 앙드레 레오는 9월 27일

40 Marcel Cerf, "La barricade de 1871", Alain Corbin et Jean-Marie. Mayeur(éd.), *La Barricade*, Paris: Publications de la Sorbonne, 1997, pp. 323-335; David A. Shafer, "Plus que des ambulancières: Women in Articulation and Defence of their Ideals during the Paris Commune (1871)", *French History*, 7/1(1993), pp. 85-101; Robert Tombs, "La lutte finale des barricades: spontanéité révolutionnaire et organisation militaire en mai 1871", Alain Corbin et Jean-Marie Mayeur, s.d., *La Barricade*, Paris: Publications de la Sorbonne, 1997, pp. 358-365.

41 현재열, 〈1871년 파리 코뮌을 바라보는 두 가지 시선: 코뮌파와 반코뮌파〉, 제6회 프랑스사학회 학술대회 발표문, 2007. 8. 26.

스위스 로잔에서 코뮌기의 인질 처형과 마지막에 벌어진 방화를 변호하고 싶었다. 이에 항의하는 강연장의 소란으로 레오의 연설은 불발에 그쳤지만 100년 후 역사가 페로는 레오의 그 긴 강연문 〈사회전쟁〉을 소개하면서 "그 여자는 분노하고 있었다"고 레오의 심경을 읽었다.[42] 레오는 코뮌의 문제점을 인지하고도 남아 "코뮌의 훌륭한 대의는 어리석은 무능력에 빠졌다"고 공언한 침착한 여성이었다. 그러나 "나는 피 흘린 날들, 두려운 밤들의 증인이었다"고 전제하고 약탈과 살해와 방화의 진상을 알리면서 다음과 같이 진술했다. "역사상 특권은 언제나 부도덕했으며 3월 18일 봉기는 그 특권을 물리치는 평등과 공정을 요구한 것이다."[43]

누벨칼레도니, 귀환, 다시 감옥

5월 22~24일 사람들이 공포로 전율하며 소르본에서 5구 동쪽 끝 골목을 뒤지고 혹시라도 문 열어주는 집이 있는지 헤매는 사이 미셸은 체포를 피할 수도 있었다. 그러나 '엄마'가 붙잡혔다는 소식에 엄마의 소재지로 갔으며 거기서 베르사유군에 체포되었다. 살아남은 사람들은 남녀 없이 군중의 모욕과 조롱과 부르주아가 뱉는 침을 감당하며 베르사유까지 30킬로미터를 끌려갔다. 날이 더웠다. 베르사유에 4만 명을

---

42 Michelle Perrot, Préface, André Léo, *La Guerre sociale*, Paris: Le Passager Clandestin, Rééditions, 2011, pp. 9-22.

43 Ibid., p. 44.

수용할 시설은 없었기 때문에 더운 날 2만 명은 낡은 철제함선 안으로 들어갔고 8천 명은 연안 요새, 베르사유성의 오랑주리 정원, 생시르 군사학교의 마구간, 사토리 부두의 노천에 방치되었다. 사토리 감옥에서 여자들은 울부짖고, 정신착란을 일으켰으며, 끌려오면서 겪은 일에 몸서리를 쳤다.[44]

　미셸은 12월 베르사유 군사법정 제6평의회 재판정(재판관 들라포르트 중령)에서 7가지 중대 혐의로 중죄 판결을 받았다.[45] 공소사실은 ①정부의 형태를 바꾸려는 목석의 범죄 기도 ②내란 선동 ③명백한 무기 소지와 군복 착용, 무기 사용 ④사문서 위조 ⑤위조문서 행사 ⑥억류자들, 즉 코뮌 인질의 살해 교사 도발 ⑦불법 체포 교사와 이에 따른 고문·살해 및 목적을 인지한 가담이었다. "흑색의 풍성한 머리칼, 튀어나온 이마, 반짝이는 눈빛, 뾰족한 콧날, 비웃는 미소, 힘차고 단호한 자세"로 묘사된 미셸은 재판 내내 고개를 빳빳이 들고 법원 서기를 똑바로 쳐다보았고 당당하게 말했다. "변론은 의미 없다. 내 목숨은 순전히 당신에게 달렸으니 좋을 대로 하라. 다시 말하지만 나는 사회혁명의 주창자에 속하는 것을 자부한다. (……) 당신이 나를 총살하지 않으면 비겁하다."

　연인 사이였던 페레의 사형 선고에 미셸이 한층 강경해졌으리라는 해석도 있지만,[46] 이 재판은 빅토르 위고가 미셸의 변론처럼 쓴 시

---

44 Mme C. Hardouin, *La détenue de Versailles en 1871*, Paris: Chez l'auteur, 1879, pp. 71-72.

45 *Louise Michel devant le 6e conseil de guerre: son arrestation par elle-même, dans une lettre au citoyen Paysant*, Paris, 1880, pp. 3-4.

46　아직 어두운 아침 7시 사토리 언덕에 죄수 마차가 도착했다. 헌병의 호위 아래 죄수들이 차에서 내렸고 (연맹군 사령관) 로셀은 장교들에게 경례를 했다. 마지막으로 내린 페레는 검은색 옷에 코안경을 쓰고 담배를 물고 있었다. 페레는 씩씩한 걸음으로 세 번째 사형대로 간 다음 눈가리개를 치

〈대장부Viro Major〉로도 유명한데, 하여튼 재판정은 미셸의 최후진술을 중단시키고 15분간 재판관들과 숙의한 뒤 평의회의 이름으로 요새 유형을 선고했다.

남태평양 유형지로 가는 죄수 호송선 버지니아호. 루이즈 미셸의 그림이다.

미셸을 기다리고 있는 것은 머나먼 남태평양 유형지였다. 나탈리 르멜도 같았다. 미셸은 파리에서 멀지 않은 오트마른 감옥에 갇혔다가 1873년 8월 24일 대서양 항구 보르도에서 죄수 호송선 버지니아호(영국 선적)에 올랐다. 프랑스 땅의 마지막 날에는 모든 죄수가 가족과 친지들을 만났으며 미셸도 면회 온 엄마와 작별 인사를 했다. 배는 4개월의 항해 끝에 누벨칼레도니에 도착했다.[47]

19세기 프랑스는 해군부 관할 아래 본국 외에 프랑스령 기아나, 마다가스카르, 인도차이나 등지에 유형지를 두었다. 1789년 프랑스혁명 후 1830년 리옹 봉기, 1848년 혁명의 전복으로 정치범이 양산되었고 또한 식민지를 정복하는 과정에서 식민지의 항쟁자들도 처리해야 했던 까닭에 감옥과 유형지가 확대되었다. 여성이 유형지로 떠난 것도 1871년

워버리고 그에게 다가오는 사제를 물리치고 안경을 제대로 맞추고서 군인들을 똑바로 쳐다보았다. Bernard Noël, *Dictionnaire de la Commune*, 1, Paris: Flammarion, 1978, pp. 279-280. 한편 페레의 누이 마리 페레는 이 처형에 꼼짝도 하지 않았다고 하며 미셸은 훗날까지 마리와 친하게 지냈다.
47 현재열 〈"붉은 성녀" 루이즈 미셸의 식민지 경험—누벨칼레도니에서의 이문화 접촉 과정과 그 영향〉, 《서양사론》 118호(2013), 190-216쪽.

코뮌이 처음은 아니다. 처음인 것은 여성이 정치범의 지위로 유형에 처해진 것이었다. 유형선에서는 칸막이 너머로 말을 주고받을 수 없었지만 미셸은 신랄하기로 이름난 언론인 앙리 로슈포르Henri Rochefort와 인사했다. 앞으로 30년간 지속될 동지애의 시작이었다. 멀리 모로코가 비치는 대서양 연안에서 미셸은 바닷새 앨버트로스에 신기해하면서도 베르사유 감방에서 자신들을 돌보았던 수녀들이 계속 떠올랐다.

> 누벨칼레도니에 다가갈수록 점점 서글퍼졌다. 쇼몽의 기숙사에 있을 때 엄마가 딸기과자를 갖다준 일, 몽마르트르의 어린 학생들과 지낸 파리 시절 그리고 코뮌. 포탄 아래 빗속 야영지의 어두웠던 시간들. 탄압, 피, 절망, 고통. 그 모든 것들 사이로 엄마의 모습이 끊임없이 스쳤다. 오베리브, 전나무 사이를 꼬불꼬불 올라가는 좁은 골목, 바람이 세차게 불어대는 커다란 기숙사. 그 모든 것이 나를 울게 했다. 이제 가엾은 엄마는 그곳에 없다. 가슴이 터지는 것 같았다.[48]

모든 것이 낯설고 너무도 먼 유형지에서 코뮌 죄수들은 쇠약해졌으며 정신이상으로 비명만 지르기도 했다. 그렇지만 죄수번호 2182 미셸은 여전히 수목과 새에 감탄하고 현지 카나카인Kanaka들의 낯선 언어와 처음 보는 생활방식을 탐구했으며, 그런 그에게 친구들도 잊지 않고 책을 보내고 소식을 전했다.[49]

---

48 Louise Michel, *Matricule 2182 "Souvenirs de ma vie" par Louise Michel*(extraits), Paris: Dauphin, 1981, p. 95.

49 Ibid., pp. 99-168.

1870년대 후반 선거로 왕당파가 물러나고 공화정이 안정되자 코뮈나르 사면령도 통과되었다. 미셸은 1879년 10월 국방장관의 사면 명령서를 받았지만 개의치 않았다. 죄가 무효가 되는 사면amnestie이라야지 동정을 받는 특별사면grâce은 필요 없었다. 미셸은 전체 사면일인 1880년 7월 11일 햇수로 8년을 지낸 섬을 나왔다. 배가 수에즈운하를 거쳐 11월 7일 런던에 도착하자 런던 역에서는 독일인, 오스트리아인, 러시아인, 프랑스인이 모여 라마르세예즈 합창으로 드디어 프랑스로 떠나는 미셸을 환송했다. 11월 9일 아침 10시쯤 파리 생라자르 역에는 급진파 거두 클레망소, 노년에 이른 1848 혁명가 루이 블랑, 언론인 앙리 로슈포르와 1만 명 가까운 인파가 나와 있었다.

어느 자리에서나 지난날 서약대로 검은색 옷만 입는 이 여성은 프랑스를 넘어 영국, 벨기에, 네덜란드를 돌며 수도 없는 정치 연설을 했다. 혁명아 블랑키Auguste Blanqui의 장례, 1890년의 대대적인 5월 1일 노동절, 런던 아나키스트 인터내셔널 대회에 나갔다. 이 연설들이 또다시 시위 사주 혐의를 받아 미셸은 또 여러 번 감옥을 갔다. 클레르몽 감옥에서는 무엇보다 병든 엄마가 걱정이었는데 당국의 허가로 1885년 1월 5일 엄마 마리안 미셸의 임종은 지켰다. 경찰을 대동하고 클레망소가 와주었다. 그러나 어머니의 장례 참석은 허가되지 않아 미셸은 감옥으로 되돌아갔다.

그래도 파리 감옥에서는 종일 글을 썼다. 프랑스는 19세기 중반 감옥 제도를 개선하고 수감자들에게 독서와 집필을 허용했다. 미셸은 회고록을 계속 쓰고 소설 구상도 놓지 않았으며 독일과 러시아에 가보지 못하는 것을 유감스러워했다. 미셸에 대한 시대의 반응은 묵직했다.

독일 신문《자유Freiheit》는 "루이즈 미셸은 많은 남자들에게 인내와 용기, 원칙에 충실한 것이 무엇인지를 가르쳐주리라"라고 쓴다. 미셸은 런던 강연에서는 어린 시절의 브롱쿠르에서 유형지 누벨칼레도니까지 자신의 인생을 털어놓았다. "내 신념에 공감하지 않아도 진지한" 영국의 청중이 이 여성을 마음껏 말하게 했다.

1886년 1월, 미셸이 마지막으로 생라자르 감옥에서 나왔을 때 파리는 시끄러웠다. 권위보다 인민의 자유, 국가체제보다 자율과 연합을 중시하는 아나키즘, 자본주의의 악폐는 생산수단의 집산화로 물리쳐야 한다는 집산주의collectivisme 양자의 대립이 치열했다. 미셸은 자유를 중시하는 프리메이슨Freemason(석공회)이었고 유형지에서 얻은 사색의 결론인 듯 국가의 권위를 부정하는 아나키즘에 기울었다.

이 시대의 루이즈 미셸

미셸은 자신이 겪어 잘 아는 감옥 이야기를 쓰고 싶었다. 37요새에서 시작하여 코뮌의 사토리, 오브리브, 유형지 누벨칼레도니, 라로셀, 다시 파리의 생라자르, 동부 클레르몽 중앙감옥까지 정말 많은 감옥을 다녔다. 다만 여성 감옥은 남성 감옥보다 덜 거칠어 "나는 추위나 배고픔에 시달리지 않았다". 미셸은 그 책 첫 장면에 코뮌의 앰뷸런스 가담자들, 사형선고를 받고 살인적인 기후의 대서양 카엔으로 보내졌던 여성들을 넣으려 했다. 그러나 1898년에 간행된 미셸의《코뮌》을 열면 시야가 확 트여 있다. 이 책은 "(바르셀로나) 몽후시의 희생자들, 목 졸린 아르메니아인들, 쓰러진 에스파냐인들, 그 외에도 패배한 그리스인들, 끊임없이 봉기하는 쿠바인들, 그들을 돕는 미국인들에게" 바쳐졌다.[50]

그렇다면 그 넓은 시야와 감옥에 갇혔던 미셸은 어떻게 이어진 것일까. 엄마에게는 형편이 넉넉하다고 하면서 몽마르트르에서 간신히 집세를 내던 그 여성은 종내 빈곤하고 비참한 사람들 사이에 있으려 했다. 글자 모르는 여성들에게 책을 읽도록 가르치던 미셸은 "내 감정과 남의 고통 사이를" 오갔다. 당대에 특히 지방에서 미셸은 무시무시한 남장여자, 심지어 식인귀Ogresse, 곧 사람의 탈을 쓴 괴물로 보였다.[51] 그러나 루이즈는 세상이 버리는 정신이상자와 백치들을 예사롭게 보지 않았다. 농촌 출신이기도 했지만 일에 묻혀 기를 못 펴는 농촌 여성을 세밀하게 그렸다. 역사가 미슐레Jules Michelet는 19세기 낭만주의가 혁명적이었던 데에는 바로 그런 보이지 않는 물결이 사람들 사이를 흘렀기 때문이라고 지적한 바 있다.

사람들 살기가 무척이나 달라진 2000년대에도 코뮌의 역사는 사라지지 않았다. 2021년 코뮌 150주년은 간소하지만 수많은 행사와 토론회, 또 실물 크기의 코뮈나르 인형 전시회로 진행되었다. '우리가 코뮌이다'라는 제목 아래 두구두스Dugudus가 제작한 전시회의 루이즈 미셸은 강렬하지만 밝고 깨끗했다.[52] 처절하게 쓰러진 코뮌 여성들이 오

---

50 Louise Michel, *La Commune*, Paris: P.-V. Stock, 1898. 표지 바로 다음 쪽 번호 없는 쪽. 바르셀로나의 몽후스는 오래된 유대인 묘지 언덕의 이름이다. 1894-1896년 오스만튀르크의 술탄 재임 때 아르메니아인들이 적어도 10만 명 이상 학살된 것으로 추산된다. 그리스인들에 대한 언급은 1897년 그리스-튀르크 전쟁을 말할 것이다. 1895년에서 1898년 사이에 쿠바는 에스파냐에 대한 마지막 독립투쟁 단계로 들어갔다.

51 *Mémoires de Louise Michel, Préface de l'Éditeur*, p. I-II.

2021년 파리시 코뮌 150주년 포스터.

늘 이렇게 밝게 출현할 수 있다면, 그들이 원한 것도 파괴와 항쟁만이 아니라 다른 차원의 혁명이었다고 읽을 수 있을 것이다.[53]

1905년 1월 장례식은 성대하게 치러졌지만 그때부터 곧 미셸이 추모를 받은 것은 아니며 프랑스 공산당이 프랑스 사회에 뿌리내리면서야 그 이름이 오르내렸다. 2차 세계대전 후의 본격적인 연구자가 한때의 공산당원 에디트 토마였던 것도 우연이 아니다. 그러나 이데올로기의 성세가 물러가고 코뮌은 19세기 혁명의 종언도 20세기 혁명의 전초전도 아니라고 생각하게 된 이 시대에 루이즈 미셸은 빛이 바래지 않았다. 코뮈나르 여성들의 행동은 혁명이 체제와 사회구조만의 일이 아니라는 무언중 발언이었으며 루이즈 미셸은 더구나 뚜렷한 사례였기 때문이다.

어느 시대, 어느 사회에서든 우리는 항의할 줄 알아야 한다는 것을, 여성이라면 순종해야 한다고 믿는 시대는 부정되어야 한다는 것을, 노동자라면 하찮게 보는 서열 사회를 우리는 거부한다는 것을, 그리고 그 모든 매운 비판과 항의에 내가 책임을 진다는 것을 루이즈는 가리켰다.

---

52 Les Amies et Amis de la Commune의 웹사이트, 역사가 앙리 기유맹Henri Guillemin의 영상, 코뮌 전문 역사가 자크 루주리Jacques Rougerie의 웹사이트, 작가 미셸 오댕Michèle Audin 등의 개인 블로그, 연구의 지방화와 다변화, 2021년 150주년을 기념하여 간행된 문헌 등으로 코뮌에 대한 프랑스인의 관심은 전보다 더 넓어지는 것 같다. 웹사이트 소개는 참고문헌을 보라. 50명의 코뮈나르를 실물 크기 인형으로 제작한 '우리가 코뮌이다' 전시는 https://www.nouslacommune.fr/ 참고.

53 Eugene W. Schulkind, "The socialist women during the 1871 Paris Commune", *Past & Present*, No. 106(Feb., 1985), pp. 124-163; Gay Gullickson, "La pétroleuse: Representing Revolution", *Feminist Studies*, 17/2(Summer 1991), pp. 240-265.

《코뮌 여성 소사전》[54]

파리 13구 이탈리 광장역 위 생크 디아망 거리 45번지, 코뮈나르들이 처형되었던 '자갈언덕' 아래에는 허름한 작은 사무실을 두고 100년이 넘게 자리를 지키면서 연구자와 시민이 함께 모여 코뮌 추모와 기념사업을 하는 곳, '1871 파리 코뮌의 친구들Les Amies et Amis de la Commune de Paris 1871'이 있다. 2013년에 간행된 《코뮌 여성 소사전》은 이 '친구들'이 경찰 사료, 코뮌 재판 사료, 군 사료를 뒤져서 800여 명을 수록한 작은 책이다. 3명의 연구자는 조사하고 조사했지만 "시민적 참여로 코뮌에 민주주의의 바람을 불어넣었던 이 여성들의 이름과 얼굴"을 더 이상 실증적으로 찾지 못했다면서 "다만 800명을 수록할 뿐이다. 다른 초상들이 어둠에서 나오기를 바라 제2의 작업을 하겠다"는 회한의 인사말을 남겼다. 2022년 서울에서 간행되는 이 책의 한 모퉁이를 빌려 그 800명 중에서도 다만 8명을 일별하며 우리 역시 1871년 파리의 재단사·내의 전문공, 세탁부·시계 조정공, 제본공, 장신구 제작공, 포도주 상인, 초등교사 경비원…… 그 코뮈나르 여성들을 좀 더 소개할 기회가 있기를 바란다. 이름 표기는 소사전을 그대로 따랐다.

게리에Guerrier, 마르그리트, 빅투아르

티네르의 부인. 1831년 3월 6일 남중부 퓌드돔도의 이수아르에서 태어났고 파리 13구 장티이 거리 16번지에서 살았다. 1856년 남부 리옹에서 받은 교사자격증으로 파리에 온 다음 변두리에서 사립학교를

---

54 Rey, Claudine, Annie Gayat, Sylvie Pepino, *Petit dictionnaire des femmes de la Commune. Les oubliées de l'histoire*, Paris: Les amis de la Commune de Paris 1871/ Limoges: Editions Le bruit des autres, 2013.

설립했으며 1867년 소비협동조합을 창설했다. 코뮌에 봉사하며 학교의 세속화를 주장했고 5월 26일 파리에서 체포되었다. 남편은 베르사유 정부에 우호적이었지만 아내를 방어한 죄로 곧 처형당했다. 1874년 1월 9일 궐석재판으로 요새형을 선고받지만 이미 스위스에 피신해 있었고 다시 1879년 헝가리로 갔을 때 사면받았다.

데샹Deschamps, 마리, 레오니

고故 마니에르의 부인. 1826년 4월 11일 코트도르도의 마레 쉬르티유에서 태어났다. 코뮌기에 파리 3구 튀렌 거리 38번지에 거주하던 공방학교 교장으로, 노동자들에게 피해를 주는 종교시설 작업장을 대체할 계획이 있었다. 진보 교육을 목표로 하는 데샹의 학교에서는 12세인 학생들에게 여성 노동자 교사가 이론과 실무를 가르쳤다. 1871년 4월 16일 코뮌 신문들과 〈지방에 보내는 호소문〉 11부를 갖고 있다가 파리 서부의 세브르에서 체포되었다. 데샹은 1876년 10월 파리의 프랑스 노동자 대회에 대의원으로 참석하여 남녀동등 교육, 노조에 의한 직업교육 발전을 요구했다.

독트리날Doctrinal, 소피

고故 르마르샹의 부인. 1830년 3월 18일 마른도 크루아시읍의 농가에서 태어난 재봉사였다. 1868년에 파리로 상경해 토목공과 결혼했는데 남편이 1870년에 사망했다. 파리 18구 트루아프레르 거리 49번지에서 루이즈 미셸과 함께 18구 여성감시위 위원장으로 일했다. 독일군의 파리 점령기에는 직공 70-80명을 둔 국립봉제공방을 운영했다. 불황 속에 임금 대신 생활물품을 지급하다가 3월 10일 공방 문을 닫고 군대 앰뷸런스 보조원으로 나갔다. 1871년 3월 18일 봉기에 참가한 독트리날은 1872년 4월 10일 제26전쟁평의회에서 요새 수감형을 선고받고 오트마른도의 오브리브 감옥에서 7년 복역 중 사망했다.

뒤발Duval, 페린, 나탈리

르멜의 부인. 1827년 8월 26일 서부 해안도시 브레스트에서 태어났다. 그 도시에서 서점을 운영하다가 파리로 올라와 3구 베랑제 막다른 골목 12번지에서 제본공으로 일했다. 세 자녀를 두었으며 국제노동자협회에 가입하고 제본공 파업과 인쇄제본공노조 설립, 노동자식당에 기여했다. 레오 프랑켈이 맡은 노동조사위원회 집행위원으로 코뮌에 가담했으며, '피의 주간'에 피갈 광장의 바리케이드를 구축한 뒤 제4전쟁평의회 법정에서 자신의 코뮌 활동을 인정했다. 1872년 9월 10일 요새형 선고를 받고는 친구들이 제출한 사면 진정을 거부했으며 1873년 8월 10일 루이즈 미셸, 다른 여성 수감자들과 함께 누벨칼레도니로 유형을 갔다가 병이 들었다. 1879년 부분사면 때 귀국하여 파리 18구에 기거하면서 한때는 코뮈나르 언론인 앙리 로슈포르 신문의 기금을 받았지만 이 신문이 민족우익 불랑제주의 운동을 지지하자 기금 수령을 거부했다. 극심한 빈곤 속에 눈이 멀고 1915년 파리 외곽 이브리병원에 들어갔으며 1921년 5월 8일 이 병원에서 숨을 거두었다.

마리 카이외Marie Cailleux

1851년 빌로느(뫼즈도)에서 태어나 1885년 1월 16일 파리에서 사망했다. 코뮌기에는 미혼으로 11구 생모르 모퉁이 로케트 거리 여관의 하녀였으며 바리케이드 구축과 무기 사용으로 기소되었다. 1872년 4월 24일 제6전쟁평의회에서 요새 수감형을 선고받고 누벨칼레도니에서 수감자인 플라스(베를레)와 결혼했다. 1879년 11월 27일 석방되어 두 사람은 두 자녀와 함께 프랑스로 귀환했다.

샤르뱅Charvin, 플로랑스, 레오니드

1836년 9월 18일 드롬도 발랑스에서 태어나 1891년 8월 16일 알제리의 무스타파에서 사망했다. 1862년부터 파리 코메디 프랑세즈 극장에서 활동한 배우이다. 40여 명의 가수, 배우들과 함께 코뮌기에 5월 14일 튈르리궁전 공연 등 축제에 참가했다. 베르사유 정부군이 파리로 진입한 21일 일요일에도 궁에서 부상자와 사망한 국민방위군의 아내와 고아들을 위해 빅토르 위고의 시 〈징벌Châtiments〉을 낭독했다. 1872년 코메디 프랑세즈 사직. 1888년 7월 5일 알제리 공연 도중 마비 증세를 일으키고 3년 후 사망했다.

쉬에탕Suétens, 레옹틴

1846년 5월 4일 우아즈도의 보베에서 태어났다. 파리 3구 보스 막다른 골목 3번지에 거주한 독신 세탁부였다. 코뮌 초기부터 전투에 참가하고 두 번 부상당했으며 5월 22일 7구 릴 거리에서 종일 "바리케이드를 구축하고 석유통을 운반"했다. 1871년 7월 8일 체포되고 9월 4일 제4전쟁평의회에서 사형선고를 받았는데, 11월 27일 종신노역형으로 감형되어 남태평양 기아나섬으로 가기 전에 오브리브 감옥에 수감되었다.

파파부안Papavoine, 윌랄리

1846년 11월 11일 욘도 오세르에서 태어났다. 파리 20구 룽스 막 다른 골목 3번지에서 한 자녀를 두고 독신으로 살았던 재단사이다. 연 맹군 135부대 발타자르 하사와 동거하면서 야전병원 대원으로 뇌유, 이시, 방브, 르발루아의 전투지를 다녔다. 다미, 쉬에탕과 함께 7구 솔 페리노 거리의 주택에서 귀중품을 훔친 혐의를 받았다. 릴 거리 방화 가담은 부인하고 솔페리노 거리의 야전병원 활동은 인정했다. 1871년 7월 8일 체포되어 9월 4일 누벨칼레도니 유형을 선고받고 공민 자격을 박탈당했다. 네 살 난 아들을 적법하게 하기 위해 사토리 항만에 구금 된 발타자르와 결혼했다.

영화 〈코뮌La Commune(Paris, 1871)〉

수많은 코뮈나르를 상상해볼 수 있는 영화로, 피터 왓킨스Peter Wat-kins가 제작, 감독했다. 2000년 유럽 방송 아르테Arte가 배급하고 프랑스에서는 2007년에 상영된 이 영화는 상영시간 346분의 흑백 다큐멘터리 작품으로, 구성도 출연진도 창의적이다. 우리나라에서는 2007년 제8회 전주국제영화제에서 처음 소개되었고, 2019년 서울레지스탕스영화제에서도 상영되었다. 왓킨스 감독은 "코뮌은 그 많은 사람들이 스스로 공동체의 문제에 직접 개입한 사실로써 지금 여전히 새겨듣게 되는 사건"이라고 논평했다.

참고문헌

루이즈 미셸의 저술

Mémoires de Louise Michel écrits par elle-même, Tome I, Paris: F. Roy, Libraire-Éditeur, 1886.

Michel, Louise, *La Commune*, Paris: P.-V. Stock, 1898.

Michel, Louise, *Matricule 2182 "Souvenirs de ma vie" par Louise Michel (extraits)*, Paris: Dauphin, 1981.

당대 문헌

Comité Central, Délégué de la Garde nationale; *Rapport à l'Assemblée nationale, Pièces justificatives, Enquête parlementaire sur l'insurrection du 18 mars*, Assemblée nationale, N° 740, Session de 1871, Versailles, 1872.

Fontoulieu, Paul, *Les églises de Paris sous la Commune*, Paris: E. Dantu, 1873.

Freycinet, Charles de, *La Guerre en province pendant le siège de Paris. 1870-1871. Précis historique*, Paris: Michel Lévy Frères, 1871.

Hardouin, C., *La détenue de Versailles en 1871*, Paris: Chez l'auteur, 1879.

Léo, André, *La guerre sociale Discours prononcé au Congrès de la Paix à Lausanne*, Neuchâtel: Imprimerie G. Guillaume fils, 1871; Présentation par Michelle Perrot, Paris: Le Passager Clandestin, Rééditions, 2011.

Proudhon, P.-j., *Qu'est-ce que la propriété? ou Recherches sur le principe du droit et du gouvernement*, Paris: J.-F. Brocard, 1840; 피에르 조제프 프루동, 이용재 옮김, 《소유란 무엇인가》, 아카넷, 2003.

연구 문헌

노서경, 〈빈곤한 여성들의 코뮌(1871): 루이즈 미셸과 앙드레 레오의 대변〉, 《서양사연구》 59호(2018. 11), 83-120쪽.

변기찬, 〈파리지역 여성노동과 어린이의 죽음(1872-1914)〉, 《서양사학연구》 1(1998. 1), 203-236쪽.

양희영, 〈폴린 롤랑, 19세기 사회주의자 페미니스트의 삶〉, 《여성과 역사》 27호(2017),

219-247쪽.

현재열, 〈"붉은 성녀" 루이즈 미쉘의 식민지 경험—누벨칼레도니에서의 이문화 접촉 과
정과 그 영향〉, 《서양사론》 118호(2013), 190-216쪽.

현재열, 〈1871년 파리 코뮌의 여성 활동에 대한 범주적 비교〉, 《프랑스사연구》 10호
(2004), 57-86쪽.

Archer, Julien P. W., *The First International in France 1864-1872*, Boston: Uni-
versity Press of America, 1984.

Beach, Cecilia, "André Léo feuilletoniste : guerre, révolution et religion", Frédéric
Chauvaud, François Dubasque, Pierre Rossignol et Louis Vibrac(sd.), *Les
vies d'André Léo Romantisme féministe et communarde*, Rennes: Presses
universitaires de Rennes, 2015, pp. 248-250.

Bulger, Raymond, "Julie-Victoire Daubié(1824-1874). Ses modes particuliers d'oc-
cupation de l'espace public et d'action sur lui: une controverse?", *Femmes
dans la cité 1815-1871* sous la direction de Alain Corbin, Jacqueline
Lalouette, Michèle Riot-Sarcey, Grâne : éditions Créaphis, 1992, pp. 287-
292.

Deluermoz, Quentin, "Louise Michel ou la lutte sans fin", Michel Winock, s.d.,
Les figures de proue de la gauche depuis 1789, Paris: Perrin, 2019.

Des Graines sous la neige, Nathalie Lemel, Communarde et visionnaire Sur
un scénario de Roland Michon, Dessin et couleur de Laëtitia Rouxel,
Bretagne: Locus Solus, 2017.

Eichner, Carolyn J., *Surmounting the Barricades: Women in the Paris Com-
mune*, Bloomington: Indiana University Press, 2004.

Gullickson, Gay, *Unruly Women of Paris: Images of the Commune*, Ithaca: Cor-
nell University Press, 1996.

Harvey, David, *Paris, Capital of Modernity*, New York: Psychology Press, 2003.

Hazareesingh, Sudhir, *From Subject to Citizen. The Second Empire and the
emergence of modern French democracy*, Princeton: Princeton University
Press, 1998.

Kerbaut, Eugène, *Nathalie Lemel. Une communarde bretonne révolutionnaire
et féministe*, Paris: Le temps des cerises, 2014(2003).

Mémoires de femmes, mémoires du peuple, Anthologie réunie par Louis Constant, Paris: François Maspero, 1978.

Merriman, John, *Massacre The Life and Death of the Paris Commune of 1871*, New Haven: Yale University Press, 2014.

Perrot, Michelle, "La cause du peuple", *Vingtième siècle. Revue d'histoire*, N° 60, Numéro spécial: Les engagements du 20e siècle(oct.-déc., 1998), pp. 4-13.

Rey, Claudine, Annie Gayat, Sylvie Pepino, *Petit dictionnaire des femmes de la Commune. Les oubliées de l'histoire*, Paris: Les amis de la Commune de Paris 1871/ Limoges: Éditions Le bruit des autres, 2013.

Rougerie, Jacques, *Eugène Varlin. Aux origines du mouvement ouvrier*, Paris: Le Seuil, 2019.

Shafer, David, "Plus que des ambulancières: Women in Articulation and Defence of their Ideals during the Paris Commune", *French History*, 7/1(1993), pp. 85-101.

Thomas, Édith, *Louise Michel, ou la Valleda de l'anarchie*, Paris: Gallimard, 1971.

Tombs, Robert, "La lutte finale des barricades: spontanéité révolutionnaire et organisation militaire en mai 1871," Alain Corbin et Jean-Marie Mayeur, *La Barricade*, Paris: Publications de la Sorbonne, 1997, pp. 358-365.

웹사이트

Albert Peters-Desteract. Bertrand Tillier, "Les obsèques de Louise Michel", Histoire par l'image, http://www.histoire-image.org/fr/etudes/obseques-louise-michel.

Faisons vivre la Commune, https://faisonsvivrelacommune.org/.

l'Association des Amies et Amis de la Commune de Paris 1871, https://www.commune1871.org.

Le Maitron(노동자인명사전), https://maitron.fr/.

'우리가 코뮌이다' 전시회 1871-2021, https://www.nouslacommune.fr/.

5장

엘리자베스 캐디 스탠턴

혁명가의 성취와 모순

최재인

최재인__

서울대학교 서양사학과를 졸업하고 같은 학교 대학원에서 19세기 후반 아프리카계 미국인의 역사를 주제로 박사학위를 받았다. 미국사 전공으로 젠더, 인종, 계급 등의 주제에 관심을 두고 있다. 함께 지은 책으로 《서양 여성들, 근대를 달리다》(2011), 《서양사강좌》(2016), 《평화를 만든 사람들》(2017), 《다민족 다인종 국가의 역사인식》(2009), 《여성의 삶과 문화》(2019) 등이 있다. 《유럽의 자본주의: 자생적 발전인가, 종속적 발전인가》(2009), 《아름다운 외출: 페미니즘, 그 상상과 실천의 역사》(2012), 《가부장제와 자본주의: 여성, 자연, 식민지와 세계적 규모의 자본축적》(2014), 《세계사 공부의 기초: 역사가처럼 생각하기》(2015), 《나는 일본군 성노예였다: 네덜란드 여성이 증언하는 일본군 위안소》(2018) 등을 우리말로 옮겼다.

"남성은 양도할 수 없는 권리인 선거권을 여성이 행사하게끔 허용한 적이 없다. 남성은 여성에게 법을 준수하라고 강요하지만, 여성은 법률을 제정하는 과정에서 어떤 발언권도 행사해본 적이 없다."

1848년 7월 20일 미국 뉴욕주의 소도시 세니커폴스에서 발표된 〈소견선언문Declaration of Sentiments〉이다. '세니커폴스 선언문'이라고도 불리는 이 선언문은 1776년에 나온 〈독립선언문〉을 패러디한 글이다. 북아메리카의 백인들이 영국 정부에 저항하며 내걸었던 구호 가운데 하나는 "대표 없이 과세 없다"였다. 자기들은 영국 의회에 대표를 보낸 적이 없으니, 영국 의회가 부과한 세금과 법을 따를 의무도 없다는 주장이었다. 그때부터 72년이 지난 뒤, 미국 여성 엘리자베스 캐디 스탠턴Elizabeth Cady Stanton(1815-1902)[1]은 동지들을 모아 똑같은 논리를 남

---

1 엘리자베스 캐디 스탠턴은 결혼한 뒤 자기 이름을 적을 때 늘 결혼 전 성까지 병기하여 "엘리자베스 캐디 스탠턴"이라고 쓰곤 했다. 이는 결혼 후에도 결혼 전 성을 고수하려는 의지의 표현이라고 볼 수 있다. 이런 그의 문제의식에 주목하여, 역사학자 데이비스는 그를 간단히 칭할 때 "스탠턴"이라고 하지 않고 "캐디 스탠턴"이라고 쓴다(Sue Davis, *The Political Thought of Elizabeth Cady Stanton*, New York University Press, 2008, p. 227 주 1). 이 글에서도 캐디 스탠턴의 문제의식과 이를 존

성 권력자들에게 제기했다. 이 글은 보편적 자유와 평등을 내걸고 수립된 미국 정부가 여성을 시민공동체에서 배제하는 것을 규탄하고, 남성이 여성을 폭군처럼 억압하는 현실을 고발하고 있다.

캐디 스탠턴은 미국에서 처음으로 여성참정권을 주장한 19세기 여성운동가로 널리 알려진 인물이다. 그러나 그는 참정권뿐 아니라 사회에서 여성의 지위, 여성에 관한 통념에 근본적으로 문제를 제기한 혁명가였다. 자신이 초안을 작성한 1848년 세니커폴스 선언문 이래, 그는 여성이 삶을 독립적이고 주체적으로 살아갈 수 있어야 하고, 이를 위해 여성에게 평등한 기회가 보장되게끔 법적·제도적 개혁이 필요하다는 점을 평생에 걸쳐 강조했다. 또한 공공사회에서뿐 아니라 가족관계와 교회 등에서도 여성의 지위가 변화해야 한다고 주장했다.

미국혁명을 거치면서 보편적 자유와 평등의 원리가 공표되었지만, 신생국 미국은 여성에게 참정권을 주지 않았다. 여성을 공공사회의 일원이기보다는 사적인 가정에 속하는 존재로 여겼다. 가족이나 종교 공동체에서는 나이와 성별, 지위에 따른 서열을 당연시했으며, 권위에 대한 복종이 미덕이었다. 여성에게는 독립성보다는 복종을 강조했다. 꿈과 목표를 세우고 이를 열정적으로 추구하기보다는 보호받을 수 있는 길을 찾고 돌봄의 의무를 우선시하라고 가르쳤다.

이런 문화에서 여성에게 참정권을 부여하는 것, 즉 여성을 시민의 일원으로 인정하는 것은 단순히 법률을 개정하는 데서 끝나는 일이 아

중하는 데이비스의 호명 방식을 따라, 성만 간단히 언급할 때 "캐디 스탠턴"이라고 쓴다. 다만 결혼 전 시기를 서술할 때는 "엘리자베스"라고 쓰기도 한다.

1880년 무렵 60대 중반의 엘리자베스 캐디 스탠턴.

니라 가정을 비롯한 모든 공적·사적 관계에서 여성을 대하는 태도와 생각이 변화해야 함을 말하는 것이기도 했다. 자유주의가 여성주의와 결합하면 일상과 통념을 전복하는 혁명적 성격을 띠게 된다. 그리고 이를 일찍이 잘 보여준 인물 중 하나가 바로 캐디 스탠턴이다.

미국에서 여성참정권을 처음 주장한 사람은 캐디 스탠턴이지만, 1920년 드디어 여성의 참정권이 법적으로 확보되었을 때[2] 가장 큰 기여자로 지목된 사람은 그의 평생 동지였던 수전 앤서니Susan B. Anthony 이다. 캐디 스탠턴이 1869년 전국여성참정권협회National Woman Suffrage Association(NWSA)와 1892년 전미여성참정권협회American National Woman Suffrage Association(ANWSA)의 초대 회장을 지내기는 했지만, 그를 회장에 앉히고 조직을 운영한 실세는 앤서니였다. 캐디 스탠턴은 조직 활동이나 회장직을 즐기는 성향이 아니었다. 여성참정권 운동의 조직을 꾸리고 후배들을 챙긴 사람은 주로 앤서니였다.

캐디 스탠턴이 본격적으로 주목받은 것은 1970년대에 여성주의와 여성학이 발전하면서였다. 여성주의의 선구자를 찾던 학자들에게 1848년 세니커폴스 선언문을 쓰고, 그 뒤 반세기 동안 꾸준히 여성주의 쟁점을 제기해온 캐디 스탠턴은 자랑스러운 선구자로 손색이 없어 보였다.[3] 그런데 스탠턴에 대한 이런 역사적 평가는 거의 대부분 그가 남

---

2 여성참정권운동에 힘입어 19세기 후반부터 20세기 초까지 중서부 여러 주에서 여성들이 참정권을 확보했다. 와이오밍(1890), 콜로라도(1893), 유타(1896), 아이다호(1896), 워싱턴(1910), 캘리포니아(1911), 오리건(1912), 캔자스(1912), 애리조나(1912), 네바다(1914), 몬태나(1914), 미시건(1918), 사우스다코타(1918), 오클라호마(1918). 1920년에 연방의회는 헌법 추가조항 제19조를 통해 미국 전역에서 여성에게 참정권을 부여했다.

3 Ellen Carol DuBois, *Feminism and Suffrage: The Emergence of an Independent Women's*

긴 기록에 기초한다. 현재 여러 미국사 교과서와 역사박물관, 다큐멘터리 등에서 제시하는 미국 여성운동 1세대의 서사는 1848년 세니커폴스 대회에서 시작해 1920년 전국 차원에서 여성참정권이 보장되는 것으로 일단락된다. 이러한 서사가 정립된 것은 캐디 스탠턴이 앤서니, 마틸다 조슬린 게이지 등과 함께 편집한 방대한 자료집이자 역사서인《여성참정권의 역사History of Woman Suffrage》덕분이기도 하고,[4] 19세기 후반부터 캐디 스탠턴과 앤서니가 1848년 대회를 기념하는 행사를 대대적으로 반복하면서 만들어낸 역사적 기억 때문이기도 하다.[5]

대중적 인지도와 역사적 비중에 견주어 볼 때 캐디 스탠턴을 다룬 본격적이고 학술적인 전기는 많지 않다. 이는 부분적으로는 캐디 스탠턴이 남긴 인종주의적이고 계급차별적인 독한 발언들 때문이기도 했다. 캐디 스탠턴은 여성에게 참정권이 없는 부조리한 상황을 드러내기 위해 혐오를 부추기는 선정적인 언어를 구사했다. 노예제의 역사가 있는 미국 사회에서, 인종에 따른 차이와 차별이 지금도 큰 문제로 남아있는 상황에서, 여러 차례에 걸쳐 인종주의적 발언을 한 캐디 스탠턴을 역사적으로 평가하기란 어려운 일이다.

캐디 스탠턴을 다룬 최근 연구서들은 그의 인종주의적 또는 엘리트주의적 문제점까지 분명히 지적하면서, 그럼에도 그의 주장에 담긴

Movement in America, 1848-1869, Ithaca: Cornell University Press, 1978, pp. 40-41.

4 Elizabeth Cady Stanton, Susan B. Anthony, and Matilda Joslyn Gage, eds., *History of Woman Suffrage*, I-VI, Kindle Edition, 2017(캐디 스탠턴이 관여한 것은 I-III권이다).

5 Lisa Tetrault, *The Myth of Seneca Falls: Memory and the Women's Suffrage Movement*, Chapel Hill: University of North Carolina Press, Kindle Edition, 2014.

역사적 의미를 지금보다 더 높이 평가할 필요가 있다고 주장한다. 미국 건국의 아버지 중 한 명인 토머스 제퍼슨은 노예농장주이면서도 "모든 사람은 평등하게 태어났다"는 〈독립선언문〉을 쓴 모순적 존재였지만 북아메리카에 공화정의 기초를 놓은 혁명적 업적을 남겼다. 마찬가지로 캐디 스탠턴 역시 모순으로 가득한 인물이었지만 여성의 지위와 관련해 새로운 생각을 제시했다는 점에서 역사적으로 큰 진전을 만들어 낸 인물이라는 평가이다.

캐디 스탠턴은 82세가 된 1897년에 자서전 《80년을 넘어 살며 Eighty Years and More》를 발간했다. 이 책에서 그는 자기 인생이 여성운동의 관점에서 어떤 의미가 있는지, 미국 여성운동에 어떻게 기여했는지를 흥미롭게 그리고 자기중심적으로 명료하게 정리한다.[6]

역사학자나 전기작가들은 캐디 스탠턴의 글이 스스로를 미화한다고 지적한다.[7] 그러나 이는 자서전의 일반적인 특성일 뿐이다. 그를 사회적·역사적으로 좀 더 큰 맥락에서 객관적으로 평가하는 것은 학자나 전기작가의 몫이다. 캐디 스탠턴이 노년에 쓴 자서전은 그가 공공에게 보여주고 싶은 에피소드와 업적과 생각을 스스로 선별해 서술한 책이다. 자서전의 그런 특성을 염두에 두고, 이 글은 캐디 스탠턴의 자서전과 그가 가장 자랑스럽게 생각하는 연설문인 〈자아독존〉을 중심으로, 다른 전기와 역사서를 참조하여 캐디 스탠턴의 삶과 사상을 살펴본다.

---

6 Elizabeth Cady Stanton, *Eighty Years and More; Reminiscences 1815-1897*, Kindle Edition, 2012, p. 80.

7 Elizabeth Griffith, *In Her Own Right: The Life of Elizabeth Cady Stanton*, Oxford University Press, 1985, p. 207; Ellen Carol Dubois, *Woman Suffrage and Women's Rights*, New York University Press, 1998, p. 213.

'남자답게' 살기로 하다

엘리자베스 캐디 스탠턴은 1815년 뉴욕주 존스타운에서 열한 명의 형제자매 중 여덟째로 태어났다. 아버지 데이비드 캐디는 연방의회 하원의원을 지낸 정치가이자 뉴욕주 대법관을 지낸 법률가였다. 어머니 마거릿 리빙스턴 캐디는 17세기부터 뉴욕시 부근에 살았던 네덜란드계 후손이었다. 엘리자베스는 아버지를 존경했으며 그에게 인정받기를 갈구했다. 열한 살 때 엘리자베스는 대학을 막 졸업한 오빠를 병으로 잃었다. 그 상황이 자서전에 다음과 같이 자세히 소개되어 있다.

오빠는 부친의 자랑이었다. 우리는 아버지의 마음에서 이 아들이 차지했던 자리가 다른 다섯 딸들보다 더 컸다는 사실을 느낄 수 있었다. 병상에 있던 오빠를 부친이 얼마나 사랑스러운 눈빛으로 바라보았는지를 지금도 기억한다. 오빠의 관 옆에서 창백한 얼굴로 미동도 않고 앉아 있던 부친의 모습이 아직도 생생하다. 그때 나는 부친의 무릎 위로 올라갔는데, 부친이 자연스럽게 나를 안았다. 나는 아버지 가슴에 기대어 그의 심장소리를 들었다. 이렇게 우리는 함께 가만히 앉아 있었다. 사랑하는 아들을 잃은 아버지는 슬픔과 절망에 빠져들고 있었을 것이다. 한참 뒤 부친은 깊은 한숨을 내쉬며 말했다. "네가 아들이었다면……." 나는 두 팔로 아버지의 목을 안으며 말했다. "제가 오빠 몫까지 다 할게요." 오빠의 상례를 치르면서 나는 노는 시간을 줄이고 더 공부하여 우수한 성적으로 아버지를 기쁘게 해야겠다고 결심했다. 그리고 도대체 '남자다움'이 무엇일지 온종일 고민했다. 고민 끝에 나온 결론은, 남자아이처럼 되려면 중요한 일을 배우고 또 용기를 내야 한다는 것이었다. 이를 위해 나는 그리스어와 승마를 배우기로 했다. 이렇게 정리한 뒤에야 나는 비로소 잠에 빠져들었다. 아침에 깨어나면 사라지는 여느 많은 생각과 달리 이 결심은 사그라지지 않았다. 나는 일찍 일어나 이 결심을 실행하려고 서둘렀다. 이는 내가 새사람이 되는 중요한 계기가 되었다.[8]

캐디 스탠턴은 어려운 외국어 공부를 하며 성실하고 용감하게 살기로 결심한 계기가 "남자아이처럼" 실기로 하면서었다고 말한다. 아들이 아닌 딸의 정체성으로는 아버지에게 온전하게 인정받을 수 없다고 느꼈기 때문이다. 이 일화를 놓고 사실 여부를 따지는 것은 부질없다. 여든이 넘어 자신의 10대를 회고한 이야기이다. 당사자에게는 엊그제처럼 생생할지 모르지만 그런 기억조차 오랜 시간을 거치며 만들어진 것일 수 있다. 중요한 것은 고령의 캐디 스탠턴이 왜 이 이야기를 썼는가이다.

이 일화가 말하는 바는 첫째, 그 무렵 미국 사회가 여아와 남아에게, 여성과 남성에게 각각 다른 기대를 했으며 그것이 여성과 남성의 삶에 큰 영향을 끼쳤다는 점이다. 당대 독자에게 젠더를 성찰하게 해주는 이야기이다. 둘째, 캐디 스탠턴은 이 일화를 통해 자신이 지적·인격적 소양을 갖춘 성인으로 성장한 배경에 소년성 또는 남성성을 추구한 내적 의지가 작용했음을 일종의 성공 비결처럼 말하고 있다. 이는 당시의 어리거나 젊은 여성에게 자신처럼 사회적으로 의미 있고 인정받는

8 Stanton, *Eighty Years and More*, p. 13.

삶을 살고 싶다면 사회가 규정한 여성성에 갇히지 말고 남성처럼 미래를 기획하고 의지를 다지라는 조언이다. 여성운동가의 성공 비결이 '남자답게' 살겠다는 의지였다는 일화는 씁쓸하지만 현실적이다.

아무튼 그렇게 다져진 의지와 유복한 가정환경 덕분에 엘리자베스는 정규 교육기관에서 충실하게 고등교육을 받았다. 그가 학교를 다닌 1830년대는 미국에서 공교육이 시작되고 확대되던 시기이자 여성을 위한 고등교육기관이 생겨나던 시기였다. 아직은 다수가 그 혜택을 누리지 못했지만 소수에게 고등교육의 기회가 제공되던 시기였으며, 엘리자베스는 그 수혜자 중 한 명이었다. 그는 16세까지 남녀공학인 존스타운 아카데미를 다녔다. 고학년이 되어서는 상급반에서 외국어와 고전·수학을 배웠는데, 그 반에서 여학생은 엘리자베스 한 명뿐이었다. 성별에 따라 기대되는 학습 내용과 학습량의 차이가 큰 시절이었다. 일찍부터 남자아이처럼 되고 싶어 한 엘리자베스는 되도록 우수한 남학생들이 가는 길을 함께 가려고 했다.

그러나 아카데미를 졸업한 같은 반 남학생들이 고향인 작은 도시를 떠나 유니언 칼리지로 갈 때, 엘리자베스는 함께 갈 수 없었다. 유니언 칼리지는 남학생만 받는 학교였기 때문이다. 남학생들이 새 옷을 차려입고 마차를 타고 가는 모습이 얼마나 멋있고 당당해 보였는지 감탄이 절로 나왔다고 한다. 그렇게 남학생들이 떠나간 뒤 엘리자베스는 뭘 해야 할지 막막하고 외로웠다. 그는 트로이 여학교Troy Female Seminary에 진학했지만, 남학생과 겨루기를 즐겼던 엘리자베스에게 여학교는 그리 흥미로운 공간이 아니었다.[9]

10대 시절 엘리자베스가 많은 시간을 보낸 공간은 아버지의 법률사무소였다. 법전을 즐겨 읽고 옆에서 소송을 지켜보면서 엘리자베스는 일찍부터 법이 여성에게, 특히 기혼여성에게 불리하다는 사실을 깨달았다. 법전에서 여성에게 불리한 구절을 보면 그 부분을 가위로 오려내기도 했다. 그 구절을 잘라내면 그 법이 사라지지 않을까 하는 어린 마음에서였다고 한다. 어느 날에는 선물로 받은 보석을 법률사무소 견습생에게 자랑했는데, 그 견습생이 "내가 너와 결혼하면 그 보석은 내 소유가 된다"고 말해 충격을 받았다고 한다.[10] 캐디 스탠턴은 법제도가 여성의 삶과 지위에 끼치는 영향을 일찍부터 분명히 알고 있었다. 이는 어린 시절 아버지의 일터에서 소일한 경험 덕분이기도 했다.

20대 초반에 엘리자베스는 뉴욕주 피터버러에 있는 사촌 게릿 스미스Gerrit Smith 집을 방문해 몇 주씩 머물곤 했는데, 그곳에서 노예제 폐지 운동을 비롯한 여러 개혁운동을 접했다. 스미스는 부유하면서 진보적이고 개방적인 사람이어서 다양한 사람들이 그 집을 드나들었다. 부근에 사는 원주민들이 주기적으로 방문하여 물물교환을 하고, 남부에서 도망 온 노예들이 캐나다로 가는 도중에 잠시 휴식을 취하는 곳이기도 했다.

엘리자베스가 헨리 스탠턴을 만나 연애한 것도 이 집에서였다. 엘리자베스의 자서전에 따르면, 헨리는 "그때 반노예제 연사들 중 가장 멋지고 열정적인 사람"이었다.[11] 이런 언급은 결혼이 자신의 선택이었음을 강조하고, 또 결혼은 마땅히 그래야 한다는 점을 시사한다. 1839

---

9 Stanton, *Eighty Years and More*, p. 21.

10 Stanton, *Eighty Years and More*, p. 20.

11 Stanton, *Eighty Years and More*, p. 36.

년 10월부터 사귄 이 커플은 1840년 5월에 결혼했다. 엘리자베스의 아버지는 노예제 폐지 운동을 하는 헨리를 탐탁지 않게 여겼지만 딸의 선택을 막지는 못했다.

1840년 5월, 런던에서 세계 반노예제 대회가 열렸다. 헨리는 미국 대표단의 일원이었고, 스탠턴 부부는 신혼여행 중에 대회에 참석했다. 당시 미국 대표단에는 루크리서 모트[12]를 비롯해 여덟 명의 여성이 포함되어 있었는데, 주최 측에서 여성은 참관할 수 있지만 본회의석에 정식으로 앉을 수는 없다고 해서 큰 논쟁이 벌어졌다. 대회 첫날은 이 논의로 하루가 다 갔다. 결국 표결을 통해 여성 대표는 본회의석에 앉지 못하고 뒤편에서 참관만 허락받았다.

엘리자베스는 여성 대표는 아니었지만 그 과정을 지켜보며 누구보다 분개했다. 그리고 이런 정서를 루크리서 모트와 공유하면서 친분을 쌓고 교류하기 시작했다. 그때 신혼의 엘리자베스는 25세, 모트는 42세의 중견 활동가였다. 자서전에서 캐디 스탠턴은 당시의 모트를 이렇게 묘사했다. "모트는 양성평등에 대한 신념이 있었고, 기성 종교제도를 신뢰하지 않았다. 그런 여성은 내 인생에서 처음 만났다. 모트는 정치, 종교 등 모든 문제에 자유롭고 열린 생각을 지니고 있었다. 모트를 통해 나는 내 사고의 지평을 넓힐 수 있었다."[13]

---

12 Lucretia Mott(1793-1880). 평생 노예제 폐지 운동, 여성운동, 평화운동에 앞장선 개혁운동가이다. 퀘이커 공동체에서 운영하는 남녀공학 학교를 졸업한 뒤 교사, 목회자, 사회운동가로 일했다. 1833년에 반노예제협회를 조직했는데, 노예제와 인종주의에 반대하는 활동을 하고 백인 여성과 흑인 여성이 함께하는 단체였다. 1864년에는 필라델피아 부근에 스위스모어대학을 세워 성별과 인종에 구애받지 않고 고등교육을 받을 수 있게 했다. 미국 내전 직후인 1868년에는 보통선거권을 추구하는 평등권협회를 만들어 초대 회장을 맡았다. 평화주의자 모트는 1840년대에 미국의 멕시코 전쟁에 반대하는 운동을 펼쳤으며, 내전 후에는 평화연맹에서 활동했다.

루크리셔 모트.

신혼여행에서 돌아온 뒤 헨리는 엘리자베스의 아버지, 즉 장인의 법률사무소에서 연수를 받고 1843년에 변호사가 된다. 그 뒤 부부는 보스턴에서 살림을 시작했다. 캐디 스탠턴은 보스턴에 거주하면서 각종 강연과 집회 등에 참여하며 "개혁 군중"의 일원으로 배움을 즐겼고, 개혁을 향한 열정을 품게 되었다.[14]

그러나 1847년 봄, 부부는 갑자기 뉴욕주 중부에 있는 세니커폴스로 이사한다. 캐디 스탠턴은 남편이 보스턴의 추운 겨울을 견디기 힘들어해 이사했다고 썼지만, 역사학자들은 헨리가 보스턴에서 직업적 전망을 찾기 힘들어 이사했으리라고 추정한다.[15] 아버지의 지원으로 세니커폴스에 집을 마련한 캐디 스탠턴은 그곳에서 16년을 살며 일곱 명의 자녀를 키웠고, 본격적으로 여성운동을 시작했다.

13 Stanton, *Eighty Years and More*, p. 51.

14 Stanton, *Eighty Years and More*, p. 83

15 Stanton, *Eighty Years and More*, p. 88; Loir Ginzberg, *Elizabeth Cady Stanton: An American Life*, Hill and Wang, Kindle Edition, *2009*, pp. 47-48.

여성참정권 운동의 시작

1848년 7월 19-20일에 세니커폴스에서 열린 집회는 미국에서 처음으로 여성문제만을 놓고 진행한 공공집회이자 처음으로 여성참정권을 주장한 집회였다. 이 집회를 위해 캐디 스탠턴은 독립선언문을 패러디하여 〈소견선언문Declaration of Sentiments〉을 작성했다. 이는 영리한 방법이었다. 그 시기의 통념에 비추어보면, 여성이 시민의 권리를 주장하는 행동은 비웃음을 살 수 있었다. 그러나 이를 미국인들이 자랑스러워하는 〈독립선언문〉의 어조로 말한다면, 무시하기 어렵게 할 수 있었기 때문이다. 이런 형식을 택한 또 다른 동기는 여성의 권리 주장이 미국의 건국정신에 부합하며, 여성도 그런 미국의 전통을 공유한다는 점을 보여주기 위해서였다.[16]

이 선언문을 통해 미국에서 여성참정권이 처음 공식적으로 제기되었다. 캐디 스탠턴 이전에도 마리아 스튜어트,[17] 그림케 자매[18] 등이

---

16 〈소견선언문〉 전문과 그 의미에 관해서는 최재인, 〈19세기 미국 여성운동의 시작과 노예제폐지 운동〉, 《서양사연구》 59(2018), 5-43쪽 참고.

17 Maria W. Stewart(1803-1879). 코네티컷주에서 자유흑인으로 태어나 어려서부터 하녀로 일했다. 15세부터 5년 동안 교회 주일학교에서 교육을 받고 평생 신학을 공부하는 기반을 닦았다. 결혼 3년 만에 사별한 뒤 윌리엄 로이드 개리슨이 발행하는 《해방자》에서 문필 활동을 하고 연설을 했다. 아프리카계 미국인 여성으로는 처음으로 흑인과 백인 남녀 청중이 함께 모인 자리에서 연설한 인물로 알려져 있다. 교사로 일하면서 노예제 폐지 운동가로 활동했으며, 내전 후에는 '해방된 이들 (아프리카계 미국인)을 위한 병원'에서 간호 책임자로 일했다.

18 세라 무어 그림케Sarah Moore Grimké(1792-1873)와 앤젤리나 에밀리 그림케Angelina Emily Grimké(1805-1879). 노예 농장주 집안에서 자라면서 노예를 학대하는 모습에 문제의식을 느끼고, 퀘이커들의 평등에 대한 신념과 실천에 이끌려 퀘이커교도가 되었다. 1835년에 필라델피아 여성반노예제협회에 참여하고 1836년부터 연설 활동을 시작했는데, 특히 앤젤리나는 유려한 연설로 많은 관중을 모았다. 여성 연사를 인정하지 않는 반대자들의 협박과 폭력에도 연설과 집필 활동

1848년 세니커폴스 대회에서 〈소견선언문〉을
발표하는 캐디 스탠턴을 표현한 그림.

여성의 공공활동 자유, 교육이나 재산에 대한 권리 등을 주장했지만, 그들 중 어느 누구도 여성참정권을 주장하지는 않았다. 사실 1830년까지 미국을 비롯해 프랑스, 영국 등 대의제 민주주의를 시행한 나라에서 참정권은 백인 남성 중에서도 부동산을 보유한 자산가층에 한정되어 있었다. 그러나 19세기 전반을 지나면서 백인 남성 사이에서는 참정권이 꾸준히 확대되었다. 미국의 경우 주별로 차이는 있지만 1830년대를 경과하면서 대부분의 지역에서 참정권의 재산 자격이 폐지되었다. 백인 남성 사이에서는 보통선거권이 거의 실현된 것이다. 그 결과 재산과 교양을 갖춘 중상층 백인 여성의 박탈감은 더욱 커졌을 것이다. 세니커폴스 대회의 선언문 중에는 다음과 같은 구절이 있다. "가장 무식하고 천박한 남성에게 보장된 권리도, 토착민과 외국민 모두에게 보장된 권리도 여성에게는 보류되어왔다." 이 문장에는 참정권이 백인 남성 사이에서만 확대되는 것에 중상층 백인 여성이 느꼈던 분노와 소외감이 표현되어 있다.

을 멈추지 않았는데, 덕분에 여성이 연단에 서는 것을 금기시하는 분위기가 약해졌다. 이들의 활동이 루시 스톤, 수전 앤서니, 엘리자베스 캐디 스탠턴 등이 등장하는 길을 열었다고 할 수 있다.

세니커폴스 대회를 거치면서 캐디 스탠턴은 스스로와 주변에게 자신의 소명이 여성운동에 있다고 자부할 수 있게 되었다. 이 대회 이후 미국 전역에서 여성의 지위와 권리를 주제로 한 다양한 집회가 열렸다. 캐디 스탠턴은 임신과 출산, 육아가 이어져 그런 행사에 일일이 참가하기는 힘들었지만, 편지나 인편으로 연설문을 보내면서 여성운동가로 꾸준히 활동했다.

집에 묶여 있던 주부 캐디 스탠턴을 바깥세상과 연결해주는 역할을 한 이는 수전 앤서니였다. 1820년생으로 캐디 스탠턴보다 다섯 살 아래인 앤서니는 노예제 폐지 운동에 열심이었던 퀘이커교도 집안 출신이었다. 앤서니가 캐디 스탠턴을 만난 1851년은 앤서니가 교사직을 그만두고 금주운동, 노예제 폐지 운동, 여성참정권 운동 등에 헌신할 마음을 다졌을 때였다. 자서전에서 캐디 스탠턴은 이렇게 말한다. "앤서니가 강하게 나를 밀어붙이지 않았다면 나는 아무것도 이루지 못했을 것이다. 나는 여러 식구를 돌봐야 했기 때문에, 앤서니 같은 친구가 없었다면 나 또한 다른 많은 여성들처럼 집안일에만 사로잡혀 있었을 것이다."[19] 캐디 스탠턴은 자서전 맨 앞에 "이 책을 반백 년을 함께한 나의 충실한 친구 수전 B. 앤서니에게 바친다"라고 헌사를 적기도 했다.

캐디 스탠턴과 앤서니는 기질이 달랐고, 그래서 상호보완적이었다. 캐디 스탠턴이 사상가이자 문필가였다면, 앤서니는 조직가이자 전략가였다. 부유한 집 딸인 캐디 스탠턴이 자기가 누리는 물질적 안락함을 당연시하는 경향이 있었다면, 앤서니는 검소와 절제의 미덕을 중

---

19 Stanton, *Eighty Years and More*, p. 103.

시했다.[20] 캐디 스탠턴은 그런 앤서니를 고지식하다고 놀리면서도, 앤서니가 자신과 가족을 부양하는 경제활동을 책임감 있게 해내는 모습을 높이 평가했다. 캐디 스탠턴은 자서전에서 특별히 두 장章을 할애하여 앤서니의 성실한 활동을 소개한다. 앤서니는 교사직을 그만둔 뒤에 반노예제협회 뉴욕 지부에서 상근자로 일하기도 하고 순회강연을 다니기도 하면서 경제활동을 쉬지 않았다.[21] 미국의 19세기는 강좌Lyceum의 시대로, 순회강연자는 당대 고소득 업종 가운데 하나였다. 특히 군중을 모을 수 있는 연사는 큰 소득을 올릴 수 있었다. 캐디 스탠턴과 앤서니도 그런 인기 연사였다.

캐디 스탠턴이 자서전에서 앤서니의 경제활동을 높이 평가한 이유는 첫째, 경제활동을 성실히 해내는 여성의 모습을 보여주기 위해서였을 것이다. 둘째, 앤서니가 여성운동을 하면서 생긴 부채까지 개인적으로 책임지면서 보여준 헌신성 때문이었을 것이다. 앤서니는 큰 채무를 두 번 진 적이 있다. 한 번은 캐디 스탠턴과 함께 민주당 정치인 조지 트레인의 지원을 받아 주간지《혁명Revolution》을 내면서였다. 트레인이 지원을 중단해 앤서니가 책임을 지면서 큰 부채를 안게 되었다. 다른 한 번은 캐디 스탠턴, 게이지 등과 함께《여성참정권의 역사》를 펴내면서였다. 이처럼 앤서니의 부채는 모두 캐디 스탠턴과 함께 여성운동을 하면서 생긴 것이다. 캐디 스탠턴은 부채를 성실히 갚아나가는 앤서니를 높이 평가하면서도 그 책임을 분담하려 하지는 않았다. 앤서니는 고

20 Ginzberg, *Elizabeth Cady Stanton*, p. 140.

21 Stanton, *Eighty Years and More*, chapter 10, 11.

된 순회강연과 기부금 등으로 부채를 모두 갚았다. 이는 앤서니가 개혁가들 사이에서 검소하고 사심 없는 성실한 활동가로 신뢰를 쌓았기 때문에 가능한 일이기도 했다.

1851년, 캐디 스탠턴은 또 한 명의 귀인을 만난다. 가사 일손으로 들어온 어밀리아 윌러드Amelia Willard였다. 윌러드는 그 뒤 30년 동안 캐디 스탠턴의 집에서 "가정생활의 모든 부분"을 관리하고 처리해주는 일을 했다. 캐디 스탠턴은 윌러드를 "신이 내게 준 최고의 선물"이라고 말했다. 아이들에게는 "제2의 어머니"였으며, 그가 없었다면 자기가 그렇게 사회활동을 열심히 할 수 없었다는 최고의 찬사로 그 공로를 인정했다.[22] 가사노동자 윌러드는 여성참정권 운동에 기부를 하기도 했으니, 캐디 스탠턴의 동지였던 셈이다. 윌러드가 30년을 이 집안의 가사노동자로 일할 수 있었던 배경에는 캐디 스탠턴과 나눈 동지애와 신뢰도 한 몫했을 것이다.

캐디 스탠턴은 스스로 체력이 강인하고 연단에서는 청중을 울리고 웃기는 능력이 있다고 자랑하는 자신감 넘치는 사람이었다. 그런데 한 부분에서만은 정말 힘들었다는 이야기를 반복하는데, 바로 가정주부의 역할이다. 캐디 스탠턴은 주부로서의 경험을 다음과 같이 말한다.

세니커폴스에서는 상대적으로 고즈넉한 생활을 했는데, 그래서 힘들기도 했다. 보스턴에서 친한 친구들은 모두 개혁가였다. 가까이에 이웃이 있었고, 새집에는 여러 첨단 제품이 갖추어졌고, 훈련된 하인도 있었다. 그러나 세니커폴스에서 우리 집은 도심에서 떨어졌고, 길은 진창인 경우가 다반사였으며, 보도도 제대로 정비되지 않았다. 남편은 자주 멀리 나가 있었고, 하인도 제대로 두지 못했고, 아이들은 늘어났다. 청소하고, 장을 보고, 여러 가족이 입을 옷을 계절에 맞춰 준비하고, 아이들을 데리고 치과며 양화점이며 제각기 다른 학교를 돌아다니고, 가정교사 구하는 등의 일로 머리가 터질 듯했다. 챙겨야 할 일이 너무 많았다. 친구마저 귀찮게 느껴질 정도로 나는 지쳐 있었다. 자질구레하게 처리할 일이 머리에 가득했는데, 이는 고상한 친구들과 나눌 수 있는 일도 아니었다. 나는 굶주린 사람처럼 정신적인 허기로 죽을 지경이었다. 집에 책이 있기는 했지만 지적 대화를 나눌 친구가 없었다. 대다수 여성이 고립된 가정에서 지내는 생활에 순응하고 자족할 수밖에 없는 현실적 어려

22 Stanton, *Eighty Years and More*, p. 128.

움에 놓여 있다. 주로 만나는 이들이 자녀와 일손밖에 없는 조건에서 자기 능력을 최대로 계발하기란 거의 불가능하다.[23]

1848년 세니커폴스 대회 무렵의 캐디 스탠턴과 아이들.

캐디 스탠턴이 가정주부로서의 경험에서 무엇보다 강조한 점은 제대로 된 대화 상대를 얻기 힘들었던 사회적 고립이다. 여성의 영역이 가정에 한정될 때 그것은 사회와 차단된 감옥 생활이 될 수도 있다는 것이다.

캐디 스탠턴은 이렇게 평범한 가정주부의 생활을 하기도 했지만, 다른 한편 그는 특별한 조건을 확보하고 있었다. 그 시기 대다수 여성과 달리 그는 부친에게서 물려받은 재산 덕분에 경제적으로 여유가 있었다. 일찍부터 사회개혁운동을 접할 기회가 있었고, 운동에 주역으로 참여할 수 있는 문필가로서의 능력도 있었다. 또 윌러드처럼 유능하고 신뢰할 수 있는 가사노동자를 만나 집안일의 상당 부분을 맡길 수 있었으며, 앤서니와 꾸준히 대화를 나누며 사회와 개혁운동 진영에서 이루어지는 논의를 생생하게 접할 수 있었다. 캐디 스탠턴이 사회활동을 할 수 있었던 배경에는 이런 여러 조건이 복합적으로 작용했다.

---

23 Stanton, *Eighty Years and More*, pp. 90-92.

여성참정권과 인종

1861년 내전이 벌어졌다. 노예제 폐지 운동에도 참여해온 캐디 스탠턴은 이를 반겼다. 그는 전쟁이 "내 귀에는 자유를 위한 음악, 그것도 한꺼번에 터져나오는 합창 같다"고 했다.[24] 캐디 스탠턴은 전쟁을 통해 노예가 해방되고 여성의 시민권도 확보되리라고 생각했다. 전쟁 동안 여성운동가들은 여성 이슈를 일단 접고 연맹을 결성해 링컨을 비롯한 공화당 등과 함께 전쟁 승리를 지원하는 활동을 펼쳤다. 선생이 연방정부의 승리로 끝난 뒤, 집권당인 공화당 정치인들을 중심으로 해방된 노예 출신들의 시민권이 논의되었다. 캐디 스탠턴과 앤서니를 비롯한 여성운동가들은 아프리카계뿐 아니라 여성에게도 참정권을 주는 보통선거제를 시행해야 한다고 주장했다. 그러나 여론의 반응은 차가웠다. 자서전에서 캐디 스탠턴은 그때 분위기를 이렇게 전한다.

내전 중에 여성들이 연맹을 결성하여 연방정부의 전쟁을 열심히 지원할 때 주요 언론은 여성의 인내와 신중함, 실무능력, 애국심 등을 앞다투어 칭찬했다. 그러나 똑같은 여성들이 참정권과 시민권을 요구할 때는 여성들이 우둔하고, 경솔하고, 비현실적이고, 제정신이 아닌 것 같다고 비난한다.[25]

---

24 Ginzberg, *Elizabeth Cady Stanton*, p. 103.
25 Stanton, *Eighty Years and More*, p. 150.

1860년대 후반 연방의회에서는 공화당의 주도로 아프리카계 남성들에게 투표권을 부여하는 헌법 추가조항 제14조와 제15조가 통과되었다.[26] 이는 남부에 거의 기반이 없던 공화당이 정치력을 확대하기 위한 정책이기도 했다.

캐디 스탠턴은 각 주의 비준을 받는 단계에 있던 헌법 추가조항 제15조에 반대한다는 견해를 개혁운동 진영에서 분명히 밝히자고 제안했다. 캐디 스탠턴은 "삼보(아프리카계 미국인을 비하하여 일컫는 말), 패트릭(아일랜드계 이민자), 영 텅(아프리카계 이민자) 같은 사람들"에게 시민권을 주자는 것인데, 그런 무식한 사람들에게 어떻게 그런 권리를 부여하려 하느냐고 열변을 토했다.[27] 이는 홧김에 즉흥적으로 나온 말이 아니었다. 캐디 스탠턴은 1860년대 말에 '삼보'라는 표현을 자주 사용했다. 여성의 권리 주장을 설득력 있게 펼치기 위해서는 인종주의에도 기꺼이 편승하겠다는 생각이 있었기 때문이다. 이는 백인 남성 위주의 가부장적·인종주의적 지배질서에 '유색인 형제들'과 연대하여 맞서는 전략을 접은 것이기도 했다. 캐디 스탠턴은 당시 상황을 백인 남성 지배층

---

26 19세기 중반까지 선거권은 백인 남성의 특권으로 여겨졌다. 미국 내전 이후 1868년에 헌법 추가조항 제14조를 통해 국가 차원에서 흑인 남성에게 선거권을 부여하고, 이를 보완하는 제15조를 마련해 1870년 비준을 완료했다. 그러나 인종주의 정서가 강한 남부 여러 주에서는 문자해독 테스트와 세금 납부 등 다양한 제한을 둔 데다 폭력 행사까지 더해져 유색인들은 투표권을 거의 행사하지 못했다. 이런 관행은 한 세기가 지나서야 바뀌었다. 흑인 민권운동에 힘입어 1965년에 연방의회가 '투표권법'을 제정하면서 변화가 일어났다. 인디언의 경우는 1924년 제정된 '인디언시민법'으로 참정권을 얻었지만, 실질적으로 권리를 행사하게 된 것은 제2차 세계대전 이후이다.

27 Elizabeth Cady Stanton, "Address to Anniversary of American Equal Rights Association, May 12 1869, New York City", Ellen Carol DuBois and Richard Cándida Smith, eds., *Elizabeth Cady Stanton, Feminist as Thinker: A Reader in Documents and Essays*, New York University Press, 2007, p. 196; 최재인, 〈19세기 미국 여성운동〉, 29쪽.

이 유색인 남성에게 먼저 시민권을 주는 형제적 관계를 형성하는 국면이라고 판단했다. 그래서 그는 인종주의를 내세워서라도 그 형제적 유대에 균열을 내려고 했다. 그리고 이를 통해 유색인 남성보다 백인 여성에게 좀 더 시민권 자격이 있음을 주장하려고 했다.

그러나 1869년 5월 평등권협회에서 캐디 스탠턴의 발언은 충분한 지지를 받지 못했으며, 협회는 제15조를 지지한다는 결의안을 채택했다. 며칠 뒤 캐디 스탠턴과 앤서니는 평등권협회를 탈퇴하고 전국여성참정권협회(NWSA)를 조직했다. 캐디 스탠턴은 여성참정권에는 관심이 없는 공화당 정치인들에게 진저리를 냈으며, 여성참정권에 관심이 있다면 민주당과도 기꺼이 함께한다는 입장이었다. 당시 민주당은 인종주의를 노골적으로 드러내는 정당이었는데, 특히 캐디 스탠턴과 앤서니가 함께 정치 유세를 다닌 조지 트레인은 인종주의적 막말을 일삼는 인물로 유명했다.

이들의 행보를 지켜본 루시 스톤[28]은 인종주의적 발언을 하고 인종주의자와 연대하는 캐디 스탠턴 등과 함께할 수 없으며, 이들이 여성운동을 대표하게 해서는 안 된다고 생각했다. 그래서 1869년 11월에 미국여성참정권협회(AWSA)를 따로 조직했다. 이 두 단체는 1890년 전미여성참정권협회(NAWSA)로 통합할 때까지 여러 견해차와 개인적 반목

---

28 Lucy Stone(1818-1893). 매사추세츠주의 농민 가정에서 태어나 고학으로 오벌린대학을 졸업했다. 반노예제협회 연설가로 활동하면서 당대 최고 연설가이자 노예제 폐지 운동가, 여성운동가로 손꼽히는 인물이 되었다. 1855년 동지인 헨리 블랙웰과 결혼하면서 평등한 부부가 되겠다는 선언을 하고, 평생 남편의 성을 따르지 않았다. 캐디 스탠턴 등이 인종주의적 행보를 취하며 '전국여성참정권협회'를 조직한 데 반발해 '미국여성참정권협회'를 설립했다. 1870년 1월에는 주간지 《여성 저널 Woman's Journal》을 창간했는데, 온갖 어려움에도 50년 동안 꾸준히 발간된 이 신문은 스톤의 가장 큰 업적으로 꼽힌다.

탓에 오랫동안 소원하게 지내며 따로따로 활동했다.

그 뒤로 지금까지 캐디 스탠턴에게는 인종주의자라는 평가가 따라다닌다.[29] 캐디 스탠턴의 인종주의적 발언은 다른 인종이나 하층민을 배제하기 위해서라기보다는, 열등하다는 이유로 여성을 차별하는 성차별주의의 모순을 드러내고 무너뜨리기 위한 전술적 언어 구사였다고 볼 수도 있다. 그러나 이는 결국 인종주의에 편승하여 여성의 권리를 주장한 것으로, 보편적 시민권을 추구한 스스로의 주장과도 모순된다.

여성의 지위에 관한 근본적인 문제 제기

캐디 스탠턴은 여성참정권을 19세기 후반 개혁운동과 여성운동의 중심 의제로 만든 인물이다. 그러나 1860년대에 여성참정권이 널리 이슈화한 뒤로는 여성운동이 참정권에 매몰되어서는 안 된다는 의견을 여러 차례 개진했다. 여성은 정치뿐만 아니라 사회, 가정, 교회 등 삶의 모든 영역에서 독립된 개인으로 자유와 평등을 보장받을 수 있어야 하는데, 그러기 위해서는 다방면에서 근본적인 변화가 필요하다는 생각

---

29 Angela Davis, *Women, Race & Class*, New York: Random House, 1981, pp. 70-86; Bell Hooks, *Ain't I a Woman?: Black Women and Feminism*, Cambridge, MA: South End Press, 1981, pp. 119-158; Louise Michele Newman, *White Women's Rights: The Racial Origins of Feminism in the United States*, New York: Oxford University Press, 1999, pp. 59-65; Kathi Kern, *Mrs. Stanton's Bible*, Ithaca, NY: Cornell University Press, 2001, pp. 109-115; Hilkert Andolsen, "Daughters of Jefferson, Daughters of Bootblacks", *Racism and American Feminism*, Macon, GA: Mercer University Press, 1988; Ginzberg, *Elizabeth Cady Stanton*, pp. 162-164.

이었다. 그렇다 보니 그가 문제로 삼은 분야는 다양했으며, 시대를 앞서가는 것이었다.

1850년대에는 친구인 어밀리아 블루머Amelia Jenks Bloomer가 디자인하고 보급한 치마바지, 즉 디자이너 이름이 의복 이름이 된 블루머 입기 운동을 펼치기도 했다. 여성의 의복이 여성을 일상적으로 얼마나 옥죄고 있었는지에 관해 캐디 스탠턴은 자서전에서 다른 사람의 말을 인용해 다음과 같이 설명한다.

> 대학에서 남학생들에게 철심을 넣은 코르셋을 하고, 치마폭을 넓게 유지하는 둥근 고리가 안쪽에 줄줄이 달린 무거운 치마를 입고, 하이힐을 신고, 머리카락을 고정하기 위해 머리에 수십 개의 핀을 꽂게 해보세요. 몇 년을 집에 칩거하게 만들고, 즐거운 외출도 거의 하지 못하게 하고, 희망이나 목표를 품지도 못하게 하고, 인생에서 야심도 지니지 못하는 상태에 있게 해보세요. 그렇게 하면 그 젊은 청년들이 제대로 서 있을 수나 있을지 모르겠네요.[30]

캐디 스탠턴을 비롯해 많은 여성 개혁운동가들은 여성의 몸을 무겁게 짓누르는 복장에 문제의식을 품고 있었다. 그래서 블루머 등 간편한 복장으로 새 문화를 선도하려고 했지만, 오래 이어가지는 못했다. 그렇게 입고 다니면 길거리에서 소년들이 쫓아다니며 놀렸고, 강연장에서 청중은 연사의 말을 듣기보다 연사의 복장만 쳐다보았다. 강연이

---

[30] Stanton, *Eighty Years and More*, p. 167.

자신이 디자인한 블루머를 입은 어밀리아 블루머. 오른쪽은 치마를 부풀리는 버팀대인 크리놀린.
19세기는 크리놀린과 블루머가 공존한 시대였다.

끝나고도 내용에 관한 토론이 아니라 의상에 대한 품평만 난무했다. 블루머를 입고는 일상과 업무를 제대로 할 수 없었던 탓에, 이런 선구적 시도는 꾸준히 전개되지 못했다. 그러나 이런 시도에 힙입어 19세기 말과 20세기를 지나면서 여성복은 훨씬 가볍고 간소해졌다.

캐디 스탠턴은 트레인의 지원 아래 1869-1871년 앤서니와 함께 《혁명》이라는 주간지를 발간했다. 그리고 여러 사건과 논쟁을 여성의 관점에서 다룬 글을 이 잡지에 발표했다. 예를 들어 헤스터 본Hester Vaughn이라는 어린 이민 여성 노동자가 사망한 영아 옆에 기절하여 쓰러진 상태로 발견된 사건이 있었는데 본은 영아살해 혐의로 재판을 받았다. 이 사건을 접한 캐디 스탠턴은 본을 단죄하는 사법 당국과 여론에 맞서 본을 사면하라고 주장했다. 캐디 스탠턴에 따르면, 성에 대한 이중규범, 즉 혼외 성관계의 책임을 여성에게만 묻는 관례가 이 사건의 배경이었다. 더욱이 본은 성폭행을 당해 임신한 경우였는데, 이는 미국 사회에서 젊은 여성 노동자들이 신체적으로 얼마나 취약한 처지에 놓여 있는지를 보여주는 예였다. 캐디 스탠턴은 또한 여성 노동자의 임금이 남성의 절반 정도에 불과한 경제적 조건이 여성을 더욱 취약하게 만든다고 주장했다. 캐디 스탠턴의 탄원이 법정에서 받아들여지지는 않았지만, 그의 글은 독자들이 가난한 여성의 관점에서 상황을 살펴볼 수 있는 기회를 제공했다.[31]

캐디 스탠턴은 오랜 기간 동안 이혼법 개정을 주장했다. 그는 결혼의 첫째 목적은 당사자들의 행복과 발전이고, 둘째가 가정과 가족을 만들어가는 것이라고 보았다. 이 두 가지는 연결되어 있다. 결혼한 두 사람이 만족스러운 삶을 영위해야 안전하고 편안한 가정을 만들 수 있으며, 아이들이 "햇볕 아래 꽃처럼" 자랄 수 있다는 주장이다. 캐디 스탠턴은 부부가 상대방을 이해하지 못하고 상대에게 만족하지 못한다면 이는 서로에게 그리고 자녀에게도 해로운 결과를 낳는다고 했다. 또한 이혼은 결혼과 마찬가지로 당사자들이 결정할 문제이지 국가나 교회가 개입할 문제가 아니라고 주장했다. 재산분배와 자녀양육 문제는 개인 사이의 합의와 계약 차원에서 풀어갈 문제라는 것이다. 결혼관계가 개인의 선택 위에서 공개적이고 공식적으로 이루어지듯, 이혼 과정도 당사자들의 선택과 합의에 따라 합리적이고 공식적으로 진행되어야 한다는 것이다. 이혼의 결정과 진행에서 주변의 존중을 받을 만한 조건이

---

31 Tetrault, *The Myth of Seneca Falls*, p. 26; Davis, *The Political Thought of Elizabeth Cady Stanton*, pp. 163-164.

형성되면, 당사자들은 재산과 자녀 등 여러 문제를 좀 더 찬찬히 풀어 갈 수 있으리라는 주장이다. 캐디 스탠턴에 따르면, 퀘이커교도들 사이 에서는 실제로 그런 관행이 자리하고 있었다.[32]

그 시기 미국에서 여성이 이혼을 제기하려면 신체적 장애가 생길 만큼 폭행을 당했거나 상대가 중범죄를 저지르는 등 극단적인 상황이 어야만 했다. 그리고 이혼을 하는 과정에서 불행한 개인사가 법정에서 들추어져 당사자들을 거의 범죄자처럼 만들곤 했다. 캐디 스탠턴은 이 런 제도와 관행을 문제 삼았다. 캐디 스탠턴이 이혼법은 더 유연해져야 한다고 주장할 때마다 언론은 그가 결혼, 가정, 사회를 파괴하려 한다 고 비판했다. 이런 비판에 캐디 스탠턴은 "가정의 적敵은 가정 내에 존 재하는 유해한 환경"임을 직시하자고 말했다. 이혼을 어렵게 만드는 법 으로 가정의 화목을 지킬 수는 없다는 의미이다.[33]

캐디 스탠턴은 1860년 뉴욕시에서 열린 전국여성권리대회 이래 이 문제를 줄기차게 제기했다. 그는 결혼을 계약이라고 하면서, 다음과 같이 주장했다.

인류 사이의 어떤 헌법, 조약, 협약도 그것이 인류의 행복을 양산하고 증진하는 데 실패했다면 당연히 강제력이나 권위를 지닐 수 없게 된다. 그것을 파기하는 것은 권리일 뿐 아니라 의무이다.[34]

---

32 Stanton, *Eighty Years and More*, pp. 142-145.

33 Stanton, *Eighty Years and More*, pp. 142-145.

34 Ginzberg, *Elizabeth Cady Stanton*, p. 98.

캐디 스탠턴이 이렇게 결혼관계를 공론화한 것을 두고 어느 역사가는 다음과 같이 평가했다. "결혼을 신성한 행위에서 인간사로 끌어내렸고, 이혼을 신에 맞서는 행위에서 민간인 사이에 이루어지는 계약의 권리 문제로 만들었다."[35] 그러나 당시 캐디 스탠턴의 주장은 언론뿐 아니라 동료 개혁가들에게도 비판받았다. 앤서니도 이혼권 문제를 굳이 지금 제기할 필요가 없다고 만류했다. 그러나 캐디 스탠턴은 참정권이라는 법적·제도적 개혁만 추구한다면 여성운동이 보수화하리라고 생각했다. 여성의 지위가 현실에서 실제로 개선되려면 법 개정뿐 아니라 여성을 속박하는 구체적인 문제를 제대로 드러내야 한다고 보았다.

캐디 스탠턴이 제기한 이슈 중에서 가장 크게 뭇매를 맞은 것은 종교 문제였다. 앤서니를 비롯해 가장 가까운 동지들마저 종교 문제는 거론하지 말자고 했지만, 근본적이고 중요하고 올바른 문제 제기라는 판단이 서면 캐디 스탠턴은 어느 누구의 만류도 개의치 않았다. 그는 이 주제와 관련해 여든이 되던 1895년에《여성의 성서Woman's Bible》라는 책을 내기도 했다.

캐디 스탠턴은 성서가 "하나님의 말씀"이 아니라 "인간이 그린 신에 대한 초상화"라고 보았다. 그것도 아주 옛날 사람들의 작품으로, 신에 대한 그들의 식견은 천박하다고 평했다. 성서의 저자들은 신을 의인화했는데, 아주 저급한 부류의 사람으로 그려놓았다는 것이다. 자비를 베풀기보다는 질투하고 복수하고 폭력을 행사하는 사람처럼 묘사했으

---

35 Kathleen Barry, *Susan B. Anthony: A Biography of a Singular Feminist*, New York University Press, 1988, p. 137; Ginzberg, *Elizabeth Cady Stanton*, p. 98에서 재인용.

며, 특히 여성에 대해서는 남성인 아담을 먼저 만든 다음 만든 존재, 규범을 어기는 불안정한 캐릭터로 그려놓았다고 지적했다. 성서는 여성이 결혼하면 남편에게 복종하는 삶을 살아야 하고 여성의 출산은 신이 내린 징벌이라고 가르치는데, 캐디 스탠턴은 이것이 문제라고 제기했다. 성서의 이런 도그마가 여성을 무기력하고 병들게 하고 있으니 기독교 성직자들이 나서서 남성과 여성, 인류와 신에 대해 근본적인 차원에서 교리를 재정립해야 한다고 했다.[36]

이 책은 미국 사회를 놀라게 했다. 캐디 스탠턴이 설립하고 초대회장을 지낸 전미여성참정권협회는 이 책이 자신들의 조직이나 운동과 무관하다는 성명서를 냈다. 그리고 이 책이 여성운동에 해악을 끼친다고 비판했다. 그러나 이슈가 될수록 책은 많이 팔렸다. 캐디 스탠턴은 지인에게 쓴 편지에서 그때 상황을 다음과 같이 전했다.

이 책의 판매가 부진해질 때마다 집회나 도서관에서 책을 내팽개치는 퍼포먼스를 해서 판매를 도와주고 있다. 신문들은 이 책을 도서관에 비치하지 말자고 주장하는 칼럼을 싣고 있다. 그래봐야 모두 찻잔 속의 폭풍일 뿐이다.[37]

캐디 스탠턴은 자서전에서도 따로 '여성과 신학'이라는 제목의 장을 실어 이 문제에 대한 자기 신념을 분명히 했다. 캐디 스탠턴에 따르

---

36 Elizabeth Cady Stanton, *The Woman's Bible*, 1895; http://www.gutenberg.org/cache/epub/9880/pg9880-images.html(2019년 11월 10일 검색).

37 Ginzberg, *Elizabeth Cady Stanton*, p. 176.

면, 교회가 여성 신도를 모으고 헌금을 걷고 각종 활동에 참여하도록 부추기면서도 여성을 성직자로는 교육시키지 않고 집사나 장로 등 책임 있는 지위도 거의 주지 않는 것은 현대사회의 원리와 맞지 않는 원시적이고 고대적인 관행이다. 그는 성서와 교회가 여성을 하대하는 것을 "오랜 미신"이라고 비판한다. "그런 부조리한 미신을 제대로 드러내지 않는다면, 신학적인 측면에서 세계가 한 발짝이라도 진전할 수 있겠는가."[38] 이런 주장은 캐디 스탠턴이 지적으로 계몽주의와 자유주의의 전통에 서 있음을 보어준다.

'자아독존': 개인의 자기결정권과 사회의 책임

다작을 한 캐디 스탠턴이 자기 글 중에서 가장 자랑스러워한 것은 76세였던 1892년에 내놓은 연설문 〈자아독존The Solitude of Self〉[39]이다. 이는 미국 하원과 상원에서 그리고 여성참정권협회 연례회의 등 정치인과 여성운동가들이 모인 행사장에서 반복하여 읽은 글이지만, 정치제도나 시국에 관한 이야기가 아니다. 여성을 비롯한 모든 인류 각 개인에게 왜 평등한 지위가 보장되어야 하는지, 능력을 계발하고 펼칠 수 있는 기회와 자유가 왜 보장되어야 하는지를 인간의 실존에 대한 철학적 고찰을 바탕으로 설명한 글이다.

---

38 Stanton, *Eighty Years and More*, p. 372.

39 이 연설문의 축약문은 본문 뒤에 수록된 사료 참조.

노령의 캐디 스탠턴에 대한 예우와 기대 차원에서 어렵사리 자리를 주선한 앤서니는 연설이 여성운동이 전력하고 있던 참정권 문제가 아니라 추상적인 내용을 담고 있어서 불만이었다. 반면 오랜 기간 캐디 스탠턴과 반목했던 라이벌 지도자 루시 스톤은 이 연설을 높이 평가하여, 자기가 발행하는 신문에 전문을 실었다.

〈자아독존〉은 노령의 캐디 스탠턴이 자기 삶을 돌아보며 인간과 인생에 관한 철학을 피력한 글이라고 할 수 있다. 서두에서 캐디 스탠턴은 몇십 년 동안 여성참정권을 보장하라는 주장을 해왔으니 그 이야기는 하지 않겠다고 선을 그었다. 그러면서 자기가 하고 싶은 이야기는 "각 영혼의 개별성individuality"에 관한 것이라고 말한다. 그리고 이는 개인의 양심과 선택의 권리를 말해온 개신교 전통과 공화국 미국이 개인에게 부여해온 시민권 전통에 뿌리를 두고 있다는 말로 연설을 시작했다.

캐디 스탠턴은 이 세상에 홀로 와서, 홀로 자신의 길을 걷다가, 홀로 이 세상을 떠나는 것이 인간의 불가피한 실존적 조건임을 직시해야 한다고 말한다. 어머니, 아내, 자매, 딸 등의 역할은 살다 보면 따라오는 부수적인 관계일 뿐이다. 또 누구나 다 그런 관계의 과정을 거치는 것도 아니다. 남성 개인의 가치와 권리를 아버지, 남편, 아들, 형제로 맺는 관계나 의무와 연관시키지 않듯이, 여성도 어떤 가족관계에 있기 때문에 가치가 있고 권리가 있는 것이 아니라 존재 그 자체로 자기 발전과 행복을 추구할 권리와 의무가 있다는 주장이다. 여성에게 고등교육의 기회를 주고, 정부·교회·사회·직장에서 여성이 발언할 조건을 보장해야 하는 이유도 여성이 자신의 개별 삶을 홀로 감당해야 하는 책임감이 있는 존재이기 때문이라는 것이다. "여성이 아무리 의존하고 싶고 보호받고 싶고 지원받고 싶어도, 남성이 여성을 보호하고 지원하고 싶어도, 그들은 자기 삶의 여정을 각자 스스로 만들어야 합니다."

캐디 스탠턴은 인생을 행진과 전투에 비유한다. 부대에서 군인에게 무기·배낭·담요·식판 따위를 지급하는 것처럼 각 개인은 행진과 전투에 필요한 수단을 평등하게 지급받아야 하고, 각 개인은 자기 짐을 다른 이들과 나누어 질 수 없으며, 각자 그 무게를 감당해야 한다.

연설문에 따르면, 교육을 제한하는 것은 눈을 멀게 하는 것이다. 재산권을 얻지 못하게 하는 것은 손을 자르는 것이다. 정치적 평등을 인정하지 않는 것은 자존감을 박탈하는 것이다. 캐디 스탠턴은 19세기 말 미국 사회에서 여성이 놓인 처지가 바로 이와 같다고 주장한다. 여성을 제대로 교육하지 않고, 남성에게 의존하도록 세뇌하고, 정치적 권리를 부여하지 않는 것은 병사에게 무기나 비품 없이 전쟁터로 나가라는 이야기이다. 그냥 밟히고 갈려서 산산이 부서져버리라는 말이다. "약자와 무지한 자의 고독은 정말 불쌍하다. 포상을 향해 달려가는 인생의 거친 경주에서 그들은 갈려 가루가 된다."

캐디 스탠턴은 지상에서 보내는 마지막 날에 고독했던 나사렛 예수, 감옥에서 책과 펜도 없이 오랫동안 고립된 수감생활을 해야 했던 러시아의 철학자, 나무 한 그루 없는 고산지대에서 빙벽과 마주했던 탐험가, 막막한 밤바다에서 칠흑 같은 어둠과 직면했던 뱃사람 등을 예로 들면서, 이런 상황은 특별한 사람의 특별한 경험이지만 다른 한편으로는 모든 인간이 직면하게 되는 근본 조건이자 과제라고 말한다.

자기 인생과 자아에 대한 책임이 온전히 개인에게 있다고 서술한

〈자아독존〉은 젊은 여성들에게 무엇보다 중요한 것은 너의 인생이고, 네가 발전시켜가야 할 너의 자아라는 점을 간곡하게 강조한다. 어머니나 아내 같은 역할은 인생에서 지나가는 한 과정이며 또 반드시 거치지 않아도 되는 과정이라는 구절은 젊은 여성들이 자기 인생을 계획하고 정체성을 구축하는 첫걸음을 어떻게 내디뎌야 할지 짚어주는 말이다.

이 글은 인생과 자아에 대한 개인의 책임을 강조하지만, 그렇다고 사회적 관계와 공동체의 책임을 경시하지는 않는다. 캐디 스탠턴은 각 개인이 인생을 책임지고 자율적으로 살아갈 수 있으려면 사회적 지원이 필요하다고 거듭 강조한다. 자서전에서는 세니커폴스에서 가정주부로 지낼 때 육체적·심리적으로 힘들었던 상황을 이야기하면서, 자녀 양육을 사회적으로 책임질 수 있는 방법을 모색하는 것이 여성의 능력 향상을 위해 중요하다고 말하기도 했다. 그래서 초기 사회주의자인 프랑스의 푸리에Joseph Fourier식 협동조합 발상에도 관심이 있다고 했다.[40] 이 연설문에서도 캐디 스탠턴은 각 개인이 존엄한 만큼 사회의 책임이 중요하다고 말한다. 사회는 성별 등 어떤 이유로도 차별을 조장하여 개인의 자존감을 무너뜨려서는 안 되며, 저마다 능력을 계발하여 자신을 충분히 발전시킬 수 있게끔 자원을 가능한 한 평등하게 분배해야 한다고 주장한다. 그래야 사회 구성원들이 능력과 열정을 발휘하고 사회도 강건해질 수 있다고 말이다.

---

40 Stanton, *Eighty Years and More*, p. 92; Richard Cándida Smith, "Stanton on Self and Community", Ellen Carol DuBois and Richard Cándida Smith, eds., *Elizabeth Cady Stanton, Feminist as Thinker: A Reader in Documents and Essays*, New York University Press, 2007, p. 75.

캐디 스탠턴을 모델로 기용한
'페어뱅크 페어리 비누' 광고.

캐디 스탠턴은 기본적으로 사상가이자 문필가였지만, 그렇다고 칩거하여 글만 내놓는 은둔자 스타일은 아니었다. 그는 1869년부터 제임스 페드패스 강좌 회사와 계약을 맺고 12년 동안 전국 순회강연을 다녔다. 돈을 벌 수 있는 기회인 동시에 주장을 펼칠 수 있는 기회이기도 했다. 1866년에는 피선거권과 관련하여 특별한 자격조건을 두지 않았던 법을 이용하여 뉴욕주에서 연방하원의원 후보로 출마했다. 표를 거의 얻지 못하고 낙선하긴 했지만, 용기를 내어 시도한 도전이었다. 말년에는 '페어뱅크 페어리 비누' 회사의 광고 모델이 되었는데,[41] 당대인들에게도 그가 시대를 선도하는 세련된 이미지로 매력이 있었음을 말해주는 경력이다. 그는 다양한 차원에서 목소리를 내려는 노력을 멈추지 않았다.

또 시대의 사상적 흐름을 열심히 공부하고 이를 바탕으로 자신의 주장을 펼치기 위해 노력했다. 〈독립선언문〉을 끌어다 세니커폴스 선언문의 기초로 삼은 것은, 〈독립선언문〉이 확보하고 있던 정당성과 권위를 빌려 여성주의를 향한 거부감을 낮추려는 전술이었다. 캐디 스탠

---

41 Ginzberg, *Elizabeth Cady Stanton*, p. 183; https://lewissuffragecollection.omeka.net/items/show/2234(2019년 8월 28일 검색).

턴은 당대에 유행한 콩트의 실증주의와 다윈주의, 사회적 다윈주의도 적극 수용하면서 이를 자기 방식으로 변형했다. 콩트는 여성의 영역과 역할을 가정의 일에 한정하는 것이 사회적으로 가장 효율적이며 발전한 문명이라고 보았다. 그러나 캐디 스탠턴은 이런 관점을 받아들일 수 없었다. 그는 콩트의 이론을 받아들이면서도 이를 수정하여, 여성은 신체적 특성과 역사적·사회적 경험이 남성과 다르기 때문에 여성이 사회의 공공활동에 참여한다면 사회 발전에 기여할 수 있을 것이라고 주장했다. 19세기 후반으로 갈수록 캐디 스탠턴은 여성 고유의 자질을 강조했는데, 이는 실증주의의 영향이기도 했다.[42] 이뿐 아니라 그는 인민주의, 사회주의, 페이비언사회주의 등도 여성이 가사노동의 부담을 덜 수 있는 대안이라는 점에서 긍정적으로 검토하는 글들을 남겼다. 그러나 여러 사상을 섭렵하면서 그가 늘 주목한 것은 그 속에서 여성이 능동적 주체가 될 수 있는가 하는 점이었다.

캐디 스탠턴은 여성도 독립적인 개인, 다른 사람을 위한 보조자나 목적을 위한 수단이 아니라 그 자체로 목적이 되는 존엄한 존재로서의 지위를 인정받고 보장받아야 한다고 강조했다. 개인에 대한 이런 강조는 연설문 〈자아독존〉에서 가장 잘 드러난다. 1892년에 내놓은 이 글의 배경에는 미국 식자층에서 회자되던 사회적 다윈주의의 영향력이 자리하고 있다. 이 세상은 승자만이 살아남는 힘겨운 생존경쟁의 장이라는 생각이 과학적 진리처럼 여겨지던 시대였다. 이러한 지적 분위기에서 캐디 스탠턴은 이를 여성주의의 필터로 수용함으로써 그런 세계에서

---

42 Davis, *The Political Thought of Elizabeth Cady Stanton*, chapter 9.

여성 또한 고군분투하는 독립적 개인이라는 점을 강조했다.

여성운동을 시작하면서 쓴 세니커폴스 선언문부터 70대에 쓴 〈자아독존〉 그리고 80대에 쓴 자서전까지 일관되게 나타난 주장은 여성에게도 독립된 개인으로 자유와 평등을 누리며 살아가게끔 여러 기회를 보장해줘야 한다는 점이었다. 이런 점에 비추어볼 때, 캐디 스탠턴은 자유주의적 여성주의자였다. 그리고 그것을 실현하기 위해 법과 제도뿐 아니라 가정, 종교, 경제, 문화, 교육 등 여러 분야에 걸쳐 총체적인 변화를 추구했다는 점에서 혁명적이었다고 할 수 있다.

캐디 스탠턴은 자기가 옳다고 판단한 사안은 주변의 만류나 여론의 반대에도 거의 굽히지 않고 밀고 나가는 굳센 신념의 혁명가적 기질이 있었지만, 여러모로 모순에 찬 인물이기도 했다. 무엇보다 모든 이에게 보편적으로 참정권을 부여해야 한다고 주장하면서도, "가난하고 무식한 흑인 남성"이 (중산층 백인) 여성보다 먼저 참정권을 얻는 것은 미국 사회에 비극을 초래하리라는 인종주의적이고 엘리트주의적인 막말을 서슴지 않았다. 그는 모든 개인의 보편적인 존엄성을 강조했지만, 다른 한편으로는 자신이 속한 유럽계 백인, 중산층의 문화가 우월한 가치를 지녔다고 생각했다.

유색인종이나 하층민을 향한 혐오를 유발하고 이용했던 캐디 스탠턴의 표현은 유독 주목받고 회자되었다. 사실 당대 여성운동 진영에 캐디 스탠턴과 같은 견해만 있었던 것은 아니다. 소저너 트루스[43]나 프

---

43 Sojourner Truth(1797 무렵-1883). 노예로 태어났지만 뉴욕주의 점진적 노예해방령에 따라 자유인이 되었다. 1840년대 말부터 노예제 폐지 운동에 참여했으며 연설가로 명성이 높았다. 읽고 쓸 줄은 모르지만 분별력이 있기에 연설할 수 있다고 당당히 말하곤 했다. "나는 읽지는 못하지만 들을

랜시스 하퍼[44] 같은 아프리카계 여성 지도자들은 흑인과 여성 모두에게 참정권이 확보되어야 한다고 강조했지만, 당대에도 역사에서도 이런 목소리는 오랫동안 널리 알려지지 못했다. 백인 여성 지도자 중에서도 루시 스톤은 인종주의자 정치인들과 공공연히 제휴하는 캐디 스탠턴과 앤서니가 여성참정권 운동을 대표하게 해서는 안 된다고 판단하여 따로 조직을 구성하기도 했다. 그러나 스톤의 이런 생각이 캐디 스탠턴의 인종주의적 발언만큼 널리 알려지지는 못했다.

캐디 스탠턴의 발언은 무엇보다 법을 만들 힘을 쥐고 있던 정치인과 언론을 의식한 것이다. 그리고 지배층의 정서와 문화를 고려해서 나온 그의 언어가 널리 회자된 이유는 그런 표현이 미국 백인 주류사회의 구미에 부합했기 때문이다. 사회를 개혁하기 위해 힘을 모으는 과정에서는 연대를 넓혀나갈 필요도 있지만, 그보다 더 중요한 것은 무엇과 싸울 것이며 누구와 함께할 것인지를 선택하는 일이다. 미국 내전 이후 캐디 스탠턴이 인종주의 세력과 손을 잡은 행보는 그때뿐 아니라 그 뒤로 한 세기 가까이 미국 여성운동에 악영향을 끼쳤다. 그의 인종주의적

줄은 안다. 나는 성경을 들어서 배웠고, 이브가 인류에게 저지른 죄도 들었다. 만약 여성이 세상을 뒤엎는 죄를 지었다면, 여성에게 세상을 다시 일으켜 세울 기회를 달라. (……) 예수님은 여성을 주변으로 내쫓은 적이 없다." 트루스의 연설문은, 중산층 백인 지식인 여성의 전유물로 여겨지던 여성주의를 노예 출신 흑인 여성도 체득하고 있었으며 그 내용을 심화하고 확산하는 데 기여했음을 보여준다.

44 Frances Harper(1825-1911). 자유흑인 출신으로, 시집과 소설을 여럿 출간해 상업적으로 성공한 작가이다. 젊은 시절에는 도망 노예를 도왔고, 1853년 전국반노예제협회에 가입한 뒤 연설가로 활동했다. 미국 내전 후에는 남부로 이주해 해방된 흑인들을 교육하고 지원하는 일에 앞장섰다. 노예 출신 아프리카계 미국인의 사질을 문제 삼는 핀건에 남부의 흑인 공동체를 보여주는 글로 맞섰다. "그들은 갈라진 벽 틈을 통해서나 간신히 햇살이 들어오는 초라한 오두막에서 산다. 추위와 습기를 고스란히 견뎌야 하는 집이다. 그런데 이런 집에서 사는 가난한 가족도 으레 고아 두 명 정도는 거두어 함께 산다. 노예 출신들은 시민으로 갖추어야 할 포용력과 미덕을 충분히 발휘하며 살아가고 있다." 1896년에 전국유색인여성협회를 세우고 부회장을 지냈다.

발언은 애초 의도와 달리 백인 남성 중심의 가부장적 질서를 더 굳건하게 만드는 과정에 이용됐으며, 그런 지배 질서에 함께 맞설 수 있는 세력의 연대에 난관을 조성했다.

그러나 캐디 스탠턴이 드러낸 이런 모순은 단지 그만의 문제가 아니다. 대부분의 근대국가는 구성원들에게 자유와 평등이 보장되는 보편적 인권과 시민권을 약속했지만, 현실에서는 인종·성별·계급·지역·학벌 등에 따라 여러 불평등과 차별이 온존해왔다. 자신이 속하거나 좀 더 큰 자원을 확보한 특정 인종, 특정 국직, 특정 싱, 특정 계급 등이 좀 더 우월한 가치를 지녔다고 여기는 이데올로기와 정서도 계속 이어졌다. 그리고 이는 차별과 불평등을 합리화하고 온존시키는 기제로 작동해왔다. 캐디 스탠턴에게서 드러나는 혁명성과 모순성을 성찰하는 가장 좋은 방법은 우리가 사는 세계와 우리 자신의 내면을 들여다보는 것일 수도 있다.

〈소견선언문〉[45]

캐디 스탠턴이 미국 독립선언문을 패러디하여 쓴 글. 1848년 7월에 열린 세니커폴스 대회를 위해 작성했는데, 이 행사는 미국에서 처음으로 여성참정권을 주장한 집회였다.

인류의 역사에서 인간 가족의 일부가 그동안 취해온 것과 다른 지위, 그러나 자연과 자연의 신의 법이 부여한 지위를 지구상의 인간 사이에서 주장하려 할 때는, 그들이 그런 과정을 밟은 이유를 천명하는 것이 인류가 지닌 여러 견해에 대한 마땅한 존중을 보여주는 것이다.

우리는 다음과 같은 것을 자명한 진리라고 생각한다. 모든 남성과 여성은 평등하게 창조되었다. 조물주는 그들에게 몇 가지 양도할 수 없는 권리를 부여했다. 그 가운데 생명과 자유와 행복을 추구할 권리가 있다. 이 권리를 확보하기 위해 인류는 정부를 조직했다. 이 정부의 정당한 권력은 통치받는 사람들의 동의에서 비롯한다. (……) 오랫동안 학대와 강탈을 지속하면서 (……) 통치받는 사람들을 절대적인 전제정치 아래 예속하려는 의도를 분명히 드러낼 때는, 그런 정부를 타도하고 미래의 안전을 위해 새로운 수호자를 두는 것이 그들의 권리이자 의무이다. 여성들이 이 정부 아래에서 견뎌온 고통이 바로 이런 것들이다. 이제 여성들이 (……) 평등한 지위를 요구하는 것은 불가피하다. 인류 역

---

45 "Declaration of Sentiments", *North Star*, July 19-20, 1848, https://www.loc.gov/resource/rbcmil.scrp4006702/?sp=10(2022년 1월 15일 검색); https://www.nps.gov/wori/learn/historyculture/declaration-of-sentiments.htm(2022년 1월 15일 검색).

사는 남성이 여성을 모욕하고 강압하기를 반복해온 역사이다. (……) 이를 증명하기 위해 (……) 다음과 같은 여러 사실을 제시한다.

남성은 양도할 수 없는 권리인 선거권을 여성이 행사하게끔 허용한 적이 없다.

남성은 여성에게 법을 준수하라고 강요하지만, 여성은 법률을 제정하는 과정에서 어떤 발언권도 행사해본 적이 없다.

남성은 가장 무식하고 천박한 남성들에게까지 보장된 권리도, 토착민과 외국인 모두에게 보장된 권리도 여성에게는 보류해왔다.

남성은 (……) 입법부에 여성이 대표를 보낼 수 없게 만들어 여성을 (……) 억압해왔다.

남성은 결혼한 여성을 법 앞에서, 공민권 차원에서 죽은 자로 만들어놓았다.

남성은 여성의 재산권을 모두 가져갔으며, 심지어 여성이 벌어온 임금에 대한 권리마저 가져갔다.

남성은 여성을 도덕적으로 무책임한 존재로 만들어왔다. 여성이 범죄를 저질러도 남편이 그 여성을 처벌하게 하는 조건 아래 형벌을 면해주었다. 결혼 계약을 통해 신부는 신랑에게 복종을 서약해야 했고, 모든 면에서 남성은 여성의 주인master이 되었다. 법은 남성에게 여성의 자유를 박탈할 수 있는 권력, 여성을 징벌할 수 있는 권력을 주었다.

남성은 이혼법을 만들어내서, 무엇이 이혼 사유가 될 수 있는지, 떨어져 살게 될 경우 자녀의 후견인이 될 권리는 누구에게 있을지를 결정했으며, 그 과정에서 여성의 행복은 전혀 고려되지 않았다. 언제나 법은 남성이 우월하다는 잘못된 전제에 기초해왔고, 남성의 손에 모든 권력을 쥐여주었다.

(……) 여성이 독신이고 재산 소유자일 경우, 남성은 그 여성에게 (……) 세금을 부과했다. 정부는 여성의 재산이 정부에 득이 될 수 있을 때만 여성을 인정한다.

좋은 일자리는 거의 남성이 독점해왔다. 여성에게 그런 일자리가 허용된 뒤에도 여성은 낮은 봉급을 받았다. 남성은 부유해지는 길, 스스로 가장 훌륭하다고 생각되는 우월한 지위에 이르는 길로 여성이 들어서지 못하게 모두 봉쇄하고 있다. 신학, 의학, 법학의 길에서 스승이 된 여성은 아직 나타나지 않았다.

남성은 여성이 온전한 교육을 받을 수 있는 시설에 접근하는 것을 막아왔다. 대학은 여성에게 문을 열지 않고 있다.

국가와 마찬가지로 교회에서도 남성은 여성에게 종속된 지위를 부여하고 있다. 사도의 권위를 빌려 여성을 성직에서 배제하고, 몇몇 예외가 있긴 하지만 교회 행사에 여성이 공식적으로 참여하지 못하게 한다.

남성은 여성과 남성에게 각각 다른 도덕률을 적용하여 잘못된 여론을 형성해왔다. 그래서 여성이 저질렀다면 사회에서 배척당하는 도덕적 비행을 남성이 저지를 경우 용인될 뿐 아니라 중요하지 않은 문제로 간주되곤 한다.

남성은 여호와 하나님의 특권을 가로채서, 여성에게 행동범위를 부여하는 권리를 행사해왔다. 그러나 이런 권리는 여성의 양심과 여성의 하나님에게 속하는 것이다.

남성은 모든 수단을 동원해 여성이 스스로의 힘에 대한 자신감을 상실하게 하고, 자존감을 약하게 만들고, 여성이 자진하여 의존적이고 비참한 생활을 이어가게 하려고 노력해왔다.

이제 (……) 여성들 스스로가 분개하고, 억압당한다고 느끼고, 자신들의 가장 신성한 권리를 부당하게 빼앗겼다고 생각하는 상황에서, 우리는 미국 시민에게 속한 모든 권리와 특권을 여성도 당장 누릴 수 있게 해야 한다고 주장한다.

(……) 우리는 어떤 오해나 (……) 비웃음도 걱정하지 않는다. 우리는 우리의 목적을 효과적으로 이루기 위해 (……) 노력할 것이다. 우리는 일할 사람들을 모으고, 소책자를 널리 퍼뜨리고, 주 입법부와 연방의회에 청원서를 내고, 연단과 언론을 통해 우리의 뜻이 전달될 수 있게 노력할 것이다. 이 대회 이후에도 꾸준히 대회가 열려서 전국에 전파되기를 희망한다. (……) 오늘 우리는 이 선언문에 우리의 서명을 첨부한다.

〈자아독존〉[46]

1892년 1월, 캐디 스탠턴이 미국 하원 사법위원회 등에서 한 연설문. 캐디 스탠턴은 이 글을 생애 최고의 글로 꼽았다. 미 의회는 이 연설문을 1만 부 인쇄하여 각 부처와 주요 기관에 보냈다.

(……) 제가 여기서 말하고 싶은 것은, 각 인간 영혼의 개별성, 우리 개신교 사상에서 말하는 개인적 양심과 판단의 권리 그리고 우리 공화국 사상에서 말하는 개인에게 부여된 시민권입니다. 여성의 권리를 논할 때 우리는 첫째, 한 개인으로서의 여성이, 자기의 세계에서 자기 운명의 주인인 여성이 무엇을 갖추어야 하는지를 생각해야 합니다. (……) 어머니, 아내, 자매, 딸 등은 살다 보면 따라오는 관계일 뿐입니다. 통상 우리 사회는 남성이 개인이자 시민이자 남성으로서 지니는 권리를 그가 아버지, 남편, 형제, 아들로서 지니는 의무와 연관해 결정하지 않습니다. 여성도 마찬가지입니다.

사람은 누구나 독자성이 있고 독립할 필요성이 있기 때문에 각 개인에게는 자기 환경을 선택할 권리가 주어져야 합니다. 여성에게 고등교육의 기회를 모두 제공하고, 능력과 마음과 몸의 힘을 최대한 발전시킬 수 있는 기회를 주어야 합니다. (……) 그렇게 해야 하는 가장 큰 이

---

46 Elizabeth Cady Stanton, "The Solitude of Self", 1892, http://historymatters.gmu.edu/d/5315/(2019년 10월 14일 검색).

유는 여성 자신의 개별적 삶에 대한 독존적이고 개인적인 책임 때문입니다. (……) 한 개인으로서 여성은 자기 스스로에게 의존할 수밖에 없습니다. 여성이 아무리 의존하고 싶고 보호받고 싶고 지원받고 싶어도, 남성이 여성을 보호하고 지원하고 싶어도, 그들은 자기 삶의 여정을 각자 스스로 만들어야 합니다.

우리는 이 세상에 홀로 왔습니다. 우리는 저마다 놓인 환경 아래서 각자 홀로 이 세상을 떠납니다. (……) 우리는 모든 개인이 온전한 발전을 이룸으로써 자신을 이롭게 하고 또 행복해지기를 원합니다. 한 부대를 무장하기 위해 각 군인에게 배낭, 무기, 담요, 컵, 나이프, 포크 등을 지급합니다. 우리는 각 개인의 필요를 위해 똑같이 지급합니다. 그리고 각 개인이 저마다 자신의 짐을 감당합니다.

다시 우리는 공공선을 위해, 인류 전반의 이익을 추구하는 경쟁력의 조화를 위해, 국가적 사안의 모든 문제를 해결하기 위해 개인의 온전한 발전을 요구합니다. 자연이 늘 우리에게 주는 큰 교훈은 자립, 자기 보호, 자급입니다.

인생에서 가장 큰 승리의 기쁨을 누릴 때도, 가장 어두운 상황에 놓였을 때도 우리는 홀로 걷습니다. (……) 감옥에서 우리는 죄와 불운을 홀로 탄식합니다. 우리는 교수대에서 홀로 속죄합니다. 이런 시간 속에서 우리는 각각의 인생, 그 고통, 그 대가, 그 책임의 엄중한 독존을 깨닫습니다. 인생은 행진이고 전투라는 것을 봅니다. 그 속에서 각 전사는 자신을 보호할 장구를 갖추어야 합니다. 개인에게서 자연권을 앗아가는 것은 가장 잔혹한 일입니다. (……) 약자와 무지한 자의 고독은 정말 불쌍합니다. 포상을 향해 달려가는 인생의 거친 경주에서 그들은 갈려 가루가 됩니다. (······) 인생의 파도에서 여성을 보호해준다는 말은 순 엉터리입니다. 여성도 남성과 마찬가지로 사방에서 파도와 만납니다. 그리고 여성은 자신을 보호하고 적에게 저항하고 적을 정복하는 훈련을 계속 받아온 남성보다 좀 더 치명적인 결과를 맞게 됩니다. 이것이 인류가 경험해온 사실입니다. (······) 가난하든 부자든, 지적이든 무지하든, 현명하든 멍청하든, 덕이 있든 사악하든, 남성이든 여성이든, 각 영혼이 오로지 자신에게 의존해야 한다는 점은 언제나 마찬가지입니다.

(······) 모든 인위적 제한이 제거되고 여성이 개인으로 인정받을 때, 각자의 환경에 책임을 질 때, 교육을 통해 그들이 어떤 지위도 감당할 수 있고 또 그 지위에 호명될 수 있을 때, 자신의 양심과 판단에 따라 나아갈 수 있을 때, 근육질 몸과 방어 무기를 사용하는 기술을 익혀 자기를 보호할 수 있는 훈련이 되어 있을 때, 사업 세계의 지식을 갖추어 스스로 먹고살도록 부추김을 받고 재정적 독립이 주는 기쁨의 자극을 받을 때, 여성이 이런 방식으로 훈련될 때, 그들은 모든 이에게 찾아오는 독존의 시간을 어느 정도 감당할 수 있게 될 것입니다. (······)

우리 모두는 얼음처럼 차가운 산봉우리보다 더 다가갈 수 없는 것, 한밤중 바다보다 더 근원적인 것, 즉 독존하는 자아를 언제나 지니고 다닙니다. 우리 내면의 존재, 우리가 자아라고 일컫는 것은 눈으로도 사람이나 천사의 손길로도 뚫을 수 없습니다. 이는 가장 깊은 곳에 감추어져 있습니다. 그곳에 들 수 있는 존재는 전지전능한 신뿐입니다.

이런 것이 개별 인생입니다. 당신에게 묻습니다. 어느 인간이 감히 다른 인간의 권리, 의무, 책임을 대신 짊어질 수 있습니까?

참고문헌

1차 사료

Stanton, Elizabeth Cady, *Eighty Years and More; Reminiscences 1815-1897*, 1897, Kindle Edition, 2012.

Stanton, Elizabeth Cady,*The Woman's Bible* (1895), Kindle Edition, 2003.

Stanton, Elizabeth Cady,with Linda Gordon, "Introduction", *The Solitude of Self*, 1892, Kindle Edition, 2014.

Stanton, Elizabeth Cady,Susan B. Anthony, and Matilda Joslyn Gage, eds., *History of Woman Suffrage*, I-VI, Kindle Edition, 2017.

DuBois, Ellen Carol, and Richard Cándida Smith, eds., *Elizabeth Cady Stanton, Feminist as Thinker: A Reader in Documents and Essays*, New York University Press, 2007.

연구 문헌

박현숙, 〈대중과 역사의 소통의 장으로서의 여성사 박물관: 수전 B. 안소니 박물관과 여권운동의 성지 세네카 폴즈를 중심으로〉, 《대구사학》 126(2017), 305-349쪽.

박현숙, 〈캐리 챕프맨 캣의 인종차별주의—민주주의와 편의주의의 기로에서〉, 《서양사론》 115(2012), 91-132쪽.

최재인, 〈19세기 미국 여성운동의 시작과 노예제폐지운동〉, 《서양사연구》 59(2018), 5-43쪽.

Andolsen, Hilkert, *"Daughters of Jefferson, Daughters of Bootblacks": Racism and American Feminism*, Macon, GA: Mercer University Press, 1986.

Blatch, Harriot Stanton, and Alma Lutz, *Challenging Years: The Memories of Harriot Stanton Blatch*, New York: G. P. Putman's Sons, 1940.

Collins, Patricia Hill, *Black Feminist Thought: Knowledge, Consciousness, and the Politics of Empowerment*, New York: Routledge, 1991.

Cott, Nancy, *The Grounding of Modern Feminism*, New Haven, CT: Yale University Press, 1987.

Davis, Angela, *Women, Race & Class*, New York: Random House, 1981.

Davis, Sue, *The Political Thought of Elizabeth Cady Stanton*, New York: New York University Press, 2008.

DuBois, Ellen Carol, *Harriot Stanton Blatch and the Winning of Woman Suffrage*, New Haven, CT: Yale University Press, 1997.

DuBois, Ellen Carol, *Feminism and Suffrage: The Emergence of an Independent Women's Movement in America, 1848-1869*, Ithaca: Cornell University Press, 1978.

DuBois, Ellen Carol, *Woman Suffrage and Women's Rights*, New York University Press, 1998.

Ginzberg, Loir, *Elizabeth Cady Stanton: An American Life*, Hill and Wang, Kindle Edition, 2009.

Griffith, Elizabeth, *In Her Own Right: The Life of Elizabeth Cady Stanton*, New York: Oxford University Press, 1985.

Hooks, Bell, *Ain't I a Woman?: Black Women and Feminism*, Cambridge, MA: South End Press, 1981.

Kern, Kathi, *Mrs. Stanton's Bible*, Ithaca, NY: Cornell University Press, 2001.

Lerner, Gerda, *The Majority Finds Its Past: Placing Women in History*, forward by Linda Kerner, University of North Carolina Press, 1979.

McDaneld, Jen, "White Suffragist Dis/Entitlement: The Revolution and the Rhetoric of Racism", *Legacy: A Journal of American Women Writers*, 30(2), 2013, pp. 243-264.

McMillen, Sally G., *Lucy Stone: An Unapologetic Life*, New York: Oxford University Press, 2015.

Newman, Louise Michele, *White Women's Rights: The Racial Origins of Feminism in the United States*, New York: Oxford University Press, 1999.

Staples, Brent, "How the Suffrage Movement Betrayed Black Women", *New York Times*, 2018년 7월 28일, https://www.nytimes.com/2018/07/28/opinion/sunday/suffrage-movement-racism-black-women.html(2019년 12월 10일 검색).

Tetrault, Lisa, *The Myth of Seneca Falls: Memory and the Women's Suffrage Movement*, Chapel Hill: University of North Carolina Press, Kindle Edition, 2014.

6장

루이제 오토

독일 여성운동의 '새길'에서
'노동과 교육과 자조'를 외치다

문수현

문수현__

서울대학교 서양사학과와 같은 학교 대학원을 마치고 독일 빌레펠트대학교에서 독일 현대사 연구로 박사학위를 받았다. 유니스트 기초과정부에 재직했으며, 현재 한양대학교 사학과 교수로 재직 중이다. 한국 사회에서 여성에게 허용되는 운신의 폭이 매우 좁다는 사실을 절감하면서 학술적인 관심을 넘어 여성의 삶에 도움이 되는 글을 쓰는 일에 더 관심을 기울이게 되었다. 남녀 임금격차를 둘러싼 서독의 논의를 다룬 《"Wie viel Geld für wie viel Leistung?" Weichenstellungen in der Frauenlohnfrage in Westdeutschland nach 1945 1945년 이후 서독의 여성 임금 문제》(Westfälisches Dampfboot, 2006)를 출간했다. 《꿈은 소멸하지 않는다》(2007), 《서양 여성들, 근대를 달리다》(2011)에서 각각 로자 룩셈부르크와 릴리 브라운 등 여성 사회주의자에 관한 장을 썼으며, 메리 울스턴크래프트의 《여성의 권리 옹호》(2011)를 우리말로 옮겼다. 여성의 삶을 고민하는 글을 써왔고 앞으로도 그러할 것이다.

독일 여성운동의 시원

1848년 혁명의 상황은 급박하고 불확실했다. 1848년 2월 파리에서 봉기가 일어나 프랑스 왕 루이 필리프가 퇴위하고 공화정이 들어섰다는 소식은 전 유럽에 도미노 효과를 불러왔다. 빈에서 당대 유럽 정치를 좌우하던 오스트리아제국 수상 메테르니히가 도주했고, 프로이센 황제 프리드리히는 군중의 압력에 못 이겨 시민군 사망자의 무덤에 절하고 헌법을 제정하겠다고 약속함으로써 간신히 자리를 지켰다. 그러나 이 혁명의 밀물은 머지않아 썰물로 사라지고, 유럽 전역에서 보수주의 정치가 회귀하여 검열·탄압·투옥이 일상 언어가 되었다.

인권 보장과 헌법 제정을 요구하는 혁명의 밀물과 썰물이 교차하던 1849년 4월, 드레스덴에서 벌어진 정부군과 시민군 간의 시가전에서 한 여성이 사망했다. 전투 첫날에 체조선수이던 약혼자를 잃은 뒤 "사자의 용기"를 품고 수많은 병사들을 저격하다 사흘째 되는 날 숨을 거둔 것이다. 이 여성을 비롯해 바리케이드의 수많은 용맹한 여성 전사들에 관한 소문이 사라지지 않고 역사 기록으로 남을 수 있었던 것은 1849년 4월 21일 자로 1호를 발간한《여성신문Frauen Zeitung》의 지면 덕분이었다.

이 신문의 발행인이자 그 자신도 1848 혁명에 참여했던 루이제 오토 페터스Louise Otto-Peters(1819-1895)가 독일 '최초'의 여성신문 발행인은 아니지만,[1] 3년간 꾸준히 여성신문을 발행한 루이제 오토를 독일 여성 신문의 태두로 꼽아도 무방할 것이다.

루이제 오토는 언론인이었을 뿐만 아니라 여성운동가이기도 했다. 그는 독일이 통일되기 5년 전인 1865년 가을에 전 독일 여성회의를 주관한 것을 계기로 독일 최초의 전국 여성단체라 할 독일여성총연합 Allgemeine Deutsche Frauenverein(ADF)을 창설했으며, 이 단체의 기관지인《새길Neue Bahne》지를 30년간 발행하다가 1895년에 76세를 일기로 세상을 떠났다. 독일 여성운동가 헬레네 랑게Helene Lange는 루이제 오토가 사망한 뒤 "독일 여성운동의 대표"이자 "우리의 선구자"로서 "행렬의 맨 앞에 루이제 오토가 서 있다"고 평가한 바 있다.[2] 독일의 1세대 여성 사가 아네테 쿤Annette Kuhn이 여성사 개설서《히스토리아Historia》에서 루이제 오토를 다룬 장의 부제를 "조직된 여성운동의 시원"으로 정한

---

1   Anika Kiehne Abbate, *Women Editors and Negotiations of Power in Germany, 1790-1850* (PhD Diss.), University of Pennsylvania, 2008, p. 160. 1848년 같은 제목으로 마틸데 프란치스카 안네케Mathilde Franziska Anneke가 발행한 신문이 3호 발행에 그쳤으며, 동시대의 급진주의 여성운동가 루이제 아스톤Louise Aston이 1848년 11월 1일부터 12월 16일까지 간행물을 발행했다. 안네케의 신문은 당국에 몰수당했으며, 아스톤의 간행물은 한 달 만에 프로이센 당국에 의해 금지당하고 그는 베를린에서 추방되었다.

2   https://www.bpb.de/apuz/285864/ueber-die-erinnerung-an-louise-otto-peters-in-der-frauenbewegung.

루이제 오토.

것은 이러한 맥락에서였다.

　재산 정도와 정치적 영향력이 비례할 수 있게 한 삼계급 선거권이 1918년까지 이어지는 등 보수적인 정치질서가 지배적인 한편으로 전 유럽에서 가장 큰 사회주의 정당이 있었던 독일은 이념적으로 매우 분열된 사회였다. 여성운동도 이념에 따른 대립으로 말미암아 한자리에 모여 앉는 것을 상상하기 어려운 상태였다. 1894년에 창설된 독일 최대의 부르주아 여성조직인 독일여성단체연합Bund Deutscher Frauenvereine (BDF)이 사회주의 계열의 여성운동 단체와 선을 긋기로 한 사실은 이러한 분열을 상징하는 예였다. 그러나 사회주의 계열 여성운동의 대모로 프랑스혁명 100주년에 창설된 제2인터내셔널에서 '부르주아 페미니즘'이라는 표현을 유포해 페미니즘 내부의 분열을 공고히 한 장본인 클라라 체트킨Clara Zetkin도 루이제 오토의 다과모임 멤버였을 정도였다.[3] 루이제 오토는 이처럼 여성운동의 대모이자 언론인이었을 뿐만 아니라 소설과 시, 오페라 대본 등을 쓴 당대의 인기 있는 문인이기도 했다.

　루이제 오토에 대한 평가는 독일 여성운동 전반에 대한 평가와 맞물린다. 급진파 페미니스트가 소수 존재하긴 했지만, 일반적으로 독일 여성운동은 아내와 어머니로서의 역할을 강조하는 방식, 즉 '차이와 평등' 사이에서 차이를 선택하고 전면에 내세우는 방식을 택했다. 구체적

3　클라라 체트킨은 두 차례에 걸쳐서 오토를 매우 긍정적으로 묘사했다. 〈독일 프롤레타리아 여성운동의 역사〉에서 오토를 "1840년대 여성의 완전한 사회적 평등을 전면적으로 지지했으며, 공적이고 정치적인 삶에 대한 참여를 여성의 정치적 권리이자 의무로 선언한 최초의 여성"이라고 평가했다. 물론 오토가 여성 노동자의 문제를 철저하게 논구하지 않았고, 1848년 이후에는 어떤 정치적 분파와도 동일시하기를 꺼렸다는 비판도 함께 제시했다. 그 뒤에 출간된 《여성과 사회》에서도 같은 태도를 볼 수 있다. Ruth-Ellen Boetcher Joeres, "Louise Otto and her Journals", Ingår Engelska, *Internationales Archiv für Sozialgeschichte der deutschen Literatur*, 1979, p. 101, 주 4 재인용.

으로 19세기 독일 여성운동의 핵심 요구는 동시대 프랑스·영국의 여성운동과 달리 '여성참정권'이 아니라 '여성 교육'이었다. 여성참정권을 통해서만 여성들의 법적 불이익을 해소할 수 있으리라고 주장한 헤트비히 돔Hedwig Dohm은 광야의 목소리일 뿐이었다.[4]

독일에서 여성참정권 운동을 본격적으로 공론화한 것은 여성운동 단체가 아니라 사민당이었다. 사민당은 1891년에 최초로 여성참정권을 고타 강령에 포함시켰으며 1895년 제국의회에서 이를 주장했다. 아니타 아우크스푸르크Anita Augspurg, 민나 카우어Minna Cauer, 리다 구슈타바 헤이만Lida Gustava Heymann 등이 '여성참정권을 위한 독일여성협회Deutschen Verein für Frauenstimmrecht'를 창설한 것은 1902년으로, 1848년 세니커폴스에서 미국 여성들이 여성참정권을 주장하고 나선 지 반백 년이 지난 뒤였다. 그러나 이 단체마저 내부적으로 단합하지 못했고, 결국 1919년 사민당의 정치력을 통해 여성참정권이 부여되기에 이르렀다. 유럽 여성운동사 개설서에서 19세기 독일 여성운동을 두고 "어떤 앞서나간 사상도 전면에 내세우지 않았다"라고 언급한 것은 이러한 맥락에서였다.[5]

그러나 다른 모든 사회운동에 대한 평가가 그러하듯, 여성운동의

---

4 헤트비히 돔은 독일제국 건설 직후부터 여성참정권 문제를 제기하고 나섰다. "여성이 남성과 마찬가지로 세금을 내고, 법안 논의 과정에는 전혀 참여하지 못했으면서 그 법에 책임을 지고 있다. 즉 여성은 남이 만든 법의 지배를 받고 있다. 세계인들은 이를 두고 전제라고 일컫는다." Sylbia Schraut, "Frauen und bürgerliche Frauenbewegung nach 1848", *Aus Politik und Zeitgeschichte*, 2019, https://www.bpb.de/apuz/285866/frauen-und-buergerliche-frauenbewegung-nach-1848?p=2.

5 리처드 에번스, 정현백 옮김, 《페미니스트: 비교사적 시각에서 본 여성운동 1840-1920》, 창비, 1997, 144쪽.

발전을 평가할 수 있는 보편적이고 바람직한 척도를 세우기란 불가능하다. 여성운동도 본래 상태에서 무엇을 이루어냈는지를 중심으로 평가해야 옳을 것이다. 이 글에서는 《여성신문》을 발간함으로써 1848/49 혁명이라는 격랑기에 뛰어들고 '독일여성총연합'을 통해 최초로 전국 차원에서 독일 여성운동을 조직했지만, 일찍이 1848 혁명기에 그 중요성을 스스로 인지하고 있던 참정권이 아니라[6] 교육과 노동 문제에 집중한, 그리하여 부르주아 여성운동 세력 가운데서도 온건파로 꼽히는 루이제 오토의 활동에 담긴 의미를 서유럽에서 가장 보수적이던 독일 사회라는 맥락 안에서 읽어내보고자 한다.

시대의 한계 안에서 시대와 더불어

억압이 그 자체로 저항을 불러오지 않는다는 점은 주지의 사실이거니와, 여성에게 가해지는 억압처럼 자연 질서의 일부로 간주되는 모순에 관해서라면 그에 대한 반발과 저항이 분출되는 방식을 더욱 섬세하게 고찰할 필요가 있다. 오토 자신은 1878년에 출간한 저서에서 "내 시대의 (한계) 안에서 시대와 더불어 살아갈 뿐만 아니라 시대를 위해서도 살아가려는 갈망"이 동기가 되어 여성문제와 사회문제에 관심을 두

---

6 루이제 오토는 1849년 루이제 디트마Louise Dittmar가 발간하던 잡지 《사회개혁Sociale Reform》에서 여성참정권에 지지를 표명한 바 있다. Johanna Ludwig, *Eigner Wille und eigne Kraft: Der Lebensweg von Louise Otto-Peters bis zur Gründung des Allgemeinen Deutschen Frauenvereins 1865*, Leipziger Universitätsverlag, 2014, p. 192에서 재인용.

게 되었다고 썼다.[7] 여성의 권리와 지위에 관해 최초로 공적으로 논하려는 의지는 언제 어떻게 싹텄는가.

루이제 오토는 1819년 마이센 도자기로 유명한 작센주 마이센에서 교양 시민층의 딸로 태어났다. 아버지는 법원 서기였고, 어머니는 도자기에 그림을 그리는 화가의 딸이었다. 당대의 교양 시민층 여성들 다수가 그랬듯이 14세에 학교 교육을 마치고 프랑스어, 성악, 피아노 등을 개인교습 받은 것이 교육의 전부였다. 보수적인 사회 분위기와 무관하게 가정 내에서 토론 교육이 이루어진 것이 그의 지적 발달을 도왔다고 평가된다. 그의 저술에 따르면 1830년 7월혁명 등의 정치적인 사건에 적극 참여했고, 작센 제후국 내 여성에 대한 후견권 철폐를 환영한 진보적인 가정이었다고 한다.

루이제 오토는 16세에 네 자매 중 큰언니를 잃었고, 이듬해에는 연이어 부모를 잃었다. 1840년 구스타프 뮐러Gustav Müller와 약혼했는데 그마저 폐렴으로 사망하고 말았다. 이른 시기에 죽음과 직면해야 했던 현실 탓에 결혼을 운명으로 받아들이기보다 문필가가 되고자 했을 법하다. 그는 1843년《급사 루트비히Ludwig der Kellner》라는 사회적 소설을 출간하면서 문필 활동을 시작하여 이후 27편의 소설과 시, 오페라 대본 등을 펴내며 당대의 인기 있는 문인이 되었다. 그는 시와 정치활동을 생의 중요한 활동 근거로 삼았으며, 스스로를 항상 문인이라 일컬었다고 한다. 그는 1868년 드레스덴에서 열린 독일문인협회 회의에 라

---

7   Friederike Eigler and Susanne Kord, eds., *The Feminist Encyclopedia of German Literature*, Connecticut: Greenwood, 1997, p. 381에서 재인용.

이프치히를 대표하는 문인으로 참석하는가 하면, 회장 선거에서 몇 표를 얻기도 했다.

이러한 오토의 문필 활동이 그의 정치활동으로 이어진 것은 필연이었다. 신문을 통해 문필 활동을 하면서 에른스트 카일Ernst Keil, 로베르트 블룸Robert Blum 등 작센 지역 진보운동 계열 정치가들과 교유하며 자연스레 자유주의 계열 혁명가 그룹에 속하게 된 것이다. 그가 맨 처음 여성의 권리를 공적으로 부르짖고 나선 것은 1843년 로베트르 블룸이 편집하던 《작센 조국신문Sächsischer Vaterlandsblätter》을 통해서였다. "여성이 정치적 여론에 최초로 개입한 예"로 꼽히는 이 글의 직접적인 동기를 제공한 인물은 독일의 민주주의자 블룸 자신이었다. 로베르트 블룸은 지면을 통해 "여성과 국가의 관계가 어떠해야 하는가"라는 질문을 공식적으로 던졌고, 오토는 '여성과 국가의 관계'라는 제목의 독자편지[8]를 보내 이에 답함으로써 공적인 활동을 시작했다. 그 뒤 오토는 블룸이 발간하는 《작센 조국신문》 외에도 여러 신문에 기고하여 문필가로서 명성을 쌓아갔다.

1848년 혁명의 분위기는 오토가 거주하던 작센 지역도 비켜 가지 않았다. 오토는 혁명을 환영하는 기고문을 발표하고, 여성 노동자를 포함한 노동자들의 조직화를 위해 적극 나섰다. 그리고 여세를 몰아 1849년 4월에는 "우리 모두가 놓인 거대한 전환의 한복판에서 여성이 자신에 대해 스스로 생각하기를 잊는다면, 여성은 잊히게 될" 것이라는 창

---

8 Louise Otto, "Das Verhältnis der Frauen zum Staate(1843)", Ute Gerhard, Petra Pommerenke and Ulla Wischermann, eds., *Klassikerinnen feministischer Theorie*, Ulrike Helmer Verlag, 2008, p. 68.

간사와 더불어 《여성신문》을 발간했다. 이미 저명한 문인이던 오토의 《여성신문》 창간은 큰 반향을 불러일으켰다.

그러나 이 신문은 1848년 혁명과 명운을 함께했다. 작센 제후국은 프로이센 황제의 원조에 힘입어 혁명세력을 몰아낼 수 있었는데, 그 과정은 내전에 가까운 분열로 점철되었다. 루이제 오토의 회고록에 따르면 "(마이센처럼) 작은 도시에서 친구와 적을 구분할 수 없게 되는" 과정이었다. "여기에서는 임시정부, 제국헌법, 민중 진보"가 미화되는가 하면 "저기에서는 반동, 인민의 모든 권리의 진압"이 언급되었다.[9]

1848년 혁명의 퇴조는 오토에게 여성 활동가로서뿐만 아니라 개인으로서도 크나큰 시련이었다. 그와 친분을 유지하는 것이 영웅적인 행동일 정도로 오토는 작은 도시 마이센에서 고립되었다. 1848년 10월에는 그의 정치적 멘토이던 로베르트 블룸이 프랑크푸르트 의회를 대표하여 빈을 방문했다가 반혁명 세력에게 처형당했고, 뒤이어 1849년 8월에는 연인이자 작센 지역을 대표하는 개혁가 아우구스트 페터스 August Peters가 투옥되었다. 오토는 정치범이 된 페터스가 석방될 때까지 그에 대한 정신적·물적 지원을 이어갔다. 페터스의 이감과 석방을 위해 의회와 유력자에게 끝없이 청원한 것이 이 시기 루이제 오토의 주요 활동에 속했다.

혁명이 퇴조했지만 오토는 《여성신문》을 계속 발간했다. 신문에서 이윤이 전혀 창출되지 않았을 뿐만 아니라 정치적인 위험이 컸음에도 그는 발간을 멈출 수 없다는 입장이었다. "다른 모든 신문들이 목소

---

9 Ludwig, *Eigner Wille und eigne Kraft*, p. 199.

리를 내는 가운데《여성신문》만 침묵한다면, 그것은 독자들에 대해서뿐만 아니라 여성 전체에 대한 범죄행위"라는 이유에서였다.[10]

이 시기 경찰은《여성신문》을 불온시하고 가택수색, 압수 등을 일삼았다. 특히 이 신문이 정치범들에 관해 상세히 보도하는 점이 문제가 되었다. 작센시의 내무부 장관이 가택수색을 허가한 이유는 "모든 가능한 방법으로 혁명당의 노력을 지원"하고 "명백히 전복당에 속하는 사람들"과 교류한다는 것이었다.[11] 《여성신문》은 결국 1852년에 종간되고 말았다.

오토는 1856년 7년 형을 선고받고 복역하던 아우구스트 페터스가 석방된 후 그와 결혼하고, 언론 활동에도 함께 종사했다. 1860년대 초 프로이센에서 황태자 빌헬름이 황제로 즉위하고 정부 권력도 바뀌는 등의 변화가 나타난 뒤, 1848년 혁명 가담자들은 사면됐다. 언론에 대한 검열과 통제도 점차 완화되었다. 특히 1848 혁명세대의 주도로 1860년대부터 다양한 출판물이 본격적으로 출간되기에 이르렀다. 《미텔도이체 폴크스차이퉁Mitteldeutsche Volks-Zeitung》, 《도이체 보헨블라트Deutsche Wochenblatt》, 《라이프치거 존탁스블라트Leipziger Sonntagsblatt》, 《가르텐라우베Gartenlaube》 등이 대표적인 예이다. 이러한 분위기에서 오토도 남편 아우구스트 페터스가 발간하는《미텔도이체 폴크스차이퉁》에서 주로 문화면을 담당하는 방식으로 참여했다.

오토는 1864년 페터스의 사망으로 짧았던 결혼 생활이 끝난 직후

---

10 Ibid., p. 245.
11 Ibid., p. 242.

부터 여성운동 단체 활동에 본격
적으로 뛰어들었다. 1865년에 교
사인 아우구스테 슈미트Auguste
Schmidt 등과 함께 '라이프치히 여
성교육협회Leipziger Frauenbildungs-
verein(FBV)'를 조직했고, 같은 해
10월에는 독일여성총연합을 창설
하여 두 조직에서 모두 대표를 지
냈다.

다른 무엇보다 여성의 교육
기회와 고용 기회 확대에 주력한

잡지 《새길》. 1866년부터 1920년까지 발간된
독일여성총연합의 기관지이다.

총연합의 활동은 1864년 출간된
오토의 소설에서 이름을 딴 협회 기관지 《새길》을 통해 널리 알려졌다.
오토는 1895년 76세를 일기로 사망할 때까지 30년 동안 이 격주간지의
편집인 자리를 유지했다. 총연합의 경우 1870년 이후로는 한 발짝 물러
나는 모습을 보였지만, 《새길》에는 사망한 해에도 여러 편의 글을 실을
정도로 큰 관심을 보였다.[12]

오토가 이처럼 언론을 통한 공적인 의사소통을 중시한 것은 그가
일생 문인이었던 사실에 비추어볼 때 아주 자연스러운 일이다. '건물주'

---

12   이처럼 편집인의 연속성으로 말미암아 《새길》은 여러 면에서 《여성신문》과 유사성을 보였다.
그러나 1848년 혁명 이후의 변화를 반영하는 근본적인 차이점도 있었다. 그것은 여성 편집인을 금지
하는 작센주 법령이 1870년까지 지속되어 편집인으로 남성이 내세워지기는 했어도, 실제 기고가 측
면에서 《여성신문》에는 남녀가 모두 기고한 것과 달리 《새길》은 전적으로 여성들이 운영했다는 점
이다. 남성 회원을 인정하지 않았던 총연합의 '자조'의 원칙이 《새길》에도 적용된 셈이었다.

이기는 했지만 소도시 마이센의 건물 임대료는 생계를 보장하기에도 불충분했고, 여성에게 의미 있는 경제활동을 허용하지 않은 19세기에 그는 평생 가장이었다. 이 격차는 끊임없는 출판 활동으로 메울 수밖에 없었다. 그는 "이자율이 인하되고 임대료도 더불어 인하"되는 상황에 고통받았고,[13] 세입자를 새로 받아 임대료 수입을 얻게 된 것에 기쁨을 표하곤 했으며, 원고료를 송금받을 때 "이 순간 걱정에서 다시 벗어날 수 있게 되었"다는 것에서 "매우 큰 기쁨을 느꼈다."[14] 이처럼 그의 일기는 경제적 곤궁에서 오는 고통과 임대료·원고료를 통한 해갈로 점철되어 있었으며, 이 과정은 큰 고통을 동반하곤 했다. 수익성과는 거리가 먼 《여성신문》을 발간하던 시기인 1852년 3월 2일 자 일기에서 보이는 "어떻게든, 어떻게든 소득에 대한 전망이 보이고 빚에서 벗어날 길을 찾을 수 있다면"이라는 절규[15]는 그가 겪어야 했던 경제적 어려움을 생생하게 드러내 보여준다.

그리하여 오토는 필연적으로 다작을 할 수밖에 없었다. 1843년 《급사 루트비히》를 출간한 이래 그는 사회적인 차별과 정치적인 억압, 교회의 보수주의와 신분제적인 사회 의식 등을 다룬 여러 편의 소설을 출간했다. 그 밖에 예술사와 연관된 주제를 다루었으며, 여성 전기를 통해 여성이 포함된 역사를 써내고자 노력했다. 아쉽게도 소설을 비롯한 그의 작품들은 오늘날 문학성 차원에서 높이 평가받지는 못한다. 그렇지만 오토는 문필 활동으로 생계를 유지할 수 있던 드문 여성 문인이

---

13 Ludwig, *Eigner Wille und eigne Kraft*, p. 182에서 재인용.

14 Ibid., p. 259.

15 Ibid., p. 298.

었으며, 다양한 상황에 놓인 여러 여성의 생을 그려냄으로써 여성에게 적합한 사회적 위상이 무엇인지를 두고 고민하던 19세기 독일의 상황을 잘 보여주었다는 점에서 평가받고 있다.[16]

1848년 혁명과 루이제 오토

여성들은 어떠한 조건에서 여성 억압에 대해 공적으로 문제를 제기하고 토론하게 되는가? 여성학자 카렌 오펜Karen Offen을 인용하자면, 문화 비교가 가능한 곳, 그리하여 사회구조를 조직하는 다른 방식, 즉 변화가 가능한 것처럼 보이는 사회에서 페미니즘이 싹틀 수 있었다. 그리고 인쇄문화의 발전을 바탕으로 변화를 구상하는 다양한 아이디어가 사회 전역에 확산할 수 있어야 했다.[17] 루이제 오토의 고향이자 그가 활동한 고향 작센의 환경은 여러모로 이러한 분석에 꼭 들어맞는 곳이었다. 독일 페미니즘이 프로이센이나 바이에른이 아니라 그보다 영향력이 미미한 작센 제후국에서 발원한 것은 여러 측면에서 볼 때 우연이 아니었다.

먼저, 작센에서는 다른 정치체제에 대한 상상과 실험이 활발하게 이루어졌다. 작센은 1820년대까지도 극소수 귀족이 막강한 권한을 행

---

16 Sandra Berndt, "Louise Otto-Peters(1819-1895). Ein Kurzporträt", *Aus Politik und Zeitgeschichte*, 2019, https://www.bpb.de/apuz/285862/louise-otto-peters-ein-kurzportraet?p=0.

17 Karen Offen, ed., *Globalizing Feminisms, 1789-1945*, London and New York: Routledge, 2010, p. xxxiii.

사하고 제후가 비밀 내각과 함께 절대주의적 통치를 해나가던, 독일사가 한스 울리히 벨러Hans-Ulrich Wehler의 표현을 빌리자면 "시간이 정지한 듯한" 제후령이었다.[18]

그러나 다른 한편으로는 수공업 작업장이 가장 번성한 연방주로여러 공장과 광산 작업장이 있는 도시였고, 이러한 경제구조 덕분에 언론 자유와 의회 참여를 원하는 부르주아 지식인 세력이 증가했다. 1830년 혁명의 물결에서 멀찍이 거리를 둘 수 있었던 프로이센, 오스트리아 등과 달리 작센 제후령은 1830년 혁명기에 이미 상당한 정치적 소요를 경험한 소수의 독일 연방주에 속했다. 구체적으로는 종교개혁 300주년 기념행사를 성대하게 치르려던 신교도 주민들과 이를 막으려는 가톨릭 궁정 간의 대립이 라이프치히, 드레스덴에서 대규모 시위로 격화한 뒤 자유주의 세력이 정권을 장악했고, 그 결과로 1831년 헌법을 제정하여 귀족 중심이긴 하지만 의회를 허용한 입헌 제후령이 되었다. 오스트리아와 프로이센의 상호 견제로 내정간섭 없이 자체적인 정치사를 써갈 수 있었기 때문이기도 했다. 삼급선거권이 1918년까지 유지되던 보수 세력의 아성 프로이센이 아니라 작센 제후령의 중심도시 라이프치히가 독일 여성운동의 중심이 될 수 있었던 것은 이런 맥락에서였다.

다음으로 작센, 정확히 말해 루이제 오토가 거의 50년 동안 활동의 근간으로 삼은 도시 라이프치히는 학문과 언론의 중심지였다. 수천 명의 노동자를 거느린 거대 출판기업 브로크하우스Brockhaus가 건재한 데

---

18 1830년대를 전후한 작센 지역의 정치·경제적 상황은 다음을 참고하라. Hans-Ulrich Wehler, *Deutsche Gesellschaftsgeschichte, 1815-1845/49*, München: C. H. Beck, 1987, pp. 351-354.

서 드러나듯이 인쇄, 출판, 도서 교역의 중심지였다. 1913년 이래 독일 어권에서 출간한 모든 책이 모이는 독일국립도서관이 라이프치히에 들 어선 것은 이와 같은 배경에서였다.

또한 작센에는 자유주의자들이 중요한 정치세력으로 자리 잡고 있었다. 오토에게 지면을 제공한 로베르트 블룸, 에른스트 카일 등은 온건 공화주의자로 여성의 사회적 역할과 지위에도 깊은 관심을 보였 다. 당시 반체제운동의 강력한 구심점이던 독일 가톨릭이 작센 지역에 뿌리를 두고 있었던 사실도 루이제 오토의 활동을 용이하게 했다. 이탈 리아 교황청에 맞서 독일 가톨릭운동을 창시한 요하네스 롱게Johannes Ronge가 《여성신문》에 여러 차례 기고했을 만큼 오토의 활동과 독일 가 톨릭의 거리는 가까웠다. 따라서 루이제 오토는 '광야의 목소리'였다기 보다 '작센의 딸'이었다고 보는 편이 타당할 듯하다.

1848년 혁명을 전후한 시기가 제공하는 모순과 가능성 가운데 우 뚝 서기로 한 여성이 루이제 오토 한 사람은 아니었다. 혁명 당시 전 독 일 차원의 헌법 제정을 위해 바울 교회Paulskirche에 모인 의원들 사이에 서 '독일인의 기본권리'가 논의될 때 여성의 권리는 전혀 언급되지 않았 다는 사실은 독일 사회의 보수성과 후진성을 뒷받침하는 근거로 흔히 활용되었다. 그러나 당시 독일에서 여성들의 정치적인 움직임은 간과 할 수 없는 수준이었다. 루이제 아스톤Louise Aston(1814-1871), 말비다 폰 마이젠부크Malwida von Meysenbug(1816-1903), 마틸데 프란치스카 안네 케Mathilde Franziska Anneke(1817-1884), 파니 레발트Fanny Lewald(1811-1889) 등 1848년 혁명기를 전후하여 정치적인 목소리를 낸 여성 문필가가 꽤 많았다. 오토는 이들에게 기고를 부탁하기도 했고, 이들 일군의 문필가

1848년 3월 베를린에서 일어난 혁명 봉기를 표현한 그림.

그룹이 저자이자 독자로서 뒷받침하지 않았다면《여성신문》을 운영하기 힘들었을 것이다.

그 밖에도 많은 여성들이 바리케이드 전투에 직접 참여했다는 사실은 오토의《여성신문》기사를 통해서도 분명히 드러난다.[19] 아울러 상당수 여성들이 일상과 연결되는 형식, 즉 독자편지를 쓰거나 혁명의 삼색기 색으로 가장자리를 처리하는 뜨개질에 참여하거나, 정치적인 시와 사회비판적인 소설을 읽고, 더 나아가 여러 여성조직에 가담하는 등 매우 다양한 방식으로 저항 여론에 참여했다는 사실, 즉 여성들이 자기에게 익숙한 형태로 정치적 여론을 형성하고 있었다는 사실도 오토가 이 시기 공적 활동을 본격화하는 데 기여했다는 점을 기억할 필요

19 Ute Gerhard et.al. eds., "Dem Reich der Freiheit werb' ich Bürgerinnen". Die Frauen-Zeitung von Louise Otto, Syndikat, 1980, pp. 14-17.

가 있다.[20] 그는 소수일망정 친구들과 함께 공적인 장에 들어섰고 발언했고 탄압받아도 용기를 잃지 않을 수 있었다.

여성신문, 여성을 조직하고 움직이다

오토는 1849년 4월 21일 자로 1호를 발간한 《여성신문》 편집인으로 1848년 혁명의 흐름에 동참했다. 《여성신문》의 발행 부수 등에 관해서는 정확한 자료가 남아 있지 않지만 노동자의 월급으로 구매할 수 없는 가격이었기 때문에 주로 부르주아나 수공업자 계층에서 읽혔으리라 여겨진다. 제호는 '신문'이지만 실제로는 주간지였던 《여성신문》은 8페이지 정도의 지면에 논문, 시, 정치평론, 논평, 소설 등 다양한 내용을 담았다. 여성의 현실, 혁명, 그리고 각 지역 통신원과 독자 기고에 기초한 '세계를 향한 시선Blick in die Runde'이라는 항목이 따로 있었다. 그 무렵 여성을 대상으로 한 잡지들이 보통 패션 등에 집중했던 점을 고려하면 이는 매우 파격적인 시도였다.

지금도 '여성신문' '여자대학'을 유지하는 것을 두고 여러 문제가 제기되는 점을 생각할 때, 19세기 중반에 발행된 《여성신문》이 마찬가지

20　이들의 공적 활동을 '페미니즘'과 등치할 수 없음은 물론이다. 1848년 혁명기에 많은 도시에서 민주적인 여성조직이 만들어졌지만, 이들의 주된 활동은 정치적으로 박해받는 혁명 가담자들과 그들의 가족을 돕는 데 집중되었다는 점은 분명하다. Ute Frevert, *Women in German History: From Bourgeois Emancipation to Sexual Liberation*, trans., Stuart McKinnon-Evans, Oxford: Berg Publishers, 1988, p. 75. 그러나 그렇다고 해서 루이제 오토만을 1848년 혁명과 관련해 기억할 유일한 인물로 간주하고, 그마저도 반동적이던 1850년대에 묻혀버린 인물로 간주해온 방식 또한 타당하지 않다.

문제에 봉착했으리라는 점은 두말할 나위가 없다. 그럼에도 독자적으로 여성신문을 발간한 이유는 무엇보다 여성 자신의 조직화를 중시하던 오토의 판단에서 비롯한 듯하다. 그는 여성과 남성의 이해관계가 다른 곳에서 여성의 결사가 필수적이며, 좌파가 여성을 무조건 지지하지는 않는다는 사실을 경험으로 깨달았다고 《여성신문》에 쓰기도 했다.

오토가 제시하는 새로운 미래는 강자가 지배하거나 하나의 성이 다른 성의 소유물이 되지 않는 사회로, 이를 위해서 간접적인 방식이 아니라 여성들이 직접적으로 조직되어 있어야만 했다. 설령 오랜 기간의 노력과 투쟁이 필요하다 할지라도 조직 활동을 통한 노력 없이는 여성의 삶이 과거 상태에 머물러 있으리라는 생각이었다.

1차 폐간을 맞이하여 오토 자신이 쓴 글에 따르면 창간 당시 《여성신문》에 대한 우려가 높았지만, 실제로는 무수한 독자편지가 쇄도하고 다수의 저명한 문필가가 기사를 보냈으며, 성을 밝히기를 꺼린 많은 여성이 필자로 참여했다. 오버슐레지엔, 라인강 지역, 프라이부르크, 킬 등 독일 전역에서뿐만 아니라 취리히, 빈, 뉴욕 등 해외에서도 '특파원'들이 글을 보내왔다. 또한 이 신문이 정간되었다 재발간된 첫 호에서는 《여성신문》을 재발간하라는 많은 편지와 청원을 접한 덕분에 재발간이 이루어졌다는 내용을 볼 수 있다. 《여성신문》의 인기를 미루어 짐작할 수 있는 대목이다. 이러한 지지와 인기는 1848년 베를린, 함부르크, 켐니츠, 브레슬라우, 마인츠, 하이델베르크 등 독일 전역의 여러 도시에서 여성단체가 활동했다는 사실과 맞물려 이해되어야 할 것이다.[21]

---

21 Ute Gerhard, "Über die Anfänge der deutschen Frauenbewegung um 1848. Frauenpresse,

《여성신문》이 중시한 대표적인 주제는 여성 노동 문제였다고 해도 과언이 아니다. 루이제 오토는 여성 노동자를 다룬 기고문을 여러 차례 발표했다. 여성 노동과 여성 교육, 결혼, 매춘의 관련성을 대하는 오토의 시각을 알 수 있는 글은 〈여성 노동자들을 위하여Für die Arbeiterinnen〉이다. 같은 제목의 기사가 4회에 걸쳐 《여성신문》에 실렸는데, "수천 명의 여성이 겪는 비참함, 빈곤, 낙담, 사악함, 방치 등을 생각하면 뜨거운 눈물이 차오른다" 같은 격정적인 문장이 넘쳐난다.[22] 라이프치히 하녀들의 조직 결성을 환영하는 것으로 시작하는 이 글은 작센의 에르츠게비르게Erzgebirge 지역 여성 직조공 등의 사례를 들어 여성 노동자들의 비참상을 손에 잡힐 듯 그려내고 있다. 이 여성들이 대부분 숙련이 불필요한 노동에 고용됨으로써 매우 치열한 경쟁에 직면하기 때문에 저임금을 비롯한 악조건을 모두 견딜 수밖에 없는 점 등을 세밀히 묘사하고 있다. 오토는 기본적으로 부르주아를 '돈 귀족Geldadel'이라고 지칭하는 등 자본주의 경제체제의 착취 구조에 매우 비판적이었다. 산업화의 가장 약한 고리이던 여성 노동자의 처지에서 바라보았을 때 이러한 결론을 피하기는 어려웠을 것이다.

여성 노동자들의 비참상을 향한 관심은 노동자의 자녀들이 구걸하거나 도둑질하는 것도 드물지 않은 현실에 대한 통탄으로 이어졌으며, 탁아소를 도입할 필요가 있지만 이마저도 혼외자에게는 허용되지

Frauenpolitik, Frauenvereine", Karin Hausen, ed., *Frauen suchen ihre Geschichte*, München: C. H. Beck, 1987, p. 215.

22 Louise Otto, "Für die Arbeiterinnen", *Louise Otto-Peters: Aufsätze aus der "Frauen-Zeitung"*, 1980, p. 179, http://scholarsarchive.byu.edu/sophnf_essay/9.

않는 현실도 비판하고 나섰다. 또한 여성 하녀들이 놓인 열악한 현실에 대한 비판이 뒤를 이었다. 대체로 매우 추상적인 색채를 띤 오토의 글이 극사실주의에 가까운 묘사로 바뀌는 경우는 이처럼 여성 노동자의 문제를 다룰 때뿐이었다.

《여성신문》이 발행되는 3년 동안 많은 어려움이 뒤따랐다. 1848년 혁명이 퇴조를 보이던 1849년 4월에 창간된 것은 매우 치명적이었다. 창간 3개월 후인 1849년 7월에 13호를 발간하고 나서 압수수색을 당했는데, 1848년 혁명에 참여해서 투옥된 사람들에 관한 기사를 실었다는 것이 이유였다. 1년 뒤에는 오토의 집이 수색을 당하기도 했다. 그해 말 작센주에서 새로운 언론법이 제정되었다. 이 언론법 12조에 따르면 작센주에 거주하는 남성 시민만 신문이나 잡지의 편집인이 될 수 있었다. 여성에게는 편집 보조 역할조차 허용되지 않았다. 작센주 전체에서 유일한 여성 편집인인 루이제 오토를 겨냥했다고 해석해도 좋을 상황이었기 때문에, 이 법은 '오토 법Lex Otto'으로 불렸다.

루이제 오토가 이처럼 특별하게 주목받은 이유는 무엇일까? 그 답은 《여성신문》의 발행지가 결국 작센 제후령에서 튀링겐주의 게라Gera로 옮겨진 뒤 작센의 내무부 장관이 게라의 귀족에게 보낸 편지에서 찾을 수 있다. 이 편지에 따르면 "《여성신문》이 여성들을 움직여 모반 행위에 가담하게 하려는 목표를 세우고 있다"는 것이었다.[23]

---

23 그 결과 편집인 호프마이스터가 끌려가 심문을 당한 끝에 매주 신문을 제출할 의무를 지게 되었다. 이 시기부터 1852년 6월호까지는 유지되다 그 이후 반년 동안은 발간되지 않았다. 1853년 초에 재발간된 후 제호가 《독일 여성신문Deutsche Frauen-Zeitung》으로 바뀌었으며, 편집인으로 힌체 Hintze라는 이름이 언급되었다. 당시 연인이던 아우구스트 페터스에게 보낸 편지에서 오토는 힌체와 우호적인 관계를 맺지 못했다고 썼다. 두 사람의 관계 때문에 마침내 《여성신문》이 종간되었다고

오토는 《여성신문》에 〈작센
제후령 언론법 12조〉라는 글을 기
고했다. "모든 국가 시민은 유권
자"라고 선언할 때는 여성을 배제
하고 "모든 국가 시민은 납세 의무
를 진다"고 할 때는 여성을 포함하
는 등, 기존의 법이 여성에 대해
불분명한 태도로 일관해왔다는
사실을 먼저 지적한다. 이러한 법
률적 모호함과 비교하면 새 언론
법 12조가 "한 잡지의 책임편집위

1849년부터 1852년까지
루이제 오토가 발행한 《여성신문》.

원이 되려면 작센주에 거주하는 남자 사람이라야 한다"고 선언한 것은,
여성을 법의 대상으로 분명히 인지한다는 점에서 진보라고 볼 수 있다
고 평가한다.[24] 19세기 여성의 법적 지위와 관련해 침묵이 일반적인 상
황에서 이러한 지적은 매우 타당하다 할 것이다.

　　오토는 남성 후견인을 내세워 살아남지 않겠다는 결연한 의지를
피력했다.[25] "왜 신뢰할 만한 남성 편집인을 내세워 《여성신문》을 계속
발간하지 않는가"라는 질문에 《여성신문》의 원칙을 이해하는 여성이라

보는 해석도 있다.

24 Louise Otto, "§12. des Entwurfs eines Preßgesetzes für das Königreich Sachsen", *Louise
Otto-Peters: Aufsätze aus der "Frauen-Zeitung"*, p. 327.

25 각지에서 독자편지가 쇄도한 끝에 5주 뒤에 발행지를 튀링겐의 게라로 옮겨서 어렵사리 다시 발
행했다. 그러나 결국 1852년 6월 27일을 마지막으로 《여성신문》을 폐간하기에 이르렀다.

면 이런 질문을 하지 않을 것[26]이라고 반박했다. "미성숙한 자녀로서 더 이상 우리가 필요로 하지도 않는 후원자에게로 도망가느니 권력에 맞서는 편을 택하겠다"는 것이었다. 거의 모든 언론 매체가 정간되는 마당에 《여성신문》만 예외일 필요는 없으며, 언론 자유가 보장되는 더욱 인간적인 시대가 오면 《여성신문》도 새로운 시대와 더불어 재탄생할 것이니, "그때까지 잘 지내시고 다시 봅시다"라는 말로 종간사를 마무리하고 있다.[27]

독일여성총연합, 교육과 고용 평등에 집중하다

1848년 혁명이 퇴조하면서 보수주의 진영이 지배세력으로 복귀함에 따라 여러 개혁세력이 탄압을 받았으며, 여성의 경우에는 더 말할 나위가 없었다. 1850년 프로이센을 시작으로 독일의 여러 연방주에서 제정되어 통일 이후인 1908년까지 유지된 결사법은 학생, 도제를 비롯해 여성의 공적인 정치활동 참여를 금지했다. 그 결과 20세기 초까지 독일 여성들은 김나지움과 대학으로 이어지는 전문적인 교육을 받을 수 없었고, 아버지에서 남편으로 이어지는 후견권의 대상이었으며, 이에 더해 정치적으로는 미성년 상태에 놓여 있었다.

1848년 혁명기보다 현저히 좁아진 정치활동의 장에서 루이제 오

---

26 Louise Otto, "Abschiedswort", *Louise Otto-Peters: Aufsätze aus der "Frauen-Zeitung"*, p. 334.
27 Ibid, p. 334.

토는 여성 교육과 고용 기회 문제에 집중했다. 아우구스트 페터스가 사망한 뒤 그는 라이프치히의 여성들, 특히 아우구스테 슈미트 등 슈미트가의 자매들과 교유했으며, 이들을 비롯한 35명의 여성과 더불어 1865년 라이프치히 여성교육협회를 조직했다.[28] 1848년 혁명이 퇴조한 이후의 억압적인 분위기가 빌헬름 1세 황제 즉위와 함께 완화되고, 그러한 해빙 분위기가 오토가 활동하는 작센 지역에까지 전달된 결과였다. 이 단체는 고용 기회를 확대함으로써 여성의 자조를 도우려 했다는 점에서 자선단체의 성격이 강한 여느 부르주아 여성단체들과 궤를 달리했다. 1876년 루이제 오토가 《독일제국에서 여성들의 삶》이라는 저서에서 제기한 바와 같이, 가정주부로서 교육을 받지만 가정주부의 역할을 부여받지 못한 여성들, "성장한 딸들, 미혼 여성들 그리고 홀어미들은 어디로 가야 하는가"라는 물음은 매우 많은 여성들에게 절실하게 다가갈 수밖에 없었다.[29]

한 걸음 더 나아가, 매주 목요일 저녁에 열리던 이 단체의 정기 모임에서 전국적 여성조직인 독일여성총연합 결성을 위한 계획이 수립됐으며,[30] 머지않아 1865년 10월 총연합의 결성으로 이어졌다. 전 독일 여

---

28 이처럼 정치적 억압이 비교적 잦아들면서 노동자 직능단체가 다수 결성되는 등의 변화도 나타났다. 예컨대 1863년에 라이프치히에서 '일반독일노동자협회'라는 이름으로 최초의 독일 노동자당이 탄생했다.

29 Schraut, "Frauen und bürgerliche Frauenbewegung nach 1848"에서 재인용.

30 구체적으로는 수년간 공익에 도움이 되는 일을 한 모든 여성·교사·가정교사를 위한 연금기금 설립, 여성들의 생산품을 전시하는 상설전시회 개최, 문학·예술·음악 분야를 위한 도서관 건립 등을 제안했다. 또한 여성을 위한 일요학교와 주중학교를 열어 회계 등의 업무를 담당할 수 있게끔 교육했다. 여성교육협회가 1868년 라이프치히시에 재정 지원을 요청했다는 사실은 이 단체가 당대 사회가 허용하는 범위 안에서 움직이고자 했음을 잘 보여준다.

성단체의 결성은 역사의 흐름으로 볼 때 자명한 수순이기는 했지만, 이 조직을 만들어낸 사람들의 처지에서는 결코 자명한 일이 아니었다. 전 독일 여성을 아우르려는 시도가 비웃음을 사리라는 우려가 만연한 와 중에도 이를 감행할 수 있었던 것은 오토 개인의 용기에 기인한 바 크 다. 그는 "한 도시 내의 활동뿐만 아니라 모든 독일 여성을 대상으로 해 야 한다"는 생각에 흔들림이 없었다.[31] 그때가 통일독일뿐만 아니라 그 전신인 북독일 연방Norddeutscher Bund도 조직되기 전이었다는 점을 생 각하면, 라이프치히 여성들의 주저와 우려는 이해할 만한 일이다.

오토는 아우구스테 슈미트와 함께 총연합 의장직을 맡았다. 총연 합은 라이프치히 여성교육협회와 마찬가지로 여성의 교육 기회 개선과 직업 활동 촉진을 주요한 활동 목표로 삼았다. 창립 당시 슈미트는 〈삶 은 노력Leben ist Streben〉이라는 연설에서 여성 노동을 바라보는 총연합 의 문제의식을 잘 보여주었다. 슈미트는 인간은 노동을 통해서만 도덕 적 완성에 이를 수 있고 여성운동은 인류 전체를 위한 도덕적 가치 제 고를 목표로 하기 때문에, 여성운동이 여성의 노동 기회를 확대하기 위 해 노력하는 것이 타당하다는 결론을 내렸다.[32] 즉 여성 노동을 단순히 생계 유지를 위한 경제활동으로 치부하기보다 자아실현을 위한 발판으 로서 중시하고 있었다. 이에 따라 총연합의 강령 1조는 다음과 같았다. "총연합은 여성의 교육 수준을 신장하고, 여성 노동의 잠재력을 실현하

---

31 Irina Hundt, "Allem Anfang wohnt ein Zauber inne", *Ariadne* 2015, Heft 67/68, p. 12.

32 Beate Klemm, "Der Leipziger Frauenbildungsverein und der Allgemeine Deutsche Frauenverein", Manfred Hettling, Uwe Schirmer and Susanne Schötz, eds., *Figuren und Strukturen: Historische Essays für Hartmut Zwahr zum 65. Geburtstag*, München: De Gruyter, 2002, p. 392.

는 데 장애가 되는 모든 요소에서 여성 노동을 해방하고자 단합된 힘으로 노력한다."[33]

이처럼 총연합이 평등한 정치 참여가 아니라 평등한 고용 기회와 교육 기회를 강조한 것은 제1차 세계대전 이전 독일 여성운동의 성격을 규정하는 데 결정적인 선택이었다. 오토의 기본 전제는 정치적 민주주의를 관철시키는 데서나 여성 해방에서나 모두 각각의 단계가 필요하며, 제한받지 않는 고용 기회를 통해 여성이 스스로를 위해서 싸울 능력을 갖추는 것이 출발선에서 해야 할 일이라는 것이었다. 예컨대 여성 참정권을 "여성의 자조, 평등, 자유, 행복을 위한 길에서 불가피하고 긴급한 전제조건"으로 제시하고[34] 참정권 획득에 적극 나섰던 동시대 페미니스트 헤트비히 돔과 궤를 전혀 달리하는 선택이었던 셈이다. 오토는 1869년에 "그것(여성참정권)을 원칙상 지지하지만 이를 실현하기 위해 노력하는 것은 아직 너무 이르다"고 언급한 바 있다.[35] 독일 여성들이 프랑스, 영국, 미국의 여성운동과 견줄 만한 급진적인 참정권운동의 역사를 쓰지 않았던 데에는 이와 같은 루이제 오토와 총연합의 선택도 중요하게 작용했다고 볼 수 있다.[36]

---

33 Louise Otto, *Das Recht der Frauen auf Erwerb: Blicke auf das Frauenleben der Gegenwart*, Leipzig, 1997, p. 93.

34 Ute Gerhard, *Gleichheit ohne Angleichung*, München: C. H. Beck, 1990, p. 81에서 재인용.

35 Ute Frevert, *"Mann und Weib, und Weib und Mann": Geschlechter-Differenzen in der Moderne*, München: C. H. Beck, 1995, p. 99. 총연합과 함께 대표적인 부르주아 여성운동단체이던 독일여성단체연합은 참정권에 대한 견해를 분명히 하기를 거부했다. 그 결과 여성참정권 운동이 독일에서 본격화된 것은 1902년 여성참정권협회가 만들어진 이후이다. 그러나 1909년쯤까지는 일반적이고 평등한 여성참정권을 전면에 내세우기보다 지역 차원의 선거권에 집중했다. 따라서 1910년까지 동등하고 적극적인 여성참정권을 주장한 정치세력은 사민당이 유일했다고 할 수 있다.

이와 관련하여 루이제 오토는 총연합이 처음에 맞닥뜨린 불신임과 유보적인 태도로 말미암아 "이 편견에 새로운 토양을 제공하게 될 모든 시도와 단어를 피하기 위해 조바심 내며 노력했다"고 언급한 바 있다.[37] 마찬가지 맥락에서 그는 온건파 페미니스트 모임인 국제여성평의회 창립대회에 공식 대표를 파견하기를 거부하면서 "독일에서 우리는 고도의 책략과 보수적인 방법으로 활동해야 한다"고 주장했다.[38]

같은 시기 대학 교육을 받은 활동가가 드물지 않았던 미국 여성들은 이미 모든 백인 남성에게 선거권이 있던 상태에서 이를 여성에게 확대하라고 주장하는 상황이었다. 그러나 대학은커녕 김나지움 교육도 받지 않은 상태로 남성들조차 보통선거권이 없던 독일 사회에서 여성참정권을 요구하는 것은 매우 급진적인 주장으로 간주되었다. 앞서 언급한 것처럼 1850년 제정된 결사법에 따라 여성의 정치활동이 사실상 금지되어 있었으며, 따라서 참정권 요구는 단체 해산의 가능성을 내포했다. 당시 독일 여성들은 가족, 지역공동체, 국가에 기여함으로써만 공적 영역에 대한 참여를 정당화할 수 있었다.

이러한 정치적 배경에서 총연합이 참정권과 관련해서는 소극적이

---

36 총연합에 뒤이은 독일여성연합마저도 여성참정권에 대해 유보적인 태도로 일관하다가 1917년에야 비로소 여성참정권 지지에 나섰다. Frevert, "Mann und Weib, und Weib und Mann", p. 102. 독일의 부르주아 여성운동단체들은 여성참정권 획득에 중요한 역할을 담당하지 못했다.

37 Klemm, "Der Leipziger Frauenbildungsverein und der Allgemeine Deutsche Frauenverein", p. 402.

38 리처드 에번스, 《페미니스트: 비교사적 시각에서 본 여성운동 1840-1920》, 146쪽. 이에 관해 리처드 에번스는 루이제 오토 등의 페미니즘이 의존하던 자유주의적 타협의 공간이 협소해졌다고 주장했다. 독일여성단체연합은 1894년에 결성됐는데, 20세기에 들어와 급진적 세대가 지도부로 활동하면서 급진적인 독일 여성운동 분파가 등장했다.

었을망정 결혼과 가족 안에서 남녀평등을 이루기 위해 노력한 점을 소홀히 다뤄서는 안 될 것이다. 총연합이 1877년 4월 제국의회에 보낸 청원에서는 여성 전체가 범죄자나 금치산자 등과 마찬가지로 "무능력한 unfähig" 존재로 언급되는 점, 예외적인 경우 말고는 기혼여성의 재산권 행사가 불가능한 점, 이혼이 여성에게 극히 불리한 점, 예외적인 경우에만 여성에게 자녀에 대한 후견권을 부여하는 점 등 전반적으로 불평등한 가족법의 문제를 지적하고 있다. 독일 여성운동의 역사에서 최초의 대중청원운동으로 기록되는 이 청원은 아쉽게도 제국의회의 회기가 55일로 몹시 단명했기 때문에 제대로 논의조차 되지 못했고, 그 뒤 민법전BGB이 제정되었을 때도 전혀 반영되지 못했다.[39]

총연합이 그나마 전략적으로 성공을 거둔 분야는 여성의 교육과 고용 기회, 즉 총연합이 주된 활동영역으로 삼은 경우였다. 1869년 철도 · 우편 · 전신 분야에 여성 참여를 허용하라는 청원서를 제출했고, 1876년에는 여성의 교육 기회를 허용하라는 청원서를 제출했다.[40] 총연합은 특히 의과대학이 여학생을 받아들이게 하고 전문적인 교육이 가능하게끔 여학생을 위한 김나지움 코스를 개설하는 부문에서 성공을 거두었다. 여학생의 의학 교육과 관련해서 총연합은 1893년 6만 명의 서명을 모아 청원서를 제출할 정도로 적극적이었다.[41] 총연합뿐만 아니

---

39 Susanne Schötz, "'Einige Deutsche Gesetzes-Paragraphen': Louise Otto-Peters und das Engagement des Allgemeinen Deutschen Frauenvereins für Frauenrechte", Ilse Nagelschmidt, ed., *Menschenrechte sind auch Frauenrechte*, Leipzig, 2002, pp. 53-78.

40 Schraut, "Frauen und bürgerliche Frauenbewegung nach 1848", https://www.bpb.de/apuz/285866/frauen-und-buergerliche-frauenbewegung-nach-1848.

41 여성을 위한 직업학교와 학교를 벗어난 소녀를 위한 교육학교 등을 설립하고, 독일 대학이 여

라 여러 여성단체가 꾸준히 노력한 결과, 1900년 바덴 제후령에서 먼저 그리고 1908년에는 프로이센에서도 여성의 대학 교육을 허용하게 되었다.[42]

　회원 수라는 또 다른 지표로 보면, 총연합의 활동이 큰 성공을 거두었다고 하기는 어렵다는 결론에 이르게 된다. 1893년 미국 여성의 주도로 개최된 국제여성위원회 회의를 계기로 총연합이 적극 나선 끝에 1년 후인 1894년에 부르주아 여성운동 연합체를 표방하며 독일여성단체연합이 창설되었다. 1913년을 기준으로 이 연합체가 2200개 단체에 50만 회원을 확보한 반면,[43] 창설된 지 50년이 지난 총연합은 15개 지역 조직에 1200명의 회원을 두었을 뿐이었다.[44] 총연합은 점차 쇠퇴한 끝에 1차대전을 전후하여 자연사에 가깝게 사라져갔다.[45]

　그 이유로 먼저 여성의 교육 기회 개선 등 단체가 설정한 목표를 상당히 이루었다는 점을 꼽을 수 있을 것이다. 1893년 하이델베르크대학에서 여성이 청강생이 아니라 학생으로 등록한 것을 비롯해 여성의

성을 청강생으로 허용하게 했으며, 여성을 위한 직업알선소·기숙사·여성식당 개설 그리고 초등학교 여성 교사 증원 등이 총연합의 구체적인 성과로 남았다. Schötz, "Einige Deutsche Gesetzes-Paragraphen'", p. 62. 또한 1879년부터는 의학·화학·약학 등을 공부하는 여성에게 장학금을 지급했으며, 1884년부터 기부금이 늘어나자 스위스 또는 여성 교육 분야에서 발전한 나라들에 보낼 여성을 위한 장학금을 마련하기도 했다.

42 Schraut, "Frauen und bürgerliche Frauenbewegung nach 1848", https://www.bpb.de/apuz/285866/frauen-und-buergerliche-frauenbewegung-nach-1848.

43 Ute Gerhard, *Unerhört: Die Geschichte der deutschen Frauenbewegung*, Hamburg: Rowohlt, 1990, p. 170.

44 Frevert, *Women in German History*, p. 116.

45 1920년 독일국가시민협회Deutscher Staatsbürgerinnen-Verband로 개칭한 이 단체는 1933년 나치에게 해산당하기 전에 자진 해산했다가, 1947년에 재조직되어 현재에 이르고 있다.

고등교육 기회가 실현된 상태에서 여성의 교육 기회 개선을 목표로 삼은 단체는 시대에 맞지 않는다고 보이기 십상이었다. 총연합의 임원이자 독일여성단체연합을 만든 헬레네 랑게는 총연합의 기관지《새길》에 "총연합이 계속 존재해야 하는가?"라는 질문을 직접 던지고, 1894년 이후 이미 낡은 조직이 되었다고 선언했다.

두 번째로는 이 단체가 남성의 회원 가입을 금지하는 등 순수한 여성들의 조직으로 남고자 했다는 점을 들 수 있다. 창립 초기부터 해산될 때까지 총연합이 남성의 회원 가입을 허용하지 않는 노선을 확고하게 견지한 것은 루이제 오토에게서 비롯된 일이었다. 그는 1890년에 다음과 같이 자신의 자조 노선을 확고히 했다.

> 우리 단체는 여성의 자조를 모토로 여성에 의해 여성을 위해 창설된 유일한 단체이며 같은 원칙을 하부조직에서도 유지하고 있다. (……) 이것이 우리가 이 원칙을 마찬가지로 엄격하게 유지하지 않는 다른 단체들과 연계하기보다 차라리 고립에 빠지는 편을 선호하는 이유이다.[46]

이러한 태도 때문에 남성인 아우구스트 레테August Lette가 창설했지만 여성의 고용 기회 확대라는 공동 목표를 추구하던 레테협회 Lette-Verein와의 부분적인 공조조차 1876년에 이르러서야 제한적으로 이루어질 수 있었다.[47] 모든 종류의 사회 진보가 여성에게 자동으로 적

---

46 Joeres, "Louise Otto and her Journals", p. 124.

47 Schötz, "'Einige Deutsche Gesetzes-Paragraphen'", p. 75.

용되지 않으며, 여성의 권리는 여성의 손으로 확보될 수 있다는 인식을 철두철미 견지한 루이제 오토는 분리된 여성조직을 중시했다. 이는 오토가 《여성신문》 기사 등에서도 일관되게 강조한 내용이었다. 남성 중심 사회에서 여성의 자연스러운 종속을 피하고자 했던 이 노선은 동지가 될 수 있었을 여러 남성 그리고 그들과 연계된 많은 여성단체와의 협업을 불가능하게 만든 선택이다.

독일 여성운동사에서 총연합의 독특한 위상은 사회주의와 여성 노동자들과 관계된다. 오토는 통일 이전 서독의 경우 연구 대상 9개 교과서에서 모두 다루어진 반면, 동독 교과서에서는 전혀 언급되지 않았다.[48] 이는 오토가 부르주아 여성운동가로 간주된 결과인 듯하다. 그러나 이 점은 좀 더 세심하게 고찰할 필요가 있다. 예컨대 독일여성단체연합은 창립 초기에 일찌감치 사회주의 계열 여성을 받아들이기를 거부함으로써 부르주아 여성운동으로 남을 것임을 천명한 반면, 총연합의 경우 '이중전략'을 쓰고 있었다고 평가된다. 전국조직과 지방조직이 각각 다른 활동 목표를 추구하는 가운데, 전국조직은 중간계급 여성의 교육과 고용 기회 확대에 목표를 두었고, 지방조직 차원에서는 빈민 구제와 노동자계급 여성의 문제에 집중했다는 것이다.[49] 또한 최소한 창립 초기에는 라이프치히에서 활동하는 아우구스트 베벨August Bebel을 포함한 사회주의 세력과 연계되어 있었다.[50] 비록 1878년 사민당이 불

---

48 Heike Schröter, *Geschichte ohne Frauen?: Das Frauenbild in den Schulgeschichtsbüchern der BRD und der DDR von 1949 bis 1989*, Egelsbach: Hänsel-Hohenhausen, 2002, p. 112.

49 Frevert, *Women in German History*, p. 116.

50 엥겔스와 마르크스가 부르주아 여성운동에 공히 부정적인 태도를 보인 데 반해 베벨은 "노동계

법화한 뒤에는 노동운동과 단절됐다고는 하지만, 이는 단체 내에서 루이제 오토의 영향력이 줄어들었을 때의 일이라고 평가된다.[51]

　무엇보다도 여성 노동자에 대한 깊은 관심이 오토의 행적에서 핵심을 차지하고 있었다. 따라서 "빨갱이 민주주의자" 또는 "사회주의적 공화주의자"[52]로 불린 루이제 오토는 부르주아 페미니즘과 사회주의 페미니즘 간의 현격한 분리로 특징지어지는 독일 여성운동사에서 '가지 않은 길'을 떠올리게 하는 존재라 할 수 있을 것이다.

은근과 끈기의 페미니스트

　미국의 페미니스트 엘리자베스 캐디 스탠턴Elizabeth Cady Stanton은 1848년 세니커폴스에서 여성의 권리를 주장한 연설 가운데 독일 여성의 이미지를 이렇게 표현했다. "독일 남성들이 해포석으로 만든 파이프 담배를 흐뭇하게 피우는 동안, 그의 부인은 소의 멍에를 지고 고랑을 쟁기질한다."[53] 19세기 여성의 지위가 영국·프랑스라고 해서 열악하지 않았던 것은 아니지만, 독일 여성들은 특히 더 열악한 조건에 놓인 것으로 간주되고 있었다.

급 여성과 부르주아 여성은 노동계급 남성과 다른 계급 남성 사이의 공통점보다도 훨씬 더 많은 공통점이 있다"는 견해를 취했다. 베벨의 《사회주의하의 여성》에 나오는 구절로 Offen, *Globalizing Feminisms*, p. 287에서 재인용.

51　Joeres, "Louise Otto and her Journals", p. 104.

52　Gerhard, *Unerhört*, p. 39.

53　Bonnie S. Anderson, *Joyous Greetings*, Oxford University Press, 2000, p. 100에서 재인용.

이러한 상황에서 일생 여성운동을 이어간 루이제 오토는 동시대 페미니스트 헨리에테 골드슈미트Henriette Goldschmidt의 회고에 따르면 "눈에 띄게 말수가 없는" 사람이었다.[54] 이 조용한 인물의 삶이 눈길을 끄는 이유는 그가 엄청난 성공을 거두었기 때문이 아니다. 그는 은근과 끈기의 인물이었을 뿐 영웅적인 혁명가가 아니었으며, 지배 엘리트층과 그들의 가치에 정면으로 맞서기보다 현실에서 실현할 수 있는 작은 개혁을 선호했다.

오토는 개혁적인 요소와 전통적인 요소를 동시에 간직한 인물이었다. 정치적 자조를 강조했지만 참정권 문제는 제쳐두었고, "고삐 풀린 열정 속에서 정신적 자유를 추구"하는 "해방된 여성"들과 자신은 다르다고 누누이 강조하면서[55] 여성에게 고유한 출산과 불평등한 성도덕의 문제 등은 전혀 언급하지 않았다. 영국의 사회개혁가 조세핀 버틀러 Josephine Butler가 독일의 공창제에 반대하라고 요청했을 때는 회답을 거부하는 것으로 대응하기도 했다.[56]

루이제 오토 페미니즘의 키워드라면 '노동과 교육과 자조'를 꼽을 수 있을 법하다. 《여성신문》 전체를 볼 때 여성의 상황을 개선하기 위해 오토가 주장한 것은 여성의 교육·고용 기회 등이었다. 이러한 태도는 총연합에서도 마찬가지로 나타났다. 오토는 여성이 자신의 생존을 타인의 재산이나 은혜에 의탁한 채 존재하는 것은 노예 상태나 마찬가지이며, 이러한 치욕을 벗어나게 하려면 여성을 교육하여 직업 활동에

---

54 Ludwig, *Eigner Wille und eigne Kraft*, p. 432.
55 Otto, "Für die Arbeiterinnen", p. 135.
56 리처드 에번스, 《페미니스트: 비교사적 시각에서 본 여성운동 1840-1920》, 145쪽.

종사하게 하는 것이 무엇보다 우선되어야 한다고 주장했다. 그는 한 걸음 더 나아가 여성의 노동력을 사회가 활용하지 못하고 사장한다면 사회 역시 완성의 길로 나아갈 수 없다고 보았다. 부르주아 여성운동과 프롤레타리아 여성운동이 날카롭게 대립하는 와중에 루이제 오토가 두 세력을 아우를 수 있었던 이유도 그가 여성의 노동을 중시했기 때문이었을 터이다.

참정권 획득이나 사회주의혁명을 통해서만 여성의 삶의 조건을 개선할 수 있는 듯 보이던 19세기 말과 20세기 전반에 왕성하게 활동한 동시대 여성들, 예컨대 로자 룩셈부르크Rosa Luxemburg, 클라라 체트킨, 헤트비히 돔 등의 강렬한 색채와 비교하면 오토의 페미니즘은 눈에 잘 띄지 않는 파스텔 톤일 듯하다. 그러나 참정권을 통해서건 사회주의혁명을 통해서건 여성들이 맞닥뜨리는 여러 모순이 일거에 해소될 길은 없다는 것을 오늘의 우리는 알고 있다. 지금 우리 사회가 나아갈 길을 가늠하기 위해서라도 결이 다른 목소리를 조심스럽고 끈기 있게 표출한 이 여성이 걸어간 길 그리고 걸어가지 못한 길을 살펴볼 필요가 절실해 보인다.

〈어느 소녀의 청원〉[57]

루이제 오토가 여성의 권리를 외칠 때, 그는 다른 부르주아 페미니스트들과 달리 중간계급

여성의 권리에만 집중하지 않았으며 그럴 수도 없었다. 그가 1848년 혁명 직후인 5월 20일

《라이프치히 노동자 신문》에 기고한 이 글은 여성 노동자에 대한 깊은 관심을 보여주는 대

표적인 예이다. 3월의 혁명봉기 이후 수립된 작센의 자유주의 정부가 구성한 노동위원회에

보낸 이 편지는 작센주 의회에서 논의의 대상이 되었으며, 이로써 오토는 노동운동과 관련

하여 이름을 올릴 수 있었다.

신사 여러분! 저를 오해하지 마시기 바랍니다. 저는 약한 여성임
에도 불구하고 이 청원을 쓰는 것이 아니라, 여성이기 때문에 청원서를
쓰는 것입니다. 예, 나는 스스로를 대변할 용기를 지니지 못한 사람들
의 일에 내 목소리를 빌려주는 것을 가장 신성한 의무로 인식하고 있습
니다. (……) 신사 여러분, 당신들이 우리 시대의 가장 큰 과제인 노동의
조직화와 씨름할 때 남성을 위해 노동을 조직하는 것만으로는 불충분
하고 여성을 위해서도 노동의 조직화에 나서야 한다는 점을 잊어서는
안 될 것입니다.

우선 당신들은 이른바 노동하는 계급 가운데 여성이 남성과 마찬
가지로 하루하루의 빵을 위해 노동해야 한다는 사실을 알고 있을 것입

---

57 Louise Otto, "Adresse eines Mädchens"(1848), Ute Gerhard, Petra Pommerenke and
Ulla Wischermann, eds., *Klassikerinnen feministischer Theorie*, pp. 71-73.

니다. 나는 몹시 제한된 종류의 노동만이 여성에게 허용되기 때문에 같은 직군에서 (여성끼리의) 경쟁이 임금을 그토록 하락시키고, 전체적으로 보면 여성 노동자의 운명이 남성 노동자보다도 훨씬 처참하다는 현실을 여기서 입증하지는 않겠습니다. 당신들은 그런 상황을 잘 알고 있을 터이며, 아직 모른다면 그 점을 당신들에게 입증할 위원회를 만들일입니다.

물론 여기서 남성의 벌이가 지금보다 나아져 가족 내의 여성을 더잘 부양할 수 있다면 이들 여성이 남을 위해 일하기보다 자녀를 돌보는 데 몰두할 수 있으리라고 말할 수도 있겠지요. 내가 우려하는 바는 먼저 노동계급의 운명이 그 정도로 좋아질 리가 없다는 것 그리고 설령 그렇게 된다 하더라도 주부를 빼고도 엄청난 수의 홀어미와 고아가 여전히 남으리라는 것입니다. 게다가 그렇게 한다는 것은 인류의 절반을 미성년과 아이라고 간주하여 남에게 완전히 의존적인 존재로 만드는 것을 뜻합니다.

솔직히 말하자면 이는 부도덕과 범죄를 조장하는 일입니다. 여성 노동자로서 근근이 먹고사는 젊은 여성은 이러한 걱정을 덜어내줄 남성을 취하고자 사력을 다할 것입니다. 이 여성이 이미 타락했다면, 자신을 위해서는 아닐망정 자녀를 위해서 결혼하려는 계산속으로 결혼하기에 가장 좋은 남성에게 몸을 허락하게 될 것입니다. 또는 그녀가 그렇게 타락하지 않았다 해도 상대를 사랑하건 아니건 서로 잘 맞건 아니건 상관없이 가장 좋은 신랑감과 결혼하게 될 것입니다. 어느 경우이건 미혼인 여성 노동자들의 운명이 그토록 불행해짐으로써, 불행하고 부도덕하고 경솔하게 이루어진 결혼의 수, 불행한 자녀와 가장 불행한 프롤레타리아 가족의 수가 우려스러울 만큼 늘어날 것입니다.

여기서 여성 프롤레타리아트의 가장 처참한 결과를 말하는 것이 아닙니다. 가장 처참한 경우라면 매춘일 것입니다. 나는 이 단어를 여러분 앞에서 사용해야만 합니다. 나는 수천 명의 가난한 딸들에게 남성의 패륜에 기초한 혐오스러운 직업이 제공하는 독이 든 빵 말고는 다른 빵을 줄 수 없는 한 나라의 사회적인 상태를 말하고 있는 것입니다.

신사 여러분! 노동의 조직화에서 여성을 잊지 말 것을 도덕과 조국과 인류애의 이름으로 요청하는 바입니다!

《여성신문》 창간선언문

루이제 오토가 "자유의 제국에 여성 시민을 동원하겠노라"라는 목표 아래 《여성신문》을 발간했을 때 그는 벌써 널리 알려진 언론인이자 문인이었다. 《여성신문》에 실린 여러 글 가운데 루이제 오토가 직접 쓴 글은 서평을 포함하여 26편이다. 그중에서 창간 당시에 발표한 〈창간선언문〉(1849)은 특히 널리 알려져 있다.

모든 시대의 역사, 특히 오늘날의 경우에는 더더욱, 스스로에 대해 생각하기를 잊는 사람들은 잊히게 된다는 것을 가르쳐줍니다. 작센에서 노동 문제에 몰두한 남성들을 향해 몇 마디 먼저 건넸던 1848년 5월을 넘어서서, 지금은 세계를 향해 이렇게 쓰고 있습니다. 내 자매들을 위한 말을 하는 가운데, 가난한 여성 노동자들이 잊혀서는 안 된다는 것과 함께 그들 자신에게 이에 대한 우려를 표명하고자 합니다.

이는 나를 《여성신문》 발간으로 이끈 것과 같은 경험치입니다. 우리 모두가 놓인 거대한 전환의 한복판에서 여성이 자신에 대해 스스로 생각하기를 잊는다면 여성은 잊히게 될 터입니다!

내 자매들이여, 우리 주위의 모든 것이 전진하고 싸우는 지금, 이제 나와 더불어 연대하여 뒤로 물러나지 않을 수 있게 합시다. 우리는 우리가 그 절반이 되어야 하는 전 세계 인류가 궁극적으로 추구해야 할 위대한 세계 해방에서 우리의 몫을 요구하고 이를 차지하고자 합니다.

먼저 우리는 우리 몫을 요구하고자 합니다. 우리의 모든 힘의 자유로운 발현 속에서 우리 내면의 순수-인간적인 것이 발현되게 할 권리

그리고 국가 안에서 성숙과 독립에 이를 권리 말입니다.

우리는 우리의 몫을 차지하고자 합니다. 우리는 세계 구원이라는 위업을 이루기 위해 우리의 힘을 다하고자 하며, 이는 먼저 미래의 거대한 사유인 자유와 인간애를 우리가 접근할 수 있는 모든 사람들에게, 넓게는 언론을 통해 폭넓은 삶의 영역에서 그리고 좁게는 예시와 가르침과 교육을 통해 가족 사이에 퍼뜨리는 방식으로 이루고자 합니다. 그러나 또한 우리 각자가 자기 자신을 위해서만 노력하기보다는 모두가 모두를 위하여 노력함으로써, 무엇보다도 잊히고 방치되는 가운데 빈곤과 비참과 무지 속에서 허덕이는 그들을 떠맡음으로써 우리 몫을 차지하고자 합니다.

내 자매들이여, 이러한 위업을 위해 나를 도우소서! 여기에서 언급한 모든 이상이 먼저 이 신문을 통해서 퍼질 수 있게 도우소서!

참고한 웹사이트

https://www.louiseottopeters-gesellschaft.de/: 루이제 오토가 주로 활동한 라이프치히에서 1993년에 만든 시민단체이다. 루이제 오토뿐만 아니라 젠더와 관련한 여러 주제를 다루는 강연, 출판, 학회, 전시회 등 다양한 방식으로 루이제 오토와 여성사 관련 지식을 대중화하려 한다. 무엇보다 1997년에는 루이제 오토 아카이브를 만들어 오토에 관한 연구 센터 기능을 담당하고 있다.

https://www.digitales-deutsches-frauenarchiv.de/start: 독일 여성사에 관한 온라인 아카이브. 여성운동사를 '정치, 법과 사회' '육체와 섹슈얼리티' '예술, 문화와 미디어' '노동과 경제' '폭력' '교육과 지식' 6가지 범주로 나누어 정리한다. 독일의 여성운동 활동가에 관한 자료, 젠더와 관련한 행사 자료를 소개하며, 여러 1차 사료를 PDF로 제공하고 있다.

https://www.frauenrat.de/: 독일여성위원회Detuscher Frauenrat는 독일에서 규모가 가장 큰 여성단체로, 60여 개 산하 단체가 있다. 1933년 나치에 의해 해산당한 독일여성단체연합의 후신이며 1951년에 재조직되었다. 연감 등 여러 자료를 디지털 아카이빙 해두었기 때문에 현재 독일 사회에서 여성과 관련된 다양한 논의를 살펴볼 수 있다.

참고문헌

루이제 오토의 저술

Otto, Louise, "Das Verhältnis der Frauen zum Staate"(1843), Ute Gerhard, Petra Pommerenke and Ulla Wischermann, eds., *Klassikerinnen feministischer Theorie*, Frankfurt: Ulrike Helmer Verlag, 2008.

Otto, Louise, "Für die Arbeiterinnen", *Louise Otto-Peters: Aufsätze aus der "Frauen-Zeitung"*, 1980, http://scholarsarchive.byu.edu/sophnf_essay/9.

Otto, Louise, "§12. des Entwurfs eines Preßgesetzes für das Königreich Sachsen", *Louise Otto-Peters: Aufsätze aus der "Frauen-Zeitung"*, 1980, http://scholarsarchive.byu.edu/sophnf_essay/9.

Otto, Louise, "Abschiedswort", *Louise Otto-Peters: Aufsätze aus der "Frauen-Zeitung"*, 1980, http://scholarsarchive.byu.edu/sophnf_essay/9.

Otto, Louise, *Das Recht der Frauen auf Erwerb: Blicke auf das Frauenleben der Gegenwart*, Leipzig, 1997.

연구 문헌

Abbate, Anika Kiehne, *Women Editors and Negotiations of Power in Germany, 1790-1850*(PhD Diss.), University of Pennsylvania, 2008.

Anderson, Bonnie, *Joyous Greetings*, Oxford: Oxford University Press, 2000.

Berndt, Sandra, "Louise Otto-Peters(1819-1895). Ein Kurzporträt", *Aus Politik und Zeitgeschichte*, 2019, 2(5).

Eigler, Friederike and Susanne Kord, eds., *The Feminist Encyclopedia of German Literature*, Connecticut: Greenwood, 1997.

Frevert, Ute, *Women in German History: From Bourgeois Emancipation to Sexual Liberation*, trans., Stuart McKinnon-Evans, Oxford: Berg Publishers, 1988.

Frevert, Ute, *"Mann und Weib, und Weib und Mann": Geschlechter-Differenzen in der Moderne*, München: C. H. Beck, 1995.

Gerhard, Ute et. al. eds., *"Dem Reich der Freiheit werb' ich Bürgerinnen". Die*

Frauen-Zeitung von Louise Otto, Syndikat, 1980.

Gerhard, Ute, *Gleichheit ohne Angleichung*, München: C. H. Beck, 1990.

Gerhard, Ute, *Unerhört: Die Geschichte der deutschen Frauenbewegung*, Hamburg: Rowohlt, 1990.

Hausen, Karin, ed., *Frauen suchen ihre Geschichte*, München: C. H. Beck, 1987.

Hundt, Irina, "Allem Anfang wohnt ein Zauber inne", *Ariadne* 2015, Heft 67/68, pp. 8-17.

Joeres, Ruth-Ellen Boetcher, "Louise Otto and her Journals", Ingår Engelska, *Internationales Archiv für Sozialgeschichte der deutschen Literatur*, 1979, pp. 100-129.

Klemm, Beate, "Der Leipziger Frauenbildungsverein und der Allgemeine Deutsche Frauenverein", Manfred Hettling, Uwe Schirmer and Susanne Schötz, eds., *Figuren und Strukturen: Historische Essays für Hartmut Zwahr zum 65, Geburtstag*, München: De Gruyter, 2002.

Ludwig, Johanna, *Eigner Wille und eigne Kraft: Der Lebensweg von Louise Otto-Peters bis zur Gründung des Allgemeinen Deutschen Frauenvereins 1865*, Leipziger Universitätsverlag, 2014.

Offen, Karen, ed., *Globalizing Feminisms, 1789-1945*, London and New York: Routledge, 2010.

Schraut, Sylvia, "Frauen und bürgerliche Frauenbewegung nach 1848", *Aus Politik und Zeitgeschichte*, 2019.

Schröter, Heike, *Geschichte ohne Frauen?: Das Frauenbild in den Schulgeschichtsbüchern der BRD und der DDR von 1949 bis 1989*, Egelsbach: Hänsel-Hohenhausen, 2002.

Wehler, Hans-Ulrich, *Deutsche Gesellschaftsgeschichte, 1815-1845/49*, München: C. H. Beck, 1987.

7장

세라 콜리지

빅토리아 시대 여성이 작가가 되는 방법

황혜진

황혜진__

서울대학교 경영학과를 졸업하고 같은 학교 대학원 서양사학과를 졸업했다. 영국 워릭 대학교에서 〈전간기 영국 여성 우울증 환자의 진료 기록 분석: 환자의 내러티브와 질병의 경험Women and Depression in Interwar Britain: Case Notes, Narratives and Experiences〉이라는 논문으로 역사학 박사학위를 받았다. 현재 영남대학교 역사학과 조교수로 재직 중이다. 의료와 의학의 사회문화사에 집중하여 20세기 영국의 모습을 재구성하는 작업을 주로 해왔다. 〈Towards Modern Depressive Disorder: Professional Understanding of Depression in Interwar Britain전간기 영국 정신의학계의 '우울증' 개념에 대한 이해: 정의, 분류 및 적용〉, 〈영국 현대 정신의학의 다국적 기원: 모즐리 병원 사례를 중심으로〉, 〈전간기 근대성?: 의료 기록을 통해서 본 전간기 영국의 섹슈얼리티〉 등의 논문을 발표했으며, 지금은 의료윤리와 정신의학을 연구하고 있다.

세라 콜리지의 역설

세라 콜리지Sara Coleridge(1802~1852)는 19세기 영문학을 논할 때 반드시 언급해야 하는 중요한 작가는 아니다. 그가 "의심할 나위 없이 중요하지 않은 인물"이라는 어느 문학사가의 평가는 다소 잔인하지만 아예 틀린 말은 아니다. 그는 주로 영국 낭만주의 문학의 거장 새뮤얼 테일러 콜리지Samuel Taylor Coleridge의 딸로 기억되고, 때때로 그의 아버지와 윌리엄 워즈워스William Wordsworth, 로버트 사우디Robert Southey를 포함하는 '호반파 시인Lake Poets'의 삶과 문학을 논하는 가운데 부차적으로 거론될 뿐이다.

그러나 문학가의 딸이자 스스로도 작가였던 세라는 길지 않은 삶을 통해 빅토리아 시대에 여성으로 살아가는 것과 여성이 글을 쓴다는 것이 어떤 의미였는지를 여실히 보여준다. 그는 후에 빅토리아 시대를 대표할 중간계급의 가치관이 그 계급의 범위를 넘어 사회 전체로 퍼져나가던 시대를 살았다. 이 가치관의 핵심에는 성별에 따라 분리된 영역과 이상적인 가정(성)이 자리하고 있었다. 그에 따라 여성의 위치는 가정으로 제한되고, 여성이 취할 수 있는 역할은 가족과 가사를 돌보는 '천사' 외에는 없었다. 따라서 여성이 작가가 되는 것은 자신의 '성을 벗어나는' 것이고, 남성의 영역을 침범하는 것이고, '아웃사이더'가 되는 것이고, 끊임없이 자신의 비정상성을 확인하는 것이며, 심지어는 '괴물'이 되는 것이었다.[1] 그러나 세라는 여성과 문인이라는 양립 불가능했던 역할을 동시에 수행해냈으며, 이런 점에서 독자적으로 주목받을 만한 충분한 자격을 갖추었다.

세라의 삶을 재구성하는 과정에서 우리가 의존할 수 있는 자료는 그리 많지 않다. 그의 일생과 업적에 관한 기존 연구는 빈약하고 그마저도 문학사 분야에서 나온 것이 대부분이다. 20세기 초반에 세라를 언급한 이들은 대부분 그 아버지를 다루던 연구자였다. 대표적으로 레슬리 그리그즈Lesley Griggs는 새뮤얼 콜리지를 연구하다가 이 시인의 딸에 관심을 두게 되었다. 1940년 《콜리지의 딸Coleridge Fille: A Biography of Sara Coleridge》에서 그리그즈는 거장의 딸, 어머니, 좌담가로서 세라의 삶을 조망했다. 그러나 이 문학사가는 세라의 작품이나 문학적 성취보다 확장된 가족 네트워크 안에서 그가 수행한 사회적 역할에 더 큰 의미를 부여했다. 이러한 평가에 버지니아 울프Virginia Woolf는 크게 분노했다. 울프에게 세라는 성별 때문에 타고난 재능을 충분히 발휘할 수 없었던 또 다른 "셰익스피어의 누이"였고, 자신과 너무나 비슷한 인생을 한 세기 먼저 산 쌍둥이였다.[2]

---

1 산드라 길버트·수전 구바, 박오복 옮김, 《다락방의 미친 여자》, 이후, 2000, 130-196쪽.

세라 콜리지 초상화, 1830.

그 뒤 세라는 별다른 주목을 받지 못하다가, 1980년대에 이르러서 야 이 인물에 대한 학문적·문학적 관심이 미미하게나마 되살아났다. 대표적으로 브래드퍼드 머지Bradford K. Mudge는 젠더의 관점에서 세라 의 삶과 작품을 조망했다. 머지는 세라가 빅토리아 시대의 여성성 규범 을 노골적으로 침범하지 않으면서 비여성적인 영역에서 상당한 성과를 거두었다는 점에 주목하고, 이러한 '역설paradox'이 가능했던 요인을 분 석한다. 21세기에 들어와서는 앨런 바디Alan Vardy가 편집자로서 세라의 역할을 재평가하고, 그 아버지가 작가로서, 비평가로서 그리고 사상가 로서 누리는 명성이 그 딸의 노고에 크게 기대었음을 다시금 증명한다. 한편 제프리 바보Jeffrey W. Barbeau는 세라 개인에 더욱 집중하여, 그의 사상이 성장하고 변화하는 과정을 추적한다. 특히 바보는 세라의 인생 에서 큰 비중을 차지했지만 기존 연구에서 제대로 언급되지 않았던 그 의 종교철학을 자세히 다룬다. 그리고 데니스 로Dennis Low는 호반파 시 인과 그 가족을 포괄하는 일종의 집단사 연구를 통해 새뮤얼 콜리지와 세라 사이의 관계라는 전통적인 주제로 되돌아간다. 이 연구에서 로는 거장의 강력한 영향력 아래 그가 남긴 미완의 업적을 완성한 '계승자'로 서 세라의 모습을 입체적으로 부각한다.

이 글은 문학이 여성의 일이 될 수 없었던 시기에 세라가 자신의 성에 부과된 규범을 위반하지 않으면서도 작가로서 활동할 수 있었던 이유에 초점을 맞춘다는 점에서 머지의 문제의식과 동일한 선상에 있 다고 할 수 있다. 그러나 이 글은 머지가 취했던 젠더적 관점을 계승하

---

2 Virginia Woolf, "Sara Coleridge", *The New Statesman and Nation*, October 26, 1940.

면서도, 그가 미처 발견하지 못한 또는 충분히 드러내지 못한 세라의 다양한 모습을 집중적으로 조망하고자 한다. 머지는 철저히 문학사의 관점에서 편집이라는 작업의 특성에 집중하여 세라가 어떻게 가부장적 질서를 수용하는 동시에 전복할 수 있었는지 분석한다. 반면 이 글은 세라가 머지가 파악한 것보다 다양한 '전략'을 적극적으로 고안하고 구사했음을 밝히고자 한다. 이를 통해 빅토리아 시대 여성들이 자신에게 씌워진 여성성의 굴레에 대응했던 여러 양상을 재구성하고, 이들이 이룬 성과와 그 한계를 규명해보려 한다.[3]

문학은 여성의 일이 될 수 없는가

딸이라네! 나는 단 한 번도 이런 일이 일어나리라고 상상한 적이 없네. 나에게 아이는 곧 아들과 완벽한 동의어였으니까. 어쨌든 나는 의연하게 이 일을 받아들일 셈이네. 그리고 아이 이름은 '세라'라고 정했네.

---

3 세라 콜리지의 삶과 업적을 다룬 주요 연구는 다음과 같으며, 이 글은 이들의 성과에 크게 기대고 있다. Bradford K. Mudge, *Sara Coleridge, A Victorian Daughter: Her Life and Essays*, New Haven and London: Yale University Press, 1989; Alan D. Vardy, *Constructing Coleridge: The Posthumous Life of the Author*, Basingstoke: Palgrave Macmillan, 2010; Jeffrey W. Barbeau, *Sara Coleridge: Her Life and Thought*, Basingstoke: Palgrave Macmillan, 2014; Dennis Low, *The Literary Protégées of the Lake Poets*, London: Routledge, 2016; Kathleen Jones, *A Passionate Sisterhood: The Sisters, Wives and Daughters of the Lake Poets*, Appleby: The Book Mill, 2017; Robin Schofield, *The Vocation of Sara Coleridge: Authorship and Religion*, Cham, Switzerland: Palgrave Macmillan, 2018.

1802년 크리스마스, 콜리지는 절친 사우디에게 보내는 편지에 이렇게 적었다. 이틀 전 콜리지의 아내는 케직의 그레타 홀Greta Hall에서 남편도 없이 홀로 아이를 낳았다. 낭만주의 문학의 거장은 아내의 출산 소식을 접하고 긴 외유에서 막 돌아온 터였다.

그러나 이 부부의 네 자녀 가운데 유일한 딸이었던 세라는, 그의 아버지가 딸의 출생 때 느꼈던 실망감과 당혹감이 무색하게도 문학적 재능과 성격, 심지어는 체질과 병력病歷까지 아버지를 가장 닮은 자녀로 자라났다. 세라는 이른 나이부터 번역가로 두각을 나타냈을 뿐만 아니라 30대에 이르면 시, 에세이, 소설, 아동문학, 비평 등 다양한 장르에서 작가로 활발한 활동을 펼쳤다. 게다가 콜리지가 사망한 뒤 세라는 편저자로서 그의 문학적 유산을 정리·종합하여 후세에 전달하는 막중한 임무를 성공적으로 수행했고, 또한 작가이자 사상가로서 그의 명예가 위험에 빠졌을 때는 적극 나서서 아버지의 이름을 지켜냈다.[4]

---

4 세라 콜리지의 작품은 다양한 장르와 주제를 포괄하고 있다. 스무 살을 전후하여 번역서를 출판했는데, 라틴어를 영어로 번역한 《파라과이 아비폰인들의 역사》, 중세 프랑스어를 영어로 옮긴 《기사 바야르의 모험》이 그것이다. 그는 생애를 통틀어 다양한 주제의 에세이를 썼지만, 그 대다수는 작가 생전에는 세상에 드러나지 않았다. 20대 중반에 집필한 〈미美에서 기인하는 불리함에 대하여〉, 〈신경증〉이 대표적인 예이다. 이른 나이로 사망할 때까지 수십 편의 에세이를 통해 종교, 정치, 문학 등 다양한 주제에 관한 예리한 통찰을 보여주었다. 1834년에는 아들 허버트를 교육하기 위해서 쓴 동시를 모아 《착한 어린이를 위한 작은 교훈 시집》을 출판해 상업적으로 큰 성공을 거두었다. 1837년에는 영어로 쓰인 최초의 판타지 소설이라고 평가받는 《판타즈미온》을 무기명으로 출간하기도 했다. 세라 콜리지는 비평 분야에서도 두각을 나타냈다. 아버지인 새뮤얼 테일러 콜리지는 물론이고 워즈워스·테니슨·다이스 등 여러 작가의 다양한 작품을 논평했는데, 그중 일부는 《쿼털리 리뷰 Quarterly Review》 등을 통해 발표되었다. 세라 콜리지가 영문학계에 남긴 가장 중요한 발자취는 새뮤얼 테일러 콜리지의 '편집자'로서 그의 사후에 작품을 수집·정리하고 편집하고 주석을 추가하고 재출간한 일이다. 즉 《성찰을 위한 조언》, 《문학전기》, 《셰익스피어에 관한 강의와 주석》, 《새뮤얼 테일러 콜리지 시집》 등을 세상에 내놓음으로써 아버지의 업적을 집대성했다. 세라 콜리지는 또한 이 기회를 활용해 스스로의 문학적 성취를 드러냈다. 예를 들어 1843년판 《성찰을 위한 조언》에는 자신의 비평 에세이 〈합리주의에 대하여〉를 포함했고, 1847년판 《문학전기》에서는 자신이 새롭게

세라의 어린 시절을 결정지은 가장 큰 요소 가운데 하나는 아버지의 부재였다. 사실 세라가 태어났을 무렵 콜리지 부부의 혼인 관계는 이미 파탄 난 것이나 진배없었다. 콜리지는 조수와 연인 관계에 있었고, 일과 건강을 핑계로 집에 머무는 시간보다 밖으로 나도는 시간이 훨씬 길었다. 세라가 태어난 뒤에도 상황은 달라지지 않았다. 콜리지는 그레타 홀에 '때때로 들를' 뿐이었으며, 그나마도 1812년 이후에는 아예 발길을 끊었다. 세라가 열 살이 될 때까지 아버지와 한 공간에서 지낸 시간은 2년도 되지 않았다. 이런 상황에서 가장 역할을 대신한 사람은 콜리지의 친구이자 동지이며 동서지간인 사우디였다.[5] 이러한 '결핍'은 세라의 소녀 시절은 물론이고 삶 전체에 지대한 영향을 끼쳤다. 오죽하면 1851년 세라가 사망하기 몇 달 전 집필에 들어간 회고록이 아버지와의 '긴 헤어짐'에 대한 소회로 시작됐을까.

호수 지방에 모여 살던 콜리지, 워즈워스, 사우디 집안 사람들 사이에서 세라는 아주 영특하며 동시에 몹시 허약한 아이로 통했다. 그는 어려서부터 책 읽기를 즐겼으며, 이탈리아어와 프랑스어 그리고 라틴어까지 다양한 외국어를 배우는 데 재능을 보였다. 일찍이 딸의 영민함을 알아본 콜리지 부인은 세라가 '꾸준하고 체계적인' 교육을 받을 수

작성한 서문을 삽입했다. 때이른 죽음을 앞두고 세라 콜리지는 자신의 인생을 돌아보는 자서전을 쓰기 시작했지만, 완성하지 못한 채 사망했다. 이 미완의 자서전은 1879년 세라 콜리지의 딸 이디스 콜리지가 남겨진 서간들과 함께 발표했다.

5 젊은 시절 새뮤얼 테일러 콜리지와 로버트 사우디는 창작 활동을 위해 호수 지방에 내려왔다가 프리커 집안의 장녀 세라Sarah Fricker와 셋째 딸 이디스Edith Fricker와 각각 사랑에 빠져 혼인했다. 사우디 부부는 1803년 첫아이를 잃었고, 이를 계기로 그레타 홀로 이사해 들어와 콜리지가 빠진 콜리지 가족과 함께 살았다. 그 뒤로 사우디는 두 가족의 실질적인 가장 노릇을 맡았다.

있게끔 힘썼으며, 사우디 역시 가르치는 것은 무엇이든 민첩하게 받아들이는 세라를 기쁜 마음으로 지도했다.

　세라의 지적 능력은 그가 채 스무 살이 되기도 전에 가시적인 결실을 맺었다. 1818년 가을, 사우디는 당시 대학 진학을 앞둔 세라의 작은오빠 더웬트에게 명성과 학비를 동시에 얻을 수 있는 기회라며 예수회 선교사 마르틴 도브리츠호퍼Martin Dobrizhoffer가 라틴어로 작성한 파라과이 원주민의 삶과 역사에 관한 글을 번역해보라고 권했다. 더웬트는 마지못해 제안을 받아들였지만, 세라는 이 작업에 조수로라도 참여하겠다며 오히려 강한 의지와 열정을 보였다. 결국 더웬트는 학비와 생활비를 대주겠다는 후원자가 나타나자마자 일을 그만두었고, 세라 혼자 이 프로젝트를 진행하게 되었다. 세라가 무서울 정도로 몰입했기 때문에, 사우디는 그의 건강을 염려하여 너무 열심히 하지는 말라고 거듭 충고해야 할 정도였다. 그러나 콜리지 부인에 따르면, 딸이 '문학적 작업'에 몰두해 있는 동안 그 어느 때보다 건강 상태가 좋았으며 오히려 이 '유희'가 끝난 뒤 상실감에 시달리고 건강이 다시 나빠졌다.

　세라의 열아홉 번째 생일 몇 주 후인 1822년 1월《파라과이 아비폰인들의 역사An Account of the Abiphones, an Equestrian People of Paraguay》영역본이 출간되었다. 번역자의 이름은 따로 표시되지 않았지만, 주변 사람들 모두 그 책이 세라가 이룩한 지적 성취라는 사실을 알았다. 번역서 출간으로 세라는 약 113파운드를 받았는데, 그 돈은 대부분 더웬트의 학비로 사용되었다.

　1823년 1월 스무 살이 된 세라는 런던에 거주하고 있던 아버지를 방문했다. 콜리지 부인과 세라는 10년 만에 남편과 아버지를 마주했지

호수 지방에 있는 그레타 홀. 세라 콜리지가 태어나 자란 곳이다.

만, 이 가족 상봉은 감동적이지도 않았고 누구에게도 만족스럽지 않았다. 런던에서 세라는 아버지에게 기대했던 바를 얻을 수 없었다. 그렇다고 소득이 없지는 않았다. 세라는 호수 지방에서 런던으로 향하는 여정 중에 여러 지인을 방문하고 런던에서도 다양한 손님을 맞이했는데, 이러한 사교 활동을 통해 꽤 좋은 평판을 얻었다. 대부분의 사람들은 먼저 세라의 외모에 끌렸던 듯하다. 그리고 세라와 이야기를 나눠본 이들은 대개 그의 매너와 교양에 또다시 빠져들었다. 세라는 주변인들이 그 나이와 성별에 기대하는 수준을 훌쩍 뛰어넘는 학식을 갖추었을 뿐 아니라 태도가 진중하고 겸손했다.

그러나 세라가 런던에 머무르는 동안 일어난 사건 가운데 무엇보다 중요한 일은 바로 사촌 헨리 넬슨 콜리지Henry Nelson Coleridge와의 만남이었다. 세라보다 네 살 위인 헨리는 케임브리지를 졸업하고 변호사가 되기 위한 과정을 밟고 있었는데, 문학에 관심이 많아 종종 콜리지를 방문하곤 했다. 세라가 아버지의 집에 도착한 지 사흘째 되던 날 처음 만난 두 사람은 금세 연인이 됐으며, 3월 세라가 런던을 떠날 무렵에는 비밀리에 결혼을 약속한 사이가 되었다. 그러나 두 사람은 헨리가 법조인으로서 기반을 잡을 때까지 결혼을 미루고 둘의 관계를 공개하지 않기로 합의했다. 이 젊은 연인이 부부가 되기 위해서는 앞으로 6년 반이 넘는 시간을 기다려야 했으며, 그처럼 긴 약혼 기간 동안 이들은 여러 악재를 견뎌내야 했다.

1823년 여름 호수 지방으로 돌아온 세라는, 지난 8개월 동안의 긴 외유와 멀리 떨어져 있는 연인의 존재가 처음부터 없었던 것처럼 곧장 일상으로 복귀했다. 가을에는 사우디의 권유로 16세기 프랑스어로 쓰인 작품을 번역하는 일에 착수했다. 그러나 이듬해에는 세라 자신의 건강, 콜리지 집안의 상황, 세라와 헨리의 약혼 관계 등 어느 하나 순탄한 일이 없었다. 이 무렵 세라는 우울증과 수면 장애로 고통받았는데, 특히 불면증 치료를 위해 로더넘 같은 아편류 약물에 손을 대기 시작했다.

심신의 건강이 계속 악화하는 와중에도 세라는 번역에 열정적으로 매달렸다. 그는 자기가 놓인 상황에서 이 작업만이 유일하게 수월하고, 통제 가능하며, 심지어 생활에 활력소가 된다고 여겼다. 1825년 초 세라의 두 번째 번역서가 출판되었고, 곧바로 또 다른 번역 프로젝트가 시작되었다. 이 무렵 세라는 종교철학 분야에 눈을 떴는데, 이 주제에 대한 관심은 평생 동안 지속된다. 세라는 이제 타인의 글을 번역하는 것 외에 자신의 글을 쓰기 시작했다. 그러나 그 대부분은 출판을 목표로 한 것이 아니었다.

1829년 9월, 세라와 헨리는 드디어 부부가 되었다. 세라는 결혼과 동시에 호수 지방을 떠나 런던에 정착했으며 그 뒤로 다시는 고향에 돌아가지 않았다. 당연하게도, 결혼과 이사는 세라의 삶에 모든 면에서 엄청난 변화를 가져왔다. 결혼 초기에 세라는 적어도 표면적으로는 아내라는 새로운 역할과 런던 사교계에 무난히 적응한 듯 보였다. 그리고 바로 이어진 임신은 세라에게 또 다른 역할, 즉 모성의 책임과 의무를 추가로 부여했다. 1830년과 1841년 사이 세라는 일곱 번 이상의 임신과 네 번의 출산을 겪었는데, 그 과정은 그에게 많은 대가를 요구했다. 세라가 워낙 왜소하고 허약했기 때문에 그의 가족은 물론 주변 사람들까지도 산모와 태아의 안녕을 크게 우려했다. 결국 세라는 자기 혼자서는 집안을 유지할 수도 아이를 제대로 돌볼 수도 없으리라는 결론에 이르렀고, 이 모든 일에 도움을 받기 위해 어머니와 합가하기로 결정했다. 다행히 1830년 10월 세라와 헨리의 첫아이 허버트가 건강하게 태어났다. 출산 후 세라는 건강 상태가 좋지 않음에도 불구하고 어머니라는 역할을 기꺼이 받아들이고 그에 따르는 온갖 노고를 최대한 충실하게 수행했다.

그러나 두 번째 임신 이후의 상황은 처음과 많이 달랐다. 세라는 허버트를 낳은 뒤 건강이 완전히 회복되지 않은 상태에서 둘째 아이를 가져, 1832년 7월에 딸 이디스Edith Coleridge가 태어났다. 그 뒤로 세라는 매우 오랜 기간 동안 오늘날 기준에서 보면 산후우울증으로 분류될 수 있는 각종 증세에 시달렸다.[6] 게다가 1834년 초에는 플로렌스와 버

---

6 19세기에는 아직 현대적인 의미의 '산후우울증postpartum/postnatal depression'이라는 개념이 존재하지 않았다. 대신 출산 이후에 발병하는 다양한 정신적·신체적 증상을 설명하기 위해 빅토리아 시대 산과와 정신과 의사들은 '산후광증puerperal insanity'이라는 병명을 고안해냈다. 19

클리 쌍둥이가 태어났지만, 둘 다 며칠을 넘기지 못하고 부모 곁을 떠났다. 이 사건이 세라에게 치명적인 영향을 끼쳤음을 짐작하기는 어렵지 않다. 이디스를 출산한 뒤 몇 년 동안 세라는 아내, 어머니, 주부의 역할을 제대로 수행할 수 없었고, 그로 인한 공백은 헌신적인 콜리지 부인과 유능한 보모가 상당 부분을 채웠다. 그러나 그 와중에도 세라는 자녀, 특히 아들 허버트의 교육에서만큼은 끝까지 손을 떼지 않았다.

한편 이 무렵 세라는 동시대 여성들이 작성한 다양한 장르의 글에 큰 관심을 기울였으며, 이들의 작품을 '비평'하는 데 열정을 쏟기 시작했다. 또한 자신의 질병 경험과 그에 관한 깊은 성찰을 바탕으로 하는 〈신경증Nervousness〉을 포함해 여러 편의 에세이를 집필했다.

1834년 7월, 오랫동안 병에 시달리던 새뮤얼 콜리지가 사망했다. 어려서부터 늘 그리워한 아버지를 여읜 세라의 감정은 복합적이었다. 그렇지만 주변의 우려와 달리 세라가 받은 충격은 심리적·정신적 붕괴로 이어지지 않았고 그리 오래 가지도 않았다. 오히려 세라는 콜리지의 사망 이후에 새로운 '존재 이유'를 찾았다. 즉 아버지가 남긴 문학적 유산을 집대성하고 그의 지적 명예를 지키는 일을 자신의 '소명'으로 삼았다.

세기 초반에 등장한 이 개념은 곧 광범위하게 통용됐지만, 20세기에 들어서는 거의 쓰이지 않게 되었다. 20세기의 산후우울증과 달리 이 개념은 울증에 국한되지 않았으며 조증과 울증 모두를 포괄했다. 오히려 19세기 의사들은 산후광증으로 분류되는 환자들 중에서 조증이 울증보다 훨씬 일반적이며, 울증에 해당하는 경우가 더 위험하고 회복 가능성도 낮다고 보았다. '빅토리아 시대의 여성 질병'에 관해서는 다음 연구를 참고하라. Hilary Marland, *Dangerous Motherhood: Insanity and Childbirth in Victorian Britain*, Basingstoke: Palgrave Macmillan, 2004; Nancy Theriot, "Diagnosing Unnatural Motherhood: Nineteenth-Century Physicians and 'Puerperal Insanity'", *American Studies* 30:2(1989), pp. 69-88; Irvine Loudon, "Puerperal Insanity in the Nineteenth Century", *Journal of the Royal Society of Medicine* 81:2(1988), pp. 76-79.

이 낭만주의 거장의 죽음 직후 영국 문학계에서는 그의 글과 사상을 다룬 논평이 쏟아져 나왔는데, 그중 일부는 가족으로서는 받아들이기 힘들 만큼 공격적인 내용을 담고 있었다. 세라는 아버지의 명예와 지적 유산을 지키기 위해 콜리지의 충실한 편집자 역할을 자임했다. 세라는 콜리지의 작품세계를 온전하게 보여주고 그의 사상을 체계적으

새뮤얼 테일러 콜리지, 1814.

로 전달하기 위해 기존에 출판된 글과 미발표 작품을 포괄하는 새로운 판본을 출판해야 한다고 주장했다. 또한 아버지의 원고를 모으고 분류하는 기본 작업은 물론이고, 사소한 내용이라도 그 원류를 찾아내고 방대한 각주와 주석을 추가하고 새로운 판본의 서문을 작성하는 등 훨씬 어렵고 복잡한 작업까지 완벽하게 해냈다. 세라는 누구보다 유능한 편집자가 되어 "아버지의 사후 삶을 만들어나갔다".

남편 헨리는 세라의 이런 짐을 나누어 졌으며, 곁에서 지지와 지원을 아끼지 않았다. 그런 헨리가 1843년 1월 짧은 투병 끝에 사망했다. 세라에게 헨리는 남편이자 연인이었고, 삶의 현실적인(특히 경제적인) 부분의 담당자였으며, 가족의 명예를 건 프로젝트의 든든한 후원자였다. 따라서 주변인들은 헨리의 갑작스러운 사망이 세라에게 재앙적인 결과를 가져다줄 것이라고 걱정했지만, 이는 기우였다. 홀몸이 된 세라는 오히려 예전보다 훨씬 더 활동적이고 적극적인 삶을 살았다. 남편과의

사별로 세라는 소모적인 세상사와 떨어져 지적 활동에만 집중할 수 있는 완벽한 조건을 누릴 수 있었고, 그 결과 문학 작업에서 매우 높은 생산력을 보여주었다.

세라는 자기 생각을 담은 다양한 형식의 글을 집필하고 아버지의 작품을 편집하여 재출간하는 작업을 꾸준히 이어갔을 뿐만 아니라, 몇 해 전에 제기된 콜리지의 표절 의혹을 성공적으로 반박하고 아버지의 명예를 지켜냈다. 1847년 세라는 콜리지의 작품을 집대성한《문학 전기 Biographia Literaria》를 출간함으로써 다시금 아버지의 문학적·사상적 위상을 높였으며, 편집자로서 그리고 연구자로서 자신의 역량을 제대로 증명해 보였다. 이 책의 출판은 콜리지 연구의 새로운 분기점이 될 정도로 중요한 사건이 되었다. 그리고 이 무렵 세라는 런던의 문인 커뮤니티를 언급할 때 결코 빠지지 않는 인물이 되어 있었다.

그러나 세라의 40대는 사랑하는 가족들을 상실하는 경험으로 점철되었다. 평생을 두고 세라와 떨어져 지낸 시간이 겨우 몇 달에 지나지 않은 그의 어머니가 1845년 가을 세상을 떠났고, 어려서부터 든든한 심리적 지원군이 되어주었던 오빠 하틀리가 1849년 갑작스럽게 사망했다. 특히 하틀리의 죽음이 세라에게 정신적으로 매우 큰 충격을 준 것으로 보이는데, 그 뒤로 그가 종교적인 주제에 더욱 집착했기 때문이다. 또한 세라는 자신의 삶이 저물어가는 현실에 직면하게 된다. 언급했듯이 그는 '히스테리'와 유약한 체질, 불면증과 아편중독 때문에 오랫동안 고생해왔고, 따라서 이 문제들과 공존하며 자신의 삶을 꾸려나가는 일종의 노하우가 있었다. 또 한편으로는 이 모든 증상을 문학적 자질과 함께 아버지에게서 물려받았다는 묘한 자부심으로 삼은 것도 사실이다.

그러나 세라의 결정적인 쇠락은 다른 문제에서 비롯되었다. 1850
년에 유방암 진단을 받은 것이다. 삶의 마지막 단계에 이르러서야 자신
을 발견하고 확인해야 할 필요성을 느낀 세라는 스스로의 삶을 반추하
는 글을 쓰는 데 착수했다. 그는 건강이 빠른 속도로 나빠지는 와중에
도 아버지의 충실하고 유능한 편집자로서 마지막 임무를 완수해냈으
며, 그 결과 빅토리아 시대의 문을 연 종합 지식인으로서 콜리지의 지
위는 논쟁의 여지 없이 공고해졌다. 1852년 5월 3일, 세라는 질병과 죽
음에 자신의 삶을 내주었다. 세라가 자신의 삶에 관해 처음이자 마지막
으로 고백한 회고록은 결국 미완의 상태로 남겨졌다.

빅토리아 시대에 여성으로 살기

"이런 취향과 성격, 습관을 지닌 내가, 지금의 나처럼 무력하고 의
존적인 존재가 아니라 오빠와 같은 성性이었다면 훨씬 더 행복했으리라
고 확신해." 1825년 세라는 오빠 더웬트에게 보내는 편지에 이렇게 적
었다. 이는 세라가 자기 기질이 당시 바람직하다고 여겨지던 여성성과
맞지 않는다는 사실을 인식하고 있었으며, 자신의 성에 기대되는 역할
을 부정적으로 바라보고 있었음을 보여준다.

바버라 웰터Barbara Welter가 그려냈듯이, 19세기 초중반을 지나면
서 영미권에서는 경건함·순수·순종·가정성domesticity이라는 네 가지
덕을 갖춘 '진정한 여성성'을 숭배하는 분위기가 굳어졌다. 세라가 이러

한 시대 조류에서 자유로울 수 없었음은 분명하다. 그러나 여성성을 대하는 그의 태도는 몹시 복잡하고 복합적이고 비일관적이며 때로는 모순되기까지 했다. 그렇다고 그가 노골적으로 규범을 건드리는 말이나 행동을 한 것은 아니다. 여성성의 규준을 넘어서야 하는 경우에 그는 훨씬 교묘한 방법을 택했다.

세라는 19세기 초반을 살았던 동시대 여성과 비교할 때, 또 웬만한 남성보다도 높은 수준의 교육을 받았으며, 그 결과 10대에 벌써 지적으로 상당한 수준에 도달했다. 그리고 바로 이 지점에서 세라의 삶은 그 시기 전형적인 여성의 삶을 이탈하기 시작했다. 여기에는 세라 어머니의 의지가 크게 작용했다. 콜리지는 가족과 떨어져 지내면서도 두 아들의 교육에는 극성스러울 만큼 깊이 관여했지만 세라의 교육에는 대체로 무관심했다. 그러나 일찍이 딸의 영민함을 알아본 콜리지 부인은 세라가 꾸준하고 체계적인 교육을 받을 수 있게끔 가능한 모든 노력을 기울였다.

이런 교육열 때문에 콜리지 부인은 주변 사람들에게 비판과 냉소를 받기 일쑤였다. 세라가 아직 어린아이일 때, 비슷한 또래의 아이가 있는 워즈워스가家 사람들은 세라가 지나친 독서로 몸이 허약해졌다고 단정하고 콜리지 부인이 딸에게서 어린이 특유의 천진함과 활력을 빼앗았다고 비난했다. 세라가 성장한 뒤에는 이야기가 여성 교육 전반에 관한 것으로 확대되었다. 워즈워스는 여성에게 교육은 '한시적으로 누리는 사치'에 지나지 않는다고 믿었으며, 따라서 장성한 세라가 공부를 계속하고 토론에 참여하는 것을 마뜩잖게 여겼다. 심지어 세라를 가르치는 데 중요한 역할을 담당하고 그의 지적 성취를 늘 자랑스럽게 여긴 사우디마저 여성 교육은 여성성을 고양하고 여성으로서 필요한 능력을 계발하는 것을 목표로 한다고 생각했다. 호수 지방의 문인 공동체는 그 무렵 영국 내 어느 집단보다 지적 활동을 장려하는 환경을 제공했지만, 이러한 분위기가 여성들에게까지 적용되지는 않았다. 세라의 양육을 둘러싸고 이곳에서 벌어진 설전은 19세기 내내 영국 사회에서 계속될 여성 교육에 관한 사회적 논란을 예고하고 있었다.

여성이 남성과 같은 교육을 받을 수 없다면 여성은 남성과 같은 일을 할 수도 없을 터였다. 특히 그 일이 남성 고유의 영역에 해당하는 것이라면, 여성이 그 분야에 진입하는 것은 결코 환영받을 수 없었다. 문학은 대표적인 남성의 영역이었다. 10대 여자아이였던 세라에게 라틴어로 쓰인 텍스트를 번역해보라고 권하고 그를 처음으로 글과 지식을 '생산'하는 작업으로 이끈 사우디마저 "문학은 여성의 일이 될 수 없다"고 믿었다. 게다가 당시 여성에게는 무無평판이 최고의 평판이었다. 제아무리 좋은 명성이라도 알려지지 않은 채 남아 있는 것보다 나을 것이 없었다.

세라도 이런 시대의 가치를 완벽하게 체현하고 있었다. 그는 출판을 위해 글을 쓴 적이 없으며, 더군다나 자기 이름으로 책이 출간되는 것을 원하지도 않았다. 1822년 세라의 첫 번역서가 나왔을 때 그의 이름은 책 어디에도 표시되지 않았다. 세라의 작품 가운데 상업적으로 가장 큰 성공을 거둔 아동교육용 시집도 헨리의 고집이 아니었다면 세상에 나오지 못했을 것이다.[7] 세라가 동시를 쓴 이유는 무엇보다도 아들

---

7 상업적인 측면에서 본다면《착한 어린이를 위한 작은 교훈 시집》은 세라 콜리지의 도서 가운데

허버트의 학습을 유도하기 위해서였으며 그다음으로는 건강이 좋지 않은 와중에 소일거리로 삼기 위해서였다. 따라서 세라는 이 책의 출판과 흥행에 의미를 부여하지 않았고, 이를 자신의 성취로 여기지도 않았다. 작가 자신에게는 일종의 가족 프로젝트였던 이 책은 원작자의 의도와 상관없이 오랫동안 영어권에서 사랑받았다. 후대 문학가들이 '영어로 쓰인 최초의 판타지 장르 문학'이라고 평가한 《판타즈미온Phantasmion》도 1837년에 무기명으로 출판되었다.

19세기 중엽에 이르러 '집안의 천사'로 통칭될 여성의 의무와 역할에 관한 규범은 호수 지방에 모인 문인 공동체에서는 19세기 전환기부터 통용되고 있었으며, 따라서 세라의 인격 형성기에 결정적인 영향을 주었다. 세라는 사회가 여성, 특히 기혼 여성에게 기대하는 역할을 충분히 알았고, 나아가 자신이 그 기준에 부합할 수 없다는 것도 인식하고 있었다. 어린 시절부터 내내 결혼에 미온적인 태도를 취한 것이나, 기반이 잡힐 때까지 결혼을 미루자는 헨리의 제안을 흔쾌히 받아들인 것 그리고 약혼 기간이 길어지는데도 태평한 모습을 보인 것은 결혼제도에 대한 세라의 입장이 어땠는지를 보여준다.

그러나 일단 혼인 관계 안으로 편입되자 세라는 새로운 모습을 보여주었다. 적어도 결혼생활 초기에 그는 자기에게 주어진 역할에 충실하기 위해 노력했다. 익숙하지 않은 가사노동에 몰두하기도 하고, 지인

가장 성공적인 작품이었다. 이 책은 1834년에 처음 출판된 이래 영국에서뿐만 아니라 대서양 건너 미국에서도 오랫동안 이 분야의 베스트셀러로 남아 있었다. 영국에서는 1927년까지 이 책이 유통될 정도였다. 특히 책의 맨 앞에 실린 〈1월에는 눈이 와요〉라는 시는 20세기 후반까지도 여러 아동용 도서에 인용되었다.

에게 살림에 대한 조언을 구하기도 했다. 특히 첫아이가 태어난 이후 한동안은 자기희생적인 어머니와 바지런한 주부 역할에 몰입했다.

세라의 어머니도 딸의 달라진 모습에 놀라움을 감추지 못하고 지인에게 다음과 같이 전했다. "세라의 삶에 일어난 변화가 내 눈에 얼마나 낯설어 보이는지 너는 상상도 못 할 거야. 처녀 시절과는 완전히 다르다니까. 때때로 손님 맞는 일을 제외하면 매일 읽고 쓰고 걷고 가르치고 옷 입고 등산하고 우는 것이 지난 10년 동안 그 아이의 일과였잖아. 그런데 지금은 살림하고, 아이를 먹이고, 입히고, 바느질하고, 응접하는 일로 하루가 꽉 찬다니까. (게다가 이제는 울지도 않아!) 그리스어, 라틴어, 영어 공부는 들여다볼 새도 없지." 물론 이런 생활은 오래가지 않았다.

세라의 일생을 종합해보면, 그는 여성의 역할이라고 여겨지던 아내·어머니·주부 역할에 어울리지 않았고, '집안의 천사'라는 임무를 좋아하거나 잘해내지도 못했다. 결과적으로 세라는 '남성의 일'인 문학을 일생의 업으로 삼았다. 이는 다음과 같은 여러 조건이 갖춰졌기에 가능한 일이었다. 우선 세라에게는 자신을 전적으로 이해하고 지지해주는 남편 헨리가 있었다. 그리고 그가 여성으로서 담당해야 하는 책무를 대신 도맡아준 어머니가 있었고, 아이들이 어릴 때는 유능한 유모의 도움도 받을 수 있었다. 덕분에 세라는 자기가 좋아하고 잘할 수 있는 일에 매진할 수 있었던 것이다. 그러나 무엇보다도 세라가 평생을 문학가로 살기 위해서는 결정적인 두 가지 '전략'이 필요했다. 하나는 아버지의 권위를 빌리는 것이었고, 다른 하나는 환자가 되거나 환자를 자칭하는 것이었다.

빅토리아 시대에 여성 작가 되기

약자의 권력을 창출하다: '환자 역할'의 혜택

빅토리아 시대에 히스테리hysteria, 거식증anorexia nervosa, 신경증 neurosis, 신경쇠약neurasthenia, 산후광증puerperal insanity 등 다양한 '여성 의 질병female malady'이 크게 유행한 것은 우연이 아니다.[8] 무엇보다도 여성성과 가정, 가사를 강조하는 시대에 수많은 여성들이 광기에 휩싸 여 여성스럽지 못한 언행을 일삼거나 여성의 임무를 방기했다는 기록 을 어떻게 설명할 수 있을까?

여성과 광증 사이의 밀접한 관계를 다룬 연구에서 일레인 쇼월터 Elaine Showalter는 빅토리아 시대 여성들이 경험한 정신병, 그중에서도 특히 히스테리는 여성 억압에 대한 무의식적 반항이라고 주장했다. 쇼 월터의 설명에 따르면, 착한 딸 또는 어진 아내가 되기를 강요받은 여 성은 히스테리 환자가 됨으로써 그러한 의무에서 자유로워질 수 있었 으며, 나아가 자기희생적인 역할을 벗어던지고 반대로 가족의 보살핌 과 관심을 받는 존재가 될 수 있었다. 물론 이 같은 설명은 여성의 고통

---

8 19세기 여성과 광증 사이의 관계, 특정 '여성의 질병'에 관한 일반적 서술은 다음을 참고하 라. Phyllis Chesler, *Women and Madness*, Chicago: Laurence Hill Books, 2018; Elaine Showalter, *The Female Malady: Women, Madness, and English Culture, 1830-1980*, London: Virago, 1985; Joan Busfield, *Men, Women and Madness: Understanding Gender and Mental Disorder*, Basingstoke: Palgrave Macmillan, 1996; Joan Jacobs Brumberg, *Fasting Girls: The Emergence of Anorexia Nervosa as a Modern Disease*, New York: Vintage Books, 2000; Andrew Scull, *Hysteria: The Disturbing History*, Oxford: Oxford University Press, 2011; Janet Oppenheim, *Shattered Nerves: Doctors, Patients, and Depression in Victorian England*, Oxford: Oxford University Press, 1991, pp. 181-232.

〈산후광증의 4단계〉, 1858. 19세기 영국의 의학 저널
《메디컬 타임스 앤드 가제트The Medical Times & Gazette》에 실린 그림으로,
산후광증에 걸린 환자의 모습을 네 단계로 나누어 묘사하고 있다.
산후광증에 대한 빅토리아 시대의 일반적인 인식을 잘 보여준다.

을 낭만화하고, (중간계급 이상의) 특정 집단에 속하는 여성의 경험을 일반화한다는 비판을 받기도 한다. 그러나 쇼월터 스스로 선을 긋듯이, 이러한 틀은 '특정한 역사적 맥락' 안에서 적용한다면 19세기 여성의 삶을 조망하는 데 유용할 수 있다. 특히 세라의 삶과 질병의 경험을 재구성하고 그의 건강 상태와 작가로서의 생산성 사이의 반비례 관계를 이해하는 데 핵심적이다.

단적으로 말하면, 세라는 종종 건강 상태를 내세워 자신에게 기대되는 각종 여성의 역할에서 해방될 수 있었다. 물론 세라의 병이 순전히 꾀병이었다는 말이 아니다. 분명 그는 아버지에게서 정신적인 예민함과 신체적인 유약함을 물려받았고, 어려서부터 자주 병치레를 했다. 그리고 평생에 걸쳐 정신질환과 암 등 다양한 병력에 시달렸다.

여기에서 중요한 것은 세라가 실제로 얼마나 아팠는지보다 그가 이 상황을 자기한테 유리하게끔 최대한 이용했다는 사실이다. 즉 그는 질병이라는 경험을 통해 가정 내 질서를 재편하는 데 성공했다. 환자 역할을 떠맡음으로써 그는 가족 내에서 가장 중요한 위치를 차지하고 가족 구성원들의 관심과 배려, 애정, 심지어는 재화까지 확보할 수 있었다. 게다가 '진정한 여성'이라는 평판에는 손상을 입지 않은 채로 여성의 책임과 의무에서 자연스럽게 벗어날 수 있었다. 그 시대의 통념에 따르면 여성은 '본래' 연약한 존재이기 때문이다. 이렇게 보면 세라를 포함한 빅토리아 시대 여러 여성에게는 '환자 역할'을 취하는 것이 '가장 안전한 형태의 반항'이었다는 해석이 상당한 설득력을 얻는다.

어린 시절부터 이어진 세라의 병력은 그가 가족 내에서 환자로 분류될 수 있는 모든 정당한 이유를 제공했다. 영유아기 내내 잔병치레가 이어졌고, 열한 살 때 처음으로 신경증 또는 히스테리라고 여길 만한 증상, 즉 경련·악몽·수면장애 등에 시달렸다. 더구나 이때 시작된 불면증은 평생 세라를 괴롭혔다. 20대 중반에는 일상생활에 지장을 줄 정도로 심각한 우울증에 시달리기도 했다. 1824년 무렵에는 수면 문제를 해결하기 위해 아편에 손을 대기 시작했고, 그 자신

세라 콜리지의 딸 이디스.

은 아니라고 부인했지만 점차 약물중독에 빠져들었다.

결혼과 뒤따른 임신, 출산은 세라의 건강에 막대한 부담으로 작용했다. 그중에서도 둘째 이디스를 낳은 이후의 상황은 몹시 심각했는데, 이때 세라가 작성한 육아일기는 아이의 발육 상태 묘사가 아닌 자신을 괴롭히는 온갖 증상에 대한 불평으로 가득 차 있다. 여기에는 슬픔, 우울, 불안 등 심리적 문제와 관련한 구체적 서술과 함께 신경쇠약을 비롯한 불쾌한 증상에 관한 묘사가 등장한다. 오늘날의 관점에서 보면 산후우울증이지만, 당시 콜리지의 주치의는 세라가 '산욕열puerperal fever'을 앓고 있다는 진단을 내렸다.

그러나 한편으로 산후우울증은 세라를 모성의 의무와 주부의 책임에서 해방해주었다. 출산 이후 오랫동안 건강을 회복하지 못하고 진단을 통해 환자 지위가 확실해지자, 세라는 집안의 천사 소임에서 벗어나 자신의 본래 모습으로 되돌아갈 수 있었다. 실제로 이디스가 태어난

뒤 약 3년은 세라의 건강이 가장 위험한 시기였으며, 특히 1833년 초반은 최악으로 기억된다. 바로 이 최저점을 지나면서 세라는 질병이 '도피처'가 될 수 있음을 확실히 깨달은 듯이 보인다. 이제 그는 건강을 이유로 소파에 누워 장시간 독서를 즐기고 조금씩이나마 글을 쓸 수 있었다. 여기에 익숙해진 세라는 질병을 핑계로 지적 활동을 할 수 있는 시간과 기회를 만들어내기도 했다.

1836년 일체스터 체류는 세라가 자신에게 유리한 상황을 유도해낸 노골적인 사건이었다. 그해 여름 세라의 가족은 데번에 있는 헨리의 본가를 방문했다. 그곳에서 신경증 탓에 '대단히 고통스러운 시간'을 보낸 세라가 런던으로 떠난 지 하루 만에 몸이 좋지 않아 더는 여행을 할 수 없다며 일체스터에 주저앉아버린 것이다. 가족을 먼저 런던으로 보낸 세라는 일체스터에서 홀로 약 6주 동안 머물렀다. 헨리는 계속 아내에게 집으로 돌아오라는 편지를 보냈지만, 세라는 '생애 최악의 히스테리'가 불러온 신체적·정신적 증상을 구구절절 설명하며 제안을 번번이 거절했다. 심지어 남편이 마차를 예약하고 출발 날짜를 잡기만 하면 세라의 상태는 다시 나빠졌다.[9]

흥미로운 점은 그 시간 동안 세라가 읽기와 쓰기에 완전히 몰두했다는 사실이다. 그는 다양한 문학 작품과 신학 서적을 탐독하고, 아버지의 원고를 정리했으며, 자신의 소설 《판타즈미온》을 교정했다. 세라는 작가와 주부의 역할을 동시에 수행하기란 불가능하다는 사실을 명

---

9 세라가 런던으로 돌아가기를 그처럼 꺼린 데에는 남편과 떨어져 지냄으로써 임신을 피하려는 의도도 있었던 것으로 보인다.

확히 인식했고, 따라서 가사노동과 돌봄노동에서 완전히 자유로운 상태에서 지적인 노동에 온전히 몰두하고자 했던 것이다. 존스의 표현을 빌리면, 세라가 일체스터에서 보낸 시간은 "어느 누구의 방해도 받지 않은 채 읽고 쓰고 그냥 앉아서 사색할 수 있었던 최초의 기회"였다.

세라가 오랫동안 별다른 저항에 부딪치지 않고 가족 내에서 환자의 지위를 유지하기 위해서는 일종의 '지식'과 '요령'이 필요했다. 이디스 출산 이후 세라의 상태가 19세기의 대표적 여성 질병인 '산후광증'에 해당한다고 파악한 힐러리 마랜드Hilary Marland는 이 여성 문인이 당대의 최신 의료 담론에 충분히 익숙했고 각종 질병에 관해 상당한 수준의 지식이 있었다는 점을 재차 강조한다. 빅토리아 시대에 접어들어 (남성) 의사들은 여성의 신체와 재생산 기능, 여성 고유의 각종 심신 질환 등에 적극적인 관심을 기울였고, 여성적 주제에 관한 새로운 전문 지식을 생산하고 유통시켰다. 세라는 이러한 역할을 담당했던 걸출한 의사들을 직접 만날 기회가 적지 않았을뿐더러 그들의 글을 자연스럽게 접할 수밖에 없는 환경에 있었다. 그래서 여성의 몸과 질병에 관한 해박한 지식을 갖추었고, 이를 스스로에게 적용하여 설명할 수 있었다. 물론 세라가 자신이 확보한 정보를 바탕으로 신체적·정신적 질병의 고통을 모두 꾸며냈다는 것은 아니다. 다만 이 지식 체계를 활용하여 자신의 질병 경험을 주변인들이 충분히 이해하게끔 효과적으로 제시할 수 있었다는 것이다.

세라는 신체의 질병 못지않게 정신적·심리적 문제에도 큰 관심을 두었다. 평생 동안 자신의 상태를 꾸준히 관찰하고, 경험한 증상을 꼼꼼히 기록으로 남겼다. 예를 들어 이디스를 낳은 뒤 세라는 자신을 괴롭히는 증상은 '히스테리'이며, 이것은 본격적인 의미의 질병이 아니라 일종의 경미한 '신경증'일 뿐이라고 주장했다. 또한 이 모든 문제의 원인은 심리적인 데 있다고 믿었으며, 신체적인 증상과 정신적인 증상은 별개가 아니라 서로 밀접하게 연결되었다고 생각했다. 그 증상 가운데 하나인 '정신착란nervous derangement'에 관해서는, 광증madness과 비슷하지만 전혀 다르며 정신력 쪽에 문제가 생긴 것이라고 설명했다.

　정신질환에 대한 세라의 이해를 가장 종합적으로 보여주는 글은 1834년에 작성된 에세이 〈신경증〉이다. 여기에서 세라는 광증은 이성reason의 병인 반면 히스테리는 감정emotion의 병이라고 구분하고, 자기 상태는 후자에 속한다고 주장했다. 이로써 세라는 그 시기 전문가들이 정신병을 설명하는 방식을 거의 그대로 반복하고 있다. 19세기 전반기 영국에서 가장 유명한 정신의학자였던 제임스 콜스 프리처드James Cowles Prichard는 이 에세이가 쓰이기 불과 몇 년 전 '심리적 광증moral insanity'을 다음과 같이 설명했다.[10] "환각이나 망상을 동반하지 않는 감정의 병적인 왜곡 상태. 대체로 지적 능력에는 지장을 주지 않는다." 세라는 이 개념이 자기 상태를 설명하는 데 매우 적합하다고 여겼다. 게다가 이 정의에 따르면 환자라고 해도 지적인 작업을 수행하는 데 지장이 없다는 점이 그에게는 중요했을 것이다.

10　18세기 후반에 등장한 '심리적/심인성 광증moral insanity'은 병의 원인이 신체적인 데 있지 않고 정신적·심리적 요소에 있는 다양한 정신질환을 포괄하는 정신의학적 진단 개념이었다. 비슷한 시기에 나온 '심리치료moral treatment'도 의사와 환자 사이의 밀접한 관계와 치료 효과가 있는 환경을 중시하고, 광인의 내면 깊숙한 곳에 숨겨진 의지와 이성·도덕성 등을 되살리는 데 초점을 맞춘 요법을 일컫는다. 흔히 '도덕적 정신병', '도덕치료'라고 옮기는데, 그런 표현으로는 본래 의미를 온전히 전달할 수 없다.

한편 세라는 환자 자격을 유지하고 자기가 원하는 것을 확보하기 위해 의료 전문가들과 그들의 권위를 적극 활용했다. 세라는 늘 의사들과 직접 의사소통을 하고, 자신의 지식을 드러내고, 자기 상태에 대한 의견을 확실하게 피력했다. 뿐만 아니라 그는 자기 구미에 맞는 의사를 스스로 '선택'하는 경향이 강했다. 평생에 걸쳐 산부인과, 정신과, 종양과 등 특정 분과를 전공한 전문의보다 일반의를 선호했는데,[11] 아마도 그쪽이 자기가 원하는 바를 관철하기에 수월했기 때문인 것으로 보인다. 또한 자기 의견을 존중해주는 의사, 그중에서도 자기 필요에 따라 약을 처방해주는 의사를 선호했다.

세라의 약물중독, 특히 아편제 중독은 널리 알려져 있다.[12] 세라는 마음만 먹으면 아편을 끊을 수 있다고 장담했지만, 평생을 약물에서 헤어나지 못했다. 의사가 약을 줄이거나 끊으라고 권하면 그 의사를 두 번 다시 부르지 않았다. 세라는 환자라는 지위를 유지하기 위해 의사의 권위를 이용하면서도, 그들이 전문가로서 제시하는 조언을 선택적으로

---

11 과학의 급속한 발달과 분화에 자극을 받아 18세기 후반부터 의학 분야도 본격적인 '전문화'를 추진했는데, 그 과정에서 분과 사이의 영역 다툼과 마찰이 끊이지 않았다. 특히 최근에야 겨우 의학에 편입된 산과와 정당한 의학의 구성원으로 인정받지 못하고 있던 정신과는 19세기 내내 의학 분야에서 자리 잡기 위해 애써야 했으며, 그러려면 해당 분과의 영역을 확보하는 것이 급선무였다. 산후광중은 산과와 정신과가 충돌한 대표적인 소재가 되었다. 즉 산부인과는 산모에게서만 발현되는 이 질병을 치료하는 데 필요한 전문 지식과 기술이 자신들에게만 있다고 주장했고, 정신과는 산후광중이 기본적으로 정신질환이기 때문에 자신들만이 이 질병을 치료하기에 적합한 전문 집단이라고 반박했다.

12 새뮤얼 테일러 콜리지를 비롯하여 낭만주의 문인들의 아편 사용(또는 남용)과 그에 따른 약물중독은 널리 알려진 사실이다. 세라의 경우, 수면장애로 20대 중반에 처음 로더넘에 손을 댄 이후 평생에 걸쳐 각종 아편제 약물을 상용했다. 아편에 대한 그의 태도는 복합적이었다. 세라는 언제든 마음만 먹으면 아편에서 자유로워질 수 있으리라고 장담했지만, 약을 끊으려는 시도는 번번이 실패로 끝났다. 또한 그는 아편의 '혜택'을 적극 옹호하기도 했다. 대표적으로 〈양귀비꽃〉이라는 시에서 그는 이 약물이 아내로서 그리고 어머니로서 역할을 수행하는 데 도움을 준다고 했다.

만 받아들이고 따랐다. 예를 들어 아편 복용을 줄이라는 말은 귓등으로
도 듣지 않지만, 집안일에서 손을 떼야 한다거나 온천에서 요양해야 한
다는 충고는 충실하게 따랐다. 세라에게는 환자가 되어야 할 확실한 이
유가 있었기 때문이다.

이처럼 세라는 여성으로서 감당해야 하는 책임에서 벗어나고 그
렇게 확보한 시간과 에너지를 '남성의 일'에 할애하기 위해 환자의 지
위를 취해야 했다. 작가로서 그리고 편집자로서 세라가 가장 많은 일을
해낸 시기와 그의 건강이 유독 좋지 않았던 기간이 대체로 일치하는 것
은 바로 이런 이유에서이다. 빅토리아 시대에는 많은 여성이 환자 역할
을 통해 가정에서 애정과 관심의 중심에 서고, 돌봄을 제공하는 처지에
서 받는 처지로 이동하고, 치료 등을 위해 가족의 자원을 전유할 수 있
었다. 이는 수많은 제약 아래 놓여 있던 그 시대 여성들이 취할 수 있는
소극적인 형태의 반항이며 전복이었다. 세라의 경우는 이런 일반적인
설명에 부분적으로만 부합한다. 환자가 됨으로써 여성적인 방법으로
여성성의 규범을 이탈했다는 점에서, 세라와 동시대 여성들은 전략적
동질성을 공유한다. 그러나 세라는 여기에 머물지 않고 그렇게 확보한
자원을 활용해 남성의 영역으로 진입했다는 점에서 다른 여성들과 차
이를 보여준다.

강자의 권위를 전용轉用하다: 아버지의 이름으로

문학가로서 세라가 가장 많은 시간과 재능, 열정을 쏟아부은 것
은 아버지의 작품을 편집하고 교정하고 출판하는 작업이었다. 세라는
1834년 콜리지가 사망한 직후 편집자 역할을 자처하여 작업을 시작했

으며, 그 결과 1843년과 1852년 사이에 5권이 넘는 책을 새로 출판하거나 재판본을 내놓았다. 이를 통해 세라는 시인으로서, 비평가로서, 나아가 사상가로서 콜리지의 위상을 드높이고, 그의 명예가 위태로워졌을 때 그 이름을 지켜냈다. 이처럼 세라가 자기 인생의 후반부를 아버지의 이름을 건 작업에 바친 동기를 단순히 아버지를 향한 존경심과 효심, 가족으로서의 책임감과 의무감으로 설명하기에는 무리가 있다. 한 줌 남짓하긴 하지만 세라를 다룬 연구들은 그가 아버지의 일에 몰두한 이유가 그렇게 단순하지 않다는 점을 공통적으로 지적하고 있다.

세라가 남긴 미완의 회고록에서 드러나듯이, 그는 아버지의 부재에서 기인하는 일종의 콤플렉스가 있었으며 평생을 두고 부친의 애정과 인정에 갈급했다. 따라서 세라의 처지에서 볼 때 1834년 콜리지의 사망은 아버지의 사랑을 받을 수 있는 기회가 종결된 것을 의미하는 동시에 새로운 방식으로 부녀 관계를 정립할 수 있는 기회가 열린 것을 뜻했다. 그리고 이제 그 주도권은 살아 있는 자에게 주어질 것이었다. 세라는 아버지의 작업을 이어받는 일이 자식으로서의 자기 가치를 증명하고 뒤늦게나마 아버지의 인정을 받을 수 있는 기회라고 여겼다. 이에 존스는 세라가 콜리지의 작품을 다루고 그의 이름을 지키기 위해 기울인 모든 노력 뒤에는 아버지에게 "거부당한 어린아이"가 있다고 결론 내렸다.

그러나 세라가 자기 인생의 후반부를 아버지의 이름을 건 작업에 바친 다양한 동기 가운데 가장 주목받아야 하는데도 자주 인정받지 못하는 것이 있다. 바로 문학이 여성의 일이 될 수 없었던 시기에 여성으로서 문학가의 커리어를 일구고자 한 세라의 의지이다. 이런 측면에서 볼 때, 아버지의 문학적 성과를 갈무리하는 일을 전담하기로 한 것이 세라가 취한 일종의 '전략'이었다는 머지의 평가는 꽤 타당하다.

1834년 여름 콜리지가 사망하고 얼마 지나지 않아 세라는 아버지의 편집자 역할을 자처했다. 모든 이의 우려와 달리 세라가 아버지와의 사별이 안겨준 충격에서 비교적 수월하게 벗어날 수 있었던 것은 스스로에게 새로이 부여한 책임과 목적의식 덕분이었다. 게다가 이듬해에 본격적으로 편집 작업을 시작하면서, 오랫동안 세라를 괴롭힌 산후우울증의 그늘에서도 벗어날 수 있었다. 아버지의 편집자가 됨으로써 세라는 여성의 영역을 넘어서고 남성의 일을 담당하고 심지어 공적 영역과 지적 담론에 참여할 자격을 획득했는데, 이 상황은 그에게 신체적·심리적·지적인 면에서 엄청난 활력을 주었다.

그렇지만 세라의 이러한 전략은 몹시 은밀하게 실행되어야 했다. 단적인 예를 들면, 적어도 세라의 남편이 살아 있는 동안에는 세라가 편집한 콜리지 작품의 공식 편집자는 헨리로 표기되었다. 헨리가 콜리지 작품의 발굴, 해제, 편집, 발간에 기여한 바가 없지는 않다. 헨리도 아마추어 문학가이자 콜리지 추종자로서 편집 작업에 어느 정도 참여했기 때문이다. 물론 출판사 직원마저도 감탄할 만큼 치밀한 주석, 가필 등은 대부분 세라에 의해 이루어졌다. 그러나 자기 작품을 미발표로 남겨두거나 저자명 없이 출판했을 때와 마찬가지로, 이번에도 세라는 자신을 철저히 숨겼다. 이 프로젝트의 표면적인 책임자였던 헨리도 이를 자기 이름으로 발표하는 데 반대하지 않았고, 아내의 능력과 공로는 '사적으로만' 인정할 뿐이었다. 애초부터 세라는 최소한의 역할을 하는 소극적인 의미의 편집자가 될 생각은 없었다. 그는 아버지의 작품에 자신의 해석과 비평, 또는 진행 중인 논쟁에 대한 자신의 견해를 교묘한 방식으로 포함했는데, 이는 콜리지가 생전에 제시한 논조와 충돌하지 않는 범위 안에서 조심스럽게 이루어져야 했다.

예외적인 사례도 있다. 세라는 1843년에 콜리지의 비평집《성찰을 위한 조언Aids to Reflection》 5판을 출판하면서 자기가 쓴 에세이 〈합리주의에 대하여On Rationalism〉를 본론에 추가했다. 세라는 옥스퍼드 운동Oxford Movement으로 촉발된 뜨거운 신학 논쟁에 자신의 의견을 보태고 싶어 했는데, 아버지의 비평집 재출간에서 절호의 기회를 찾았던 것이다.

종교적 주제를 둘러싼 논쟁은 비평과 마찬가지로 여성의 참여를 반기는 분야가 아니었으며 따라서 세라가 자기 이름으로 글을 발표하는 것 역시 부적절한 행동 또는 못마땅한 일로 여겨지기 쉬웠다. 빅토리아 시대의 이상적인 여성은 남성보다 더욱 도덕적이고 종교적인 존재이지만, 그들은 사적인 영역에서 이루어지는 기도와 예배에 적합했다. '교리'는 철저히 남성의 영역에 속했다. 이에 세라는 완성된 글을 세상에 내놓을지 결정하기에 앞서 오랜 시간을 고민했으며, 결론을 내린 뒤에도 오랫동안 불안해했다.

결론적으로 말하면, 세라의 〈합리주의에 대하여〉는 교리 논쟁에 의미 있는 흔적을 남겼다. 이 글에서 세라는 콜리지의 주요 개념과 논리를 1840년대의 신학 논쟁에 적용함으로써 낭만주의 철학을 새로운 시대적·지적·종교적 맥락으로 위치시키는 데 성공했다. 뿐만 아니라 이 글을 발표한 뒤 세라는 F. D. 모리스Frederick Denison Maurice를 비롯한 여러 지식인과 서신·대담을 통해 논쟁을 이어갔다.

세라가 자기 존재를 아버지의 이름 뒤에 숨긴 채 일함으로써 얻을 수 있었던 이점은 적지 않다. 무엇보다도 여성 문인에게 따라붙는 각종 편견에서 자유로울 수 있었다. 전술했듯이, 여성이 글쓰기를 업으로 삼는 것 자체가 용납되지 않는 분위기에서 그 시대의 여성 작가들은 유명·무명을 떠나 모두 '정상성' 문제에 시달려야 했다. 즉 성의 금기를 넘어 여성으로서 비정상적인 존재로 내몰렸다. 그러나 세라는 아버지의 이름을 빌림으로써 이 문제를 해결할 수 있었다. 또한 아버지의 일을 대행함으로써 금녀의 구역인 새로운 장르로 진입할 수 있었다. 그 시대에 비평과 평론은, '여성적 글쓰기'에 해당한다고 여겨지는 소설이나 수필과 달리 여성 문인의 접근을 허용하지 않는 장르였다. 그러나 세라는 아버지의 이름과 권위를 빌려 낭만주의 문학이 그토록 숭앙하는 천재들의 작품을 평가할 권리를 얻었다.

한편, 가족과 가정의 가치를 무엇보다 중시하는 빅토리아 시대 중간계급의 가치관에 따르면, 세라는 자신을 희생하면서 아버지의 명예를 드높이고 가족의 유산을 지키는 존재였다. 즉 시대의 이데올로기를 삶으로써 구현하는 희생자로, 가부장적 질서의 수호자로 비쳤다. 더욱이 콜리지가 제시했던 가치가 매우 보수적이고 종교적이었기 때문에, 그의 사후에 이를 보호하려 한 세라도 동일 선상에 있다는 평가를 받을 수 있었다. 즉 이 여성 문인은 아버지의 이름과 권위를 취함으로써 여성성에 관한 사회적 인식, 기준, 규범 어느 것 하나 건드리지 않으면서도 여성에게 가해지는 제약을 뛰어넘을 수 있었다.

무엇보다도 세라는 표면적으로는 아버지를 위해 일하는 것으로 보였지만 실질적으로는 자신의 내적 욕구를 실천하고 자아를 실현할 수 있는 기회를 누렸다. '편집'이라는 일의 특성상 세라가 자기 정체성을 지우고 자신의 삶을 희생했다고 평가하는 경우도 없지 않다. 그러나 앞에서도 강조했듯이, 세라가 편집자로서 해낸 작업은 오늘날 우리가 흔히 생각하는 편집의 범위를 훨씬 넘어선다. 그는 약 20년 동안 아버지의 편집자 역할을 하면서 자신을 노골적으로 드러내기를 원하지 않았지만, 그렇다고 자기 견해를 작업에 투영하기를 주저하지도 않았다.

이에 일찍이 버지니아 울프는 세라가 아버지의 편집자로 일한 것은 "자기희생이 아니라 자기실현"이었다고 갈파했다. 울프에 따르면, 세라는 콜리지가 남긴 미완의 글 속에서 아버지가 아닌 자기 자신을 찾아냈다. 따라서 어느 시점을 지나면 적어도 문학적·철학적·학문적으로 새뮤얼 테일러 콜리지와 세라 콜리지를 구분하는 일이 거의 불가능하거나 의미가 없어진다. 머지도 울프와 비슷한 결론에 이르렀다. 즉 세라는 편집자 역할을 하는 과정에서 자신의 재능과 능력에 확신을 얻었고, 어떤 일을 통해서도 느끼지 못했던 자기만족에 도달했으며, 무엇보다 자아실현에 성큼 다가설 수 있었다. 머지의 표현을 그대로 옮기면, 세라에게 이 일은 "해방"을 의미했다.

수용과 전복의 이중 전략

이처럼 세라가 '여성 작가'로 살기 위해서는 여러 가지 책략이 필요했다. 우선 그는 아버지의 이름과 권위를 빌리고 그의 편저자 역할을 맡음으로써 여성의 지적 활동을 가로막는 사회 규범을 넘어서는 대의를 확보할 수 있었다. 그리고 환자가 됨으로써 여성스러운 방식으로 여성에게 주어지는 각종 의무에서 벗어날 수 있었으며, 그렇게 확보한 시간과 재화를 바탕으로 '남성적인' 일을 할 수 있었다. 이처럼 세라는 명목상으로는 가부장적 질서에 순응하면서 실질적으로는 이를 전복하는 일종의 모순적 전략을 구사함으로써 여성이 작가가 될 수 없는 시대에 여성 작가로 살 수 있었다. 이런 점에서 보면, '역설paradox'이라는 키워드를 동원하여 세라의 삶을 재구성한 머지의 서술은 세라 자신과 그의 시대의 정곡을 찌른다고 할 것이다.

세라가 취했던 수용과 전복의 이중 전략을 한마디로 평가하기는 쉽지 않다. 앞에서도 언급했듯이, 빅토리아 시대의 이데올로기를 바라보는 세라의 시각도 몹시 미묘하고 복잡하며 때로는 모순되기까지 했기 때문이다. 예컨대 여성 교육을 대하는 세라의 관점을 엿볼 수 있는 사건이 있다. 그는 딸 이디스가 자신이 받았던 것과 같은 고전 교육을 받기를 간절하게 원하면서도 그러한 지식이 여성으로서 살아가는 데는 도움이 되지 않으리라는 회의적인 생각을 품고 있었다. 세라는 친구에게 보내는 편지에서 이런 이중적인 태도를 다음과 같이 드러냈다. "고대어 지식은 숙녀의 매너를 형성하는 데 도움이 되지 않아. 여성스러운 매너를 고양하는 것은 다른 데 달려 있으니까." 세라는 투병 중에도 아들 교육에 열정적으로 관여했지만, 딸의 교육 앞에서는 흔들렸던 것처럼 보인다.

여성과 여성성에 관한 세라의 복합적인 태도는 천재성을 둘러싸고 벌어진 토론에서도 드러난다. 여느 낭만주의 작가가 그렇듯이, 세라 또한 천재성과 상상력에 무한한 신뢰를 품고 있었다. 세라는 여성도 남성과 마찬가지로 그 능력을 갖출 수는 있다고 믿었지만, 여성이 남성과 동일한 조건에서 그 힘을 사용할 수 있다고 여기지는 않았다. 즉 여성이 여성의 영역을 벗어나 남성의 영역에 진입해 자기 능력을 펼치고자 한다면 그러한 이탈을 정당화하고도 남을 만큼 훨씬 더 우월한 능력을 보여야 한다고 주장했던 것이다. 이런 면에서 보면 세라는 확실히 천재의 딸이며, 낭만주의의 계승자였고, 중간계급의 일원이었으며, 빅토리아 시대의 이데올로기를 체현한 여성이었다.

죽음을 눈앞에 두고 세라가 내린 결정 역시 그가 구사한 전복과 수용이라는 이중 전략의 한계를 보여준다. 앞에서 언급했듯이 세라는 1850년 유방암 진단을 받은 뒤 자기 삶에 관한 글을 쓰기 시작했는데, 결국 1852년에 이 회고록을 완성하지 못한 채 사망했다. 2년에 가까운 시간 동안 그가 쓴 글의 분량은 스무 쪽이 되지 않았다. 애초에 세라는 자신의 삶을 네 단계, 즉 어린 시절, 청년기, 결혼 생활, 사별 후로 나누어 기술하겠다고 했지만, 유년기 부분도 채 마치지 못했다. 게다가 그의 회고록은 "내 어린 시절을 되돌아볼 때 가장 강렬한 인상은"이라는 미완의 문장으로 끝난다. 그가 평생에 걸쳐 보여준 문학적 생산력을 고려하면, 세라가 자기 자서전에 시간과 노력을 기울이지 않은 것이 분명하다.

반면 세라는 그 2년 동안 아버지의 에세이집과 시집을 편집하여 재출간했고, 이로써 아버지의 사망 이후 자임한 '소명'을 완수했다. 말하자면 세라는 자신의 삶을 드러내기보다 아버지의 이름을 지키기를 선택했는데, 이는 그가 지닌 다양한 정체성 사이에 존재하는 위계를 반영한다. 세라의 이러한 모습에서 우리는 가부장제가 제시하는 규준을 넘어서고자 하면서도 그 제도가 부여하는 역할에서 온전히 벗어나지는 못한 한 여성을 발견하게 된다.

　세라의 삶과 성취는 우리에게 빅토리아 시대 여성들의 다면적인 여성성을 관찰할 기회를 제공한다. 그는 삶의 절반을 자기 이름과 정체성을 지우고 아버지의 일을 대행하는 데 할애했으며, 이를 통해 가부장적 이데올로기가 그토록 칭송하는 자기희생적인 여성의 모습을 현실에서 구현했다. 그러나 그 이면에서 우리는 아버지의 이름을 차용해 당돌하게 남성의 영역에 진입하여 그곳에서 자기 영역을 구축한 영악한 여성을 발견할 수 있다. 또 한편으로 세라는 시대가 원하는 연약한 여성의 역할을 충실하게 수행함으로써 또 다른 이상적 여성상인 집안의 천사 역할에서는 제외될 수 있었다. 그리고 환자 역할을 맡은 덕분에 확보한 시간, 주변의 지원과 가족의 자원을 세라가 어디에 투입했는지도 우리는 알고 있다.

　세라의 전략과 그 전략의 성공은 빅토리아 시대를 살았던 여성, 특히 중간계급 여성을 가부장적 이데올로기의 무기력한 희생자로 보는 시각을 경계해야 할 확실한 이유를 제시한다. 이들은 사회가 제시하는 이상적 여성상과 여성성을 받아들이는 존재에 머물러 있지 않았다. 그 내부에서 지배 규범에 부응하는 동시에 그에 반항하면서 자기 모습을 만들어가고 있었다. 빅토리아 시대의 성별 이데올로기가 영국 사회를 장악한 것처럼 보이던 바로 그 순간에 벌써 그 내부에는 균열이 생기고 있었다는 사실을 또한 기억해야 할 것이다.

〈세라 콜리지 자서전〉

1851년 9월 8일

아버지는 조셉 코틀이 아버지의 결혼을 기념하여 선물한 가족용 성서에 어머니와의 결혼과 오빠들의 출생을 꼼꼼히 기록해두었다. 그러나 내 출생에 관한 내용은 어머니의 필체로 적혀 있다. 이것은 아마도 우리의 오랜 헤어짐의 징조였으리라. 나는 아버지와 몇 주 이상을 함께 지내본 적이 없다. 아버지가 다른 자녀들과 훨씬 오랜 시간을 함께 보낸 것은 아니지만, 유아기에 그들의 모습을 대체로 직접 지켜보았다. 아! 우리를 떼어놓았던 아버지의 불안한 건강 상태를 나는 그들 중 누구보다도 많이 물려받았다. 그러나 우리 두 사람이 공유하는 삶의 큰 불행, 즉 건강이 좋을 때조차 삶의 기본적인 요구사항을 수행하는 데 필요한 신체적 활력이 부족한 것을 언급하며 "아!"라는 탄식으로 이 글을 시작하고 싶지는 않았다.[13]

내가 생생히 기억하건대, 예민한 신경과 병적인 상상력은 아주 이른 시기부터 내 안에 자리를 잡았다. 그라스미어에 머무를 때 나는 암흑 때문에 밤이면 두려움에 떨곤 했다. 그때 나는 귀신, 도깨비, 악령, 악마, 밤손님, 요정, 마녀 같은 밤의 주인공들에 익숙하지 않았다. 나중

---

13 Sara Coleridge, "The Autobiography of Sara Coleridge", Mudge, *Sara Coleridge, A Victorian Daughter*, p. 249.

에는 이 모든 것이 나에게 걸림돌이 될 것이었지만, 그때까지만 해도 무시무시한 이야기와 노래들은 아직 내 마음에 그림자를 드리우지 못했다. 그러나 나는 어둠이 무서웠고, 때때로 사자獅子에 대해서 생각했다. 그것이 암흑이 만들어낸 불안과 공포가 취할 수 있는 유일한 형체였기 때문이다. (……) 그러나 밝을 때 나는 거칠 것이 없는 아이였다. 험준한 산길을 기꺼이 오르고, 친구들보다 훨씬 대담하게 나무를 탔다. 어린 날에 우리는 여름이면 숲에서 많은 시간을 보냈는데, 릭만 부인과 런던에서 온 손님들은 이 광경에 질색을 했다.

내 어린 시절을 돌아볼 때 가장 강렬하게 남아 있는 인상은…….[14]

---

14 Ibid., pp. 265-266.

사료 2

〈신경증〉[15]

환자 신경증의 증상은 너무나 다양해서 환자들조차 그 실체를 이해하지 못해 혼란스러워합니다. 또 어떤 이들은 전혀 다른 관점에서 이 질병을 이해하고 그릇된 판단을 내리기도 합니다. 신경증이 정신에 끼치는 영향에만 주목하는 사람들은 이 병이 신체 또한 쇠약하게 만든다는 점을 쉽게 망각합니다. 반면, 신경증이 몸의 병이라고 파악하는 이들은 그 결과 정돈된 정신에 어떤 변이가 생기는 것은 아닌지 의심합니다.

현자 광증 역시 몸을 통해 정신에 영향을 주는 질병이지요. 그러나 지금 우리가 얘기를 나누고 있는 신경증의 경우 이성, 자유의지 그리고 의무감은 그대로 유지됩니다. 반면 정신의 좀 더 감각적인 부분, 즉 감정을 느끼는 기능은 신체의 병적인 상태에 따라 좌우됩니다. 다시 말해 사고, 결정, 행동은 여전히 우리 능력이 미치는 범위 안에 있지요. 기쁘거나 우울한 것, 희망에 들뜨거나 걱정으로 몸서리치는 것, 이 모든 것은 신체적인 상태에 달려 있습니다.

환자 가장 다행스러운 상황이라고 해도, 신경계통의 착란은 몹시 고통스러운 난관입니다. 게다가 자신의 경험에 의해 또는 타인의 경험에 의해 얼마나 쉬이 나빠지는지!

현자 신경증은 그것을 앓는 이와 이를 지켜보는 이 모두에게 여러

---

15 Sara Coleridge, "Nervousness", Mudge, *Sara Coleridge, A Victorian Daughter*, pp. 201-216.

모로 가장 괴로운 경험입니다. 그 환자는 표면적 징후가 거의 없기 때문에 알아차리기 힘든 이 질병에 대해 타인이 무지할 수 있음을 감안해야 합니다. 주변인들은 환자의 이야기를 믿어주기 위해 관용과 진정성이 무엇보다 필요하며, 환자의 공감할 수 없는 문제들에 측은지심을 보여야 할 것입니다. 따라서 이 병에 걸린 사람은 다음을 마음에 새겨야 할 것입니다. 하느님이 자신을 비틀거리기 쉬운 상태에 놓아두셨으므로, 잠시도 방심하지 말고 이성을 비롯하여 아직 온전히 확보하지 못한 능력을 지키기 위해 두 배로 노력해야 합니다. 주변인들은 신경증이 언제나 함께하리라는 생각만큼 강력한 유혹은 없다는 점을 늘 염두에 두어야 합니다. 그러나 이 병은 타고난 특성이 아닌 신체적 상태에 기인하며, 특별한 경우에 발현되어 활성화하는 병이지요.

참고문헌

1차 사료

Coleridge, Sara, "The Autobiography of Sara Coleridge", *Sara Coleridge, A Victorian Daughter: Her Life and Essays*, Edited by Bradford K. Mudge, New Haven and London: Yale University Press, 1989.

Coleridge, Sara, "Nervousness", *Sara Coleridge, A Victorian Daughter: Her Life and Essays*, Edited by Bradford K. Mudge, New Haven and London: Yale University Press, 1989.

Coleridge, Sara, *Memoire and Letters of Sara Coleridge*, Edited by Edith Coleridge, New York: Harper and Brother, 1874.

Woolf, Virginia, "Sara Coleridge", *The New Statesman and Nation*, 26 October, 1940.

연구 문헌

Appignanesi, Lisa, *Mad, Bad and Sad: A History of Women and the Mind Doctors from 1800 to the Present*, London: Virago, 2008.

Barbeau, Jeffrey W., *Sara Coleridge: Her Life and Thought*, Basingstoke: Palgrave Macmillan, 2014.

Brumberg, Joan Jacobs, *Fasting Girls: The Emergence of Anorexia Nervosa as a Modern Disease*, New York: Vintage Books, 2000.

Busfield, Joan, "The Female Malady? Men, Women and Madness in Nineteenth-Century Britain", *Sociology* 28:1 (1994): pp. 259-277.

Busfield, Joan, *Men, Women and Madness: Understanding Gender and Mental Disorder*, Basingstoke: Palgrave Macmillan, 1996.

Chesler, Phyllis, *Women and Madness*, Chicago: Laurence Hill Books, 2018.

Freeman, Hannah Cowles, "Opium Use and Romantic Women's Poetry", *South Central Review* 29 (2012): pp. 1-20.

Gilbert, Sandra M., and Susan Gubar, *The Madwoman in the Attic: The Woman Writer and the Nineteenth-Century Literary Imagination*; 박오복 옮김, 《다

락방의 미친 여자〉, 이후, 2000.

Griggs, Earl Leslie, *Coleridge Fille: a Biography of Sara Coleridge*, Oxford: Oxford University Press, 1940.

Herringer, Carol Engelhardt, *Victorians and the Virgin Mary: Religion and Gender in England, 1830-55*, Manchester: Manchester University Press, 2014.

Hwang, Hye Jean, "Women and Depression in Interwar Britain: Case Notes, Narratives and Experiences", Ph.D. Thesis, University of Warwick, 2018.

Jones, Kathleen, *A Passionate Sisterhood: The Sisters, Wives and Daughters of the Lake Poets*, Appleby: The Book Mill, 2017.

Loudon, Irvine, "Puerperal Insanity in the Nineteenth Century", *Journal of the Royal Society of Medicine* 81:2(1988): pp. 76-79.

Low, Dennis, *The Literary Protégées of the Lake Poets*, London: Routledge, 2016.

Marland, Hilary, *Dangerous Motherhood: Insanity and Childbirth in Victorian Britain*, Basingstoke: Palgrave Macmillan, 2004.

Mudge, Bradford K., "Burning Down the House: Sara Coleridge, Virginia Woolf, and the Politics of Literary Revision", *Tulsa Studies in Women's Literature* 5:2(1986): pp. 229-250.

Mudge, Bradford K., *Sara Coleridge, A Victorian Daughter: Her Life and Essays*, New Haven and London: Yale University Press, 1989.

Oppenheim, Janet, *Shattered Nerves: Doctors, Patients, and Depression in Victorian England*, Oxford: Oxford University Press, 1991.

Porter, Roy, *Mind-forg'd Manacles: A History of Madness in England from the Restoration to the Regency*, London: The Athlone Press, 1987.

Schofield, Robin, *The Vocation of Sara Coleridge: Authorship and Religion*, Cham, Switzerland: Palgrave Macmillan, 2018.

Schofield, Robin, "'Unity of Faith amid Diversity of Opinion': Sara Coleridge and Frederick Denison Maurice in Dialogue", *Literature and Theology* 33:2(2019): pp. 165-185.

Scull, Andrew, *Hysteria: The Disturbing History*, Oxford: Oxford University

Press, 2011.

Scull, Andrew, *Madness in Civilization: A Cultural History of Insanity from the Bible to Freud from the Madhouse to Modern Medicine* ; 김미선 옮김, 《광기와 문명: 성경에서 DSM-5까지, 문명 속의 광기 3000년의 역사》, 뿌리와이파리, 2017.

Shorter, Edward, *A History of Psychiatry: From the Era of the Asylum to the Age of Prozac*; 최보문 옮김, 《정신의학의 역사: 광인의 수용소에서 프로작의 시대까지》, 바다출판사, 2009.

Showalter, Elaine, *The Female Malady: Women, Madness, and English Culture, 1830-1980*, London: Virago, 1985.

Theriot, Nancy, "Diagnosing Unnatural Motherhood: Nineteenth-Century Physicians and 'Puerperal Insanity'", *American Studies* 30:2 (1989): pp. 69-88.

Vardy, Alan D., *Constructing Coleridge: The Posthumous Life of the Author*, Basingstoke: Palgrave Macmillan, 2010.

Welter, Barbara, "The Cult of True Womanhood: 1820-1860", *American Quarterly* 18:2 (1966): pp. 151-174.

Wolf, Naomi, *The Beauty Myth: How Images of Beauty are Used against Women*; 윤길순 옮김, 《무엇이 아름다움을 강요하는가》, 김영사, 2016.

Woolf, Virginia, *The Death of the Moth and Other Essays*, London: A Harvest Book, 1970.

찾아보기

19세기 허스토리
생존자의 노래, 개척자의 지도

1판 1쇄 발행 2022년 2월 15일
1판 2쇄 발행 2022년 10월 20일

지은이 노서경, 최재인 외
펴낸이 김미정
편집 김미경, 김미정
디자인 표지 박진범, 본문 김명선

펴낸곳 마농지
등록 2019년 3월 5일 제2022-000014호
주소 (10904) 경기도 파주시 미래로 310번길 46, 103동 402호
전화 070-8223-0109
팩스 0504-036-4309
이메일 shbird2@empas.com

ISBN 979-11-968301-0-6 93900